Lutz M. Hagen (Hrsg.)

Online-Medien als Quellen politischer Information

Lutz M. Hagen (Hrsg.)

Online-Medien als Quellen politischer Information

Empirische Untersuchungen zur Nutzung von Internet und Online-Diensten

Westdeutscher Verlag

Der Westdeutsche Verlag ist ein Unternehmen der Bertelsmann Fachinformation GmbH.

http://www.westdeutschervlg.de

Höchste inhaltliche und technische Qualität unserer Produkte ist unser Ziel. Bei der Produktion und Verbreitung unserer Bücher wollen wir die Umwelt schonen: Dieses Buch ist auf säurefreiem und chlorfrei gebleichtem Papier gedruckt. Die Einschweißfolie besteht aus Polyäthylen und damit aus organischen Grundstoffen, die weder bei der Herstellung noch bei der Verbrennung Schadstoffe freisetzen.

Umschlaggestaltung: Horst Dieter Bürkle, Darmstadt
Satz: Martin Rieß, Universität Erlangen-Nürnberg

ISBN-13: 978-3-531-13135-1 e-ISBN-13: 978-3-322-87311-8
DOI: 10.1007/978-3-322-87311-8

Inhalt

Nutzung von Online-Medien zur politischen Information

Einführung und Überblick

Lutz M. Hagen

Auch wer selbst keinen Netzanschluß hat, kann dem Thema Online-Medien kaum entkommen: Internet und kommerzielle Online-Dienste haben ihren festen Platz in der Berichterstattung der Massenmedien gefunden. Die alten Medien spielen bei der Diffusion der neuen eine nicht zu unterschätzende Rolle - als ihre Anbieter, Verwender und Verkünder.

Dabei scheint nach wie vor zu gelten, was Beck und Vowe (1995) in einer qualitativen Inhaltsanalyse über die "Konstruktion des Themas Multimedia" in der Medienberichterstattung festgestellt haben: Die veröffentlichte Diskussion ist relativ unpolitisch. Veränderungen im demokratischen Kommunikationsprozeß und politische Gestaltungsbedarfe spielen im Vergleich zu technischen und ökonomischen Aspekten eine eher untergeordnete Rolle. Für eine neue Technologie ungewöhnlich - scheint die diesbezügliche Diskussion in den Medien ausnahmsweise einmal wenig polarisiert und kaum von Negativismus geprägt zu sein (vgl. Kepplinger 1989). Das "Grundsätzliche und Gemeinsame" herrscht vor; echte Gegner der neuen Online-Medien tauchen selten auf (Beck und Vowe 1995:563). Bei den politischen Akteuren schlug sich die Aussicht auf Online-Medien als ein neues politisches Forum, zügig in entsprechenden Angeboten nieder (Weiß 1996, Abbildung A2 im Anhang).

Die Kommunikationswissenschaft dagegen tut sich mit dem Thema Online-Medien erstaunlich schwer. Noch vergangenes Jahr warfen Morris/Ogan (1996:39) ihr vor, das Internet weitgehend zu ignorieren. Auch in Deutschland wird „vornehme Zurückhaltung" diagnostiziert (Beck und Vowe 1997:8). Allerdings sind inzwischen etliche einschlägige Publikationen erschienen (vgl. die Bibliographie von Beck 1997:275-295). Doch die empirische Kommunikationsforschung hat sich bislang relativ wenig mit den Online-Medien befaßt - ganz im Gegensatz zur kommerziellen Marktforschung.

Die Ursache hierfür kann im hypertrophen Charakter der Online-Kommunikation gesehen werden. Online-Medien bieten eine einzigartige Vielfalt der Nutzungsformen und Inhalte. Internet und Online-Dienste sind multimedial, sind „Hybridmedien" (Höflich 1997). Ob sie zum interpersonalen Dialog, als Diskussionforum, als massenhaftes Verteil- oder Abrufmedium eingesetzt werden, steht ebenso im Belieben der Onliner wie die Entscheidung, zu welchem Zweck Inhalte ausgetauscht werden. Information, Unterhaltung oder Markttransaktion - alles ist, in je unterschiedlicher Ausprägung, möglich, und auch die klassischen Kategorien des Nutzers und des Anbieters von Inhalten verwischen. Krotz spricht vom „elektronisch mediatisierten Kommunikationsraum" in dem sich „die Kommunikationspartner Mensch, Computer oder massenmedial ausgerichtetes Produkt ununterscheidbar vermischen" (Krotz 1995:447).

Wesensmerkmale der Massenkommunikation - Öffentlichkeit, einseitig gerichteter Kommunikationsfluß und disperses Publikum - treffen auf die Kommunikation per Online-Medien also nur unter bestimmten Umständen zu. Daher hat die publizistische Forschung ein Zuständigkeits- und Abgrenzungsproblem. Zusätzlich erschwert die Vielfalt der Anwendungen technischer Online-Medien auch die forschungspragmatische Eingrenzung von Untersuchungsfeldern. Schon über die Frage, was ein Online-Nutzer ist, herrscht in der Mediaforschung beispielsweise weit weniger Einigkeit als etwa darüber, wie ein Leser zu definieren ist. Als eine Folge hiervon kommen auch verschiedene kommerzielle Untersuchungen zu ganz unterschiedlichen Ergebnissen allein hinsichtlich der grundlegenden Frage, wieviele Personen derzeit Online-Medien nutzen (Tabelle A1 im Anhang enthält ein Beispiel).

Ein weiteres Problem stellt die stürmische Entwicklung der Online-Medien dar. Nicht nur, daß die Zahl der Anbieter und Nutzer sprunghaft anwächst, auch unterliegen die Nutzungsformen und Anwendungen einem ständigen, innovativen Wandel. Einiges spricht dafür, daß forschungspragmatische Probleme, und nicht ein empfundener Mangel an Zuständigkeit oder theoretischen Konzepten der Grund sind, warum in vieler Hinsicht die empirische Erforschung der Netze erst schleppend voran kommt. Das Forschungsfeld Online-Medien ist breit, vielfältig, in ständiger Veränderung begriffen und daher schwer zu bearbeiten. Die Schlußfolgerung muß lauten, dieses Feld in Bereiche mit spezifischen Fragestellungen zu unterteilen.

Dabei erweist es sich als nützlich, daß sich viele der herkömmlichen theoretischen Konzepte und Fragestellungen der Kommunikationswissenschaft gut auf die neuen Online-Medien anwenden lassen. Eine radikale Abkehr von bisherigen Ansätzen ist nicht notwendig (Brosius 1997:42). Viele Aspekte, die Online-Medien für die Forschung interessant machen, standen und stehen bereits im Mittelpunkt der wissenschaftlichen Auseinandersetzung mit der Ausbreitung und Diversifizierung der traditionellen Angebote der Masssenmedien (z.B. Entstehung von Wissensklüften, Selektivität der Mediennutzung, Fragmentierung von Öffentlichkeit).

Die beiden theoretische Konzepte Konstruktion und Interaktivität, die zur Analyse solcher Phänomene notwendig sind, haben schon seit langem in den Modellen der Kommunikationwissenschaft ihren Platz gefunden (Schulz 1997a:34-38). Das lineare Modell von Kommunikation als Informationsfluß erscheint angesichts der zumindest im technischen Sinne interaktiven Online-Medien weniger denn je als allgemeines Paradigma der Kommunikationswissenschaft geeignet (Krotz 1995:449-51). Auch ist im Fall der Online-Medien die Perspektive des technologischen Determinismus zur Erkärung von Ausformungen und Folgen besonders problematisch. Die Variabilität dieser Medien macht Schlüsse von der Form der Technologie auf deren gesellschaftliche Durchsetzung und Einbettung in den Alltag der Menschen noch schwerer als bei anderen Medien (Krotz 1997:108). Daher schlägt eine Reihe von Autoren vor, zunächst vorrangig die Aktivitäten der Nutzer und deren Motive zu untersuchen (Höflich 1994; Krotz 1997; Morris & Ogan 1996; Tasche 1997).

Konzept des Sammelbandes

Die Nutzer und die Nutzung von Online-Medien werden im vorliegenden Band unter verschiedenen Gesichtspunkten empirisch untersucht. Der traditionelle medienwissenschaftliche Begriff der Nutzung soll im Kontext der Online-Medien jede Form der Anwendung durch einzelne Onliner meinen, sei sie rezipierender, emittierender oder navigierender Art. Wir wollen darunter im folgenden jedoch nicht die Strukturierung von Angeboten im Netz durch organisierte Anbieter kommerziellen oder nicht kommerziellen Typs verstehen. Die Erstellung der persönlichen Homepage z.B., ist also durch den Begriff der Nutzung in unserem Sinn abgedeckt, das Angebot eines Internet-Forums durch eine Partei dagegen nicht. Diese Abgrenzung orientiert sich an der traditionellen Trennung in Anbieter und Rezipienten bei der Massenkommunikation - trotz der Verwischung dieser Kategorien durch die technischen Potentiale der Online-Medien. Eine solche Unterscheidung ist sinnvoll, da sich organisierte Anbieter im Vergleich zu Einzelpersonen entsprechend ihrer sehr unterschiedlichen Gestaltungmöglichkeiten in den Netzen auch ganz unterschiedlich verhalten.[1]

Die Perspektive des Bandes ist auch insofern an traditionellen Konzepten der Kommunikationswissenschaft orientiert, als die Rolle der Online-Medien bei der Verbreitung von Information über politische Prozesse untersucht wird. Die Online-Medien werden in ihrer Funktion als neue Vermittlungsinstanz zwischen Hersschaftssysstem und Gesellschaft betrachtet im Hinblick auf ihren Beitrag zur Meinungsbildung und Entstehung politischer Öffentlichkeit.

Die Beiträge in diesem Sammelband gehen also der Frage nach, wer auf welche Weise wie intensiv die Möglichkeiten von Internet und Online-Diensten als Informationquelle über politisches Geschehen nutzt. Dies betrifft die professionelle Nutzung durch die publizistischen Medien einerseits, die private und berufliche Nutzung durch die Bürger andererseits.

Als Online-Medien werden das Internet und kommerzielle, sogenannte proprietäre Online-Dienste wie T-Online, America Online

---

1 Eine ausführliche Diskussion der Problematik, wie die an der Online-Kommunikation Beteiligten zu bezeichnen sind, führt Goertz (1995).

oder CompuServe untersucht, die ihrerseits üblicherweise auch den Internet-Zugang ermöglichen. Die Online-Medien bieten gegenüber herkömmlichen Medien und Distributionswegen den Nutzern einige spezifische Vorzüge bei der Verbreitung und Verwendung von politischer Information:

- die Informationen sind jederzeit und weltweit verfügbar, die Nutzer können sie abrufen, wann immer es ihren Bedürfnissen entspricht, zu jeder Tages- und Nachtzeit und von jedem Punkt der Erde aus, wenn nur ein Computer mit Datennetzzugang in Reichweite ist;
- die Informationen können vom Anbieter häufig und sehr schnell - im Prinzip ununterbrochen - aktualisiert werden;
- die Kapazität des Mediums ist enorm; Anbieter können Informationen in einer Größenordnung von veritablen Archiven, Nachrichtendatenbanken oder ganzen Bibliotheken bereithalten; Nutzer haben über das Internet weltweit Zugriff auf eine schier unvorstellbare Fülle an Quellen mit den verschiedensten, auch sehr speziellen Informationen;
- mit Hilfe graphischer Benutzeroberflächen, durch Vernetzung von verwandten Angeboten über Links sowie mit Hilfe sogenannter Suchmaschinen, kann inzwischen auch der relativ ungeübte Nutzer schnell in die Informationsfülle eintauchen und sie für sich erschließen;
- viele der angebotenen Informationen, Text-, Bild-, und Tondokumente kann der Nutzer auf seinen Computer herunterladen und als Dateien weiterverarbeiten;
- Internet und Online-Dienste sind nicht nur Verteilmedien und Abrufmedien, sondern ermöglichen auch Rückmeldungen und Punkt-zu-Punkt-Kommunikation wie Fax und Telefon; neue Formen der Telekommunikation sind entstanden (Foren für Benutzergruppen mit gemeinsamen Interessen);
- nicht zuletzt ist der Anbieter- und Nutzerzugang so offen und unreglementiert wie bei keinem anderen Medium.

Die meisten Vorzüge kommen den spezifischen Arbeitsanforderungen des politischen Journalismus, vor allem dem Interesse an einer aktuellen, schnellen, umfassenden Recherche unter Einbeziehung möglichst vieler, authentischer Quellen sehr entgegen. Auf der anderen Seite kann auch jeder einzelne Bürger sich jederzeit mit Hilfe einer Vielfalt von Quellen unmittelbar und umfassend informieren.

Die Fazination an den neuen Online-Medien nimmt in manchen Fachkreisen und teilweise auch in der Öffentlichkeit euphorische Züge an (vgl. Schulz 1997b). Die kommunikationstechnologische Revolutionierung der Demokratie wird diskutiert. Vom Anbruch eines neuen Zeitalters ist die Rede, charakterisiert durch unbegrenzten Informationszugang und unbeschränktes, umfassendes Informationsangebot von und für jedermann. Was davon derzeit einer nüchternen empirischen Überprüfung standhält, ist Gegenstand der folgenden Beiträge.

Grundlage des Sammelbandes ist ein Projekt des Lehrstuhls für Kommunikations- und Politikwissenschaft der Universität Erlangen-Nürnberg, das sich auf verschiedene Datenquellen stützt:

- eine eigene Redaktionsbefragung bei publizistischen Medien im Sommer 1996;
- eine repräsentative Bevölkerungsumfrage der Burda Medien-Forschung vom Frühjahr/Sommer 1996 (TdW Intermedia), deren Datensatz unter den skizzierten Fragestellungen analysiert wird;
- eine Spezialbefragung von Online-Nutzern im Frühjahr 1996 (MC Online-Monitor), deren Datensatz ebenfalls vertiefend nachanalysiert wird;
- eine eigene Internet-Befragung bei Nutzern der Online-Zeitung SZonNET im Winter 1996/97.

Die Ergebnisse im Überblick

Bevor die Resultate aus den empirischen Erhebungen in mehreren Beiträgen unterschiedlicher Perspektive betrachtet werden, erörtert *Zipfel* in seinem vorgeschalteten Aufsatz die politikwissenschaftliche Diskussion über die Frage, was Online-Medien für die politische Kommunikation und die Demokratie bedeuten.

Der Stand der Diskussion erweist sich in weiten Teilen noch als spekulativ. Die Online-Medien beeinhalten Chancen und Risiken für die politischen Primär-Akteure. Regierung, Parteien und Interessengruppen bietet sich eine neue Plattform für den direkten Kontakt mit Bürgern oder Journalisten und für die Binnenkommunikation in der eigenen Organisation. Das kann mehr Autonomie gegenüber den Massenmedien bedeuten, verkompliziert aber die Öffentlichkeitsarbeit. Neben einer in weiten Teilen einheitlichen Medienlogik müssen nun vielfältige Informationsinteressen und -verarbeitungsgewohnheiten der endgültigen Adressaten stärker berücksichtigt werden. Vorteile der neuen Online-Medien zeichnen sich für kleinere Parteien und Interessengruppen ab, die unabhängig von den Massenmedien und damit unabhängig vom eigenen Opportunitäts- und Nachrichtenwert ihre Informationsangebote kostengünstig und für staatlicher Zensur nur schwer erreichbar anbieten können. Daß davon auch die Feinde der Demokratie profitieren, leuchtet ein.

Für Bürger, die sich über Politik informieren wollen, muß ein stärkerer Einfluß der politischen Primärakteure auf die gesellschaftlichen Informationsflüsse nicht unbedingt Gutes bedeuten. Informationsqualitäten wie Ausgewogenheit, Unparteilichkeit oder Relevanz drohen umgekehrt proportional zur Quantität des Informationsangebotes zu sinken - auch weil die professionellen Komplexitätsreduzierer und Objektivitätswächter, die Journalisten, umgangen werden können. Daher bedeutet auch eine Vervielfachung der technische Kommunikationsmöglichkeiten und ein stark vergößertes Informationsangebot noch keine Besserung der eigenen Informiertheit.

Für das demokratische System insgesamt wird mehr Partizipation und politischer Diskurs erhofft: das Netz als elektronische Agora. Befürchtet werden Wissensklüfte und eine Fragmentierung der Öffentlichkeit und ihrer Werthaltungen. Alle Auswirkungen hängen aber im wesentlichen davon ab, wie weit sich die Netze ausbreiten und wie das enorme Potential, das sie dem politisch Interessierten bieten, genutzt wird. Das rasante bisherige Wachstum der Netz-Nutzerschaft läßt manchen ein neues Medium für die breiten Massen erwarten. Doch selbst wenn die Reichweiten steigen, ist unklar welche Nutzungsformen dahinter stecken. Partizipation stellt sich nicht allein durch technische Möglichkeiten ein. Und es besteht wenig Anlaß zu der Vermutung, Internet und Online-Dienste würden die Couch

Potatoes von heute zu den Cyber-Aktivisten von morgen machen. Im Gegenteil: die Erkenntnis, daß sich das Informationsangebot in den Netzen zum undurchschaubaren Wust auswachsen könnte, nährt die Befürchtung, Wissensklüfte in der Gesellschaft könnten sich im Zuge der Diffusion von Online Medien, deren Verwendung viel technische Kompetenz erfordert, eher vergrößern als verringern.

Daß diese Befürchtung einer reale Grundlage hat, wird durch den ersten empirischen Beitrag in diesem Sammelband eindrücklich belegt. *Scherer und Berens* zeigen, daß die Online-Nutzer ein sehr spezielles soziodemographisches Profil aufweisen. Die Onliner haben häufig ein hohes Bildungsniveau und - sofern berufstätig - ein hohes Einkommen; ein großer Teil befindet sich allerdings noch in Ausbildung. Männer und jüngere Personen sind stark überrepräsentiert (das Durchschnittsalter liegt um fast 10 Jahre unter dem Bevölkerungsdurchschnitt). Eine Analyse, die Diffusions- und Nutzentheorie miteinander verbindet, bringt zwei ganz unterschiedliche Typen von Online-Nutzern and den Tag: Der Typus kommunikativer Innovatoren kommt häufiger vor als der zweite Nutzertyp, die introvertierten Technikfans. Erstere haben ein stark ausgeprägtes Interesse für Politik und für politische Information. Diese Personen besitzen Ehrgeiz und gesellschaftlich orientiertes Verantwortungsbewußtsein. Sie lassen sich als politische Meinungsführer bezeichnen und verleihen den Online-Medien Relevanz im Hinblick auf die Herstellung politischer Öffentlichkeit. Die berufliche Nutzung der Online-Medien spielt dabei nicht nur insofern eine wichtige Rolle, als berufliche Anwender die größte Gruppe bilden. Sie ist auch ein markantes Kennzeichen der politisch stark interessierten und kommmunikativ aktiven Gruppe.

Das stark überdurchschnittliche politische Interesse der Online-Nutzer ist jedoch für diese überwiegend kein dominierender Grund, um Internet oder Online-Dienste zu verwenden. Das zeigt sich im Beitrag von *Hagen und Mayer*. Diese Autoren finden einige Anzeichen dafür, daß Online-Medien in erheblichem Maße zur interpersonellen Kommunikation verwendet werden - möglicherweise auch zu deren Subsitution. Die in den Netzen schwerpunktmäßig genutzten Inhalte haben mit Computern zu tun, vermutlich auch mit Erotik. Sie betreffen jedenfalls ganz überwiegend nicht Politik. Die Entstehung politischer Öffentlichkeit ist, rein quantitativ gesehen, derzeit zusätzlich durch die im Vergleich zu herkömmlichen Massenmedien verschwindend geringen Tagesreichweiten der Online-Medien beschränkt.

Die große Mehrheit der Nutzer stößt allerdings in den Netzen zumindest gelegentlich auch auf aktuelle politische Inhalte. Ein knappes Viertel der Onliner greift sogar häufig auf aktuelle politische Angebote zu. Es handelt sich typischerweise um Alleinstehende, die generell alle Arten von Medien intensiv nutzen. Die Vermutung, daß Online-Medien in größerem Umfang direkte Kontakte zwischen politischen Primärakteuren und der Bevölkerung fördern, wird nicht bestätigt: Häufig genutzte politische Informations-Angebote kommen ganz überwiegend von herkömmlicher Massenmedien - Zeitungen und Zeitschriften vor allem.

Online-Zeitungen, darauf deuten die Ergebnisse im Beitrag von *Spott, Rieß und Zeh,* sind ein Medium mit weit spezifischeren Funktionen als gedruckte Zeitungen. Knapp die Hälfte der befragten Nutzer der Online-Ausgabe der *Süddeutschen Zeitung* lebt im Ausland. Die elektronische Ausgabe im Netz ermöglicht es ihnen, sich aus anderen, teils fernen Ländern tagesaktuell und relativ breit über Deutschland zu informieren. Die inländischen Leser scheinen die Online-Zeitung dagegen überwiegend als Ergänzung zur ohnehin regelmäßig gelesenen Print-Ausgabe zu verwenden. Insgesamt sind unter den befragten Nutzern der betrachteten Online-Zeitung die formal höher Gebildeten im Vergleich zur Bevölkerung noch viel stärker überrepräsentiert, als es in der gesamten Online-Nutzerschaft ohnehin schon der Fall ist: 90 Prozent haben Hochschulreife.

Im Vergleich zu den Reichweiten in der Bevölkerung sind die Online-Medien in den aktuellen politischen Redaktionen der herkömmlichen Massenmedien unterschiedlicher Art zu Recherchezwecken bereits sehr weit verbreitet. Das zeigen Schulz und Leidner in ihrem Beitrag über die Ergebnisse einer Redaktionsbefragung. Die Redaktionen der politischen Wochenpresse und beim Fernsehen hängen besonders häufig am Netz: nämlich zu ungefähr zwei Dritteln. Insgesamt wird überwiegend das Internet, nur zum Teil werden auch die proprietären Dienste genutzt. Die Internationalität sowie die Vielfalt der Inhalte und Nutzungsformen macht das Internet zum wertvollen Kommunikationsinstrument.

Noch dienen Online-Medien vorwiegend dazu, herkömmliche Informationsübermittlungs- und Recherchemethoden zu ergänzen, weniger dazu, diese zu ersetzen. Ein wichtiger Zweck scheint die Beobachtung von Konkurrenz- und Leitmedien zu sein. Die redaktionelle Verbreitung von Internet und Online-Diensten könnte daher auch Tendenzen zu einer insgesamt konsonanter werdenden Medienberichterstattung begünstigen. Eine weitere typische Anwendung ist der Zugriff auf Informationsangebote von Ämtern und Behörden sowie, seltener, von Parteien, Verbänden und Interessengruppen. Die Journalisten erwarten Aktualität, Präzision, Verläßlichkeit und Unparteilichkeit von diesen Angeboten und empfinden mitunter mangelnde Genauigkeit und Glaubwürdigkeit als Problem.

Zusammenfassend wird deutlich, was bereits am Anfang dieser Einleitung stand: Die Bedeutsamkeit und Entwicklung der Online-Medien im politischen Kommunikationsprozeß hängt sehr stark mit Aktivitäten der herkömmlichen Massenmedien zusammen. Eine direkte politische Partizipation der Bürger wird dagegen durch die Online-Medien wohl bislang nur moderat und nur in speziellen Bevölkerungssegmenten gefördert. Ähnliches gilt für die Vermittlung von politischem Wissen. Dies läßt sich im Sinne der Wissenskluft-hypothese deuten. Ob mit der Diffusion der Online-Medien die Wissensunterschiede zwischen den „information-rich" und den „information-poor" tatsächlich in nennenswertem Maße weiter anwachsen werden, hängt auch davon ab, wie sich die Zusammensetzung der Online-Nuzerschaft im Zuge der weiteren Diffusion verändern wird. Jüngste Ergebnisse aus den USA, wo Online-Medien schon wesentlich weiter verbreitet sind als anderswo, deuten an, daß es auf längere Sicht tatsächlich zu einer Diffusion von Online-Medien bis in breite Bevölkerungsschichten kommen könnte, deren Zusammensetzung von der Gesamtbevölkerung nur noch wenig abweicht (Hawkins 1997).

Die Gruppe der Online-Nutzer in Deutschland dürfte jedenfalls vom Zeitpunkt der Untersuchungen, die die empirische Basis für diesen Band bilden, bis zu seinem Erscheinen um ungefähr 50 Prozent angewachsen sein. Die Ergebnisse unserer Beiträge sind daher als Momentaufnahmen zu verstehen. Auf eine kontinuierliche wissenschaftliche Erforschung der Online-Medien, in die sich diese Ergebnisse einreihen lassen, ist zu hoffen.

Literatur

Beck, Klaus (1997): Computervermittelte Kommunikation. Eine Auswahlbibliographie, in: Beck, Klaus/Vowe, Gerhard (Hrsg.): Computernetze - ein Medium öffentlicher Kommunikation? Berlin, S. 269-295.

Beck, Klaus/Vowe, Gerhard (1997): Computernetze aus Kommunikationswissenschaftlicher Sicht. Eine Einleitung, in: Beck, Klaus/Gerhard Vowe (Hrsg.): Computernetze - ein Medium öffentlicher Kommunikation? Berlin, S. 7-17.

Beck, Klaus/Gerhard Vowe (1995): Multimedia aus der Sicht der Medien. Argumentationsmuster und Sichtweisen in der medialen Konstruktion, in: Rundfunk und Fernsehen, Heft 4, S. 549-563.

Brosius, Hans-Bernd (1997): Multimedia und digitales Fernsehen. Ist eine Neuausrichtung kommunikationswissenschaftlicher Forschung notwendig, in: Publizistik, Heft 1, S. 37-45.

Gleich, Uli (1997): Digitale Kommunikation: Nutzung, Chancen und Wirkung von Onlinemedien. ARD-Forschungsdienst, in: Media Perspektiven, Heft 8, S. 456-462.

Goertz, Lutz (1995): Wie interaktiv sind die Medien? Auf einem Weg zur Definition der Interaktivität, in: Rundfunk und Fernsehen, Heft 4, S. 477-493.

Hawkins, Lori (1997): Net getting less geeky, survey says. WWW-Adresse: http://www.intelliquest.com/about/innews40.htm [10.9.97].

Höflich, Joachim R. (1994): Der Computer als „interaktives Massenmedium". Zum Beitrag des Uses and Gratification Approach bei der Untersuchung computervermittelter Kommunikation, in: Publizistik, S. 389-408.

Höflich, Joachim R. (1997): Zwischen massenmedialer und technisch vermittelter inmterpersonaler Kommunikation - der Computer als Hybridmedium und was die Menschen damit machen, in: Beck, Klaus/Gerhard Vowe (Hrsg.): Computernetze - ein Medium öffentlicher Kommunikation? Berlin, S. 85-104.

Kepplinger, Hans Mathias (1989): Künstliche Horizonte. Folgen, Darstellung und Akzeptanz von Technik in der Bundesrepublik, Frankfurt.

Krotz, Friedrich (1997): Hundert Jahre Verschwinden von Raum und Zeit? Kommunikation in den Datennetzen in der Perspektive der Nutzer, in: Beck, Klaus/Gerhard Vowe (Hrsg.): Computernetze - ein Medium öffentlicher Kommunikation? Berlin, S. 105-126.

Krotz, Friedrich (1995): Elektronisch mediatisierte Kommunikation. Überlegungen zur Konzeption einiger zukünftiger Forschungsfelder der Kommunikationswissenschaft, in: Rundfunk und Fernsehen, Heft 4, S. 445-462.

Morris, Merril/Christine Ogan (1996): The Internet as Mass Medium, in: Journal of Communication, Heft 1, S. 39-50.

Renderland Computer Aided Communication (1997): Internet Observer: Wieviele Menschen nutzen das Internet? WWW-Adresse: http://www.renderland.de/obs_usrs.htm [14.9.1997]

Schulz, Winfried (1997a): Politische Kommunikation. Theoretische Ansätze und Ergebnisse empirischer Forschung zur Rolle der Massenmedien in der Politik. Opladen: Westdeutscher Verlag.

Schulz, Winfried (1997b): Neue Medien - Chancen und Risiken. Tendenzen der Medienentwicklung und ihre Folgen, in: Aus Politik und Zeitgeschichte, B 42/97, S. 3-12.

Tasche, Karl (1997): Das Internet -ein weiteres Unterhaltungsmedium? Medienpsychologische Aspekte computervermittelter Kommunikation, in: Beck, Klaus/Gerhard Vowe, (Hrsg.): Computernetze - ein Medium öffentlicher Kommunikation? Berlin, S. 127-144.

Vowe, Gerhard/Klaus Beck, (1995): Multimedia aus der Sicht der Medien. Argumentationsmuster und Sichtweisen in der medialen Konstruktion, in: Rundfunk und Fernsehen, Heft 4, S. 549-563.

Walther, Joseph B. (1996): Computer-Mediated Communication: Impersonal, Interpersonal, and Hyperpersonal Interaction, in: Communication Research, Heft 1, S. 3-43.

Weiß, Rainer (1996): Informationsangebote von Regierungsstellen auf Bundes- und Landesebene im Internet. Diplomarbeit, Nürnberg.

Anhang

Tabelle A1: Anzahl von Internet-Nutzern in den USA, wie in verschiedenen empirischen Untersuchungen ermittelt

Anzahl	Erhebungszeitpunkt	Quelle
35,0 Millionen	1996, November	Louis Harris & Assoc.
27,0 Millionen	1996, Oktober	Mediamark Research Inc.
35,0 Millionen	1996, Juli	IntelliQuest
16,4 Millionen	1996, April	Hoffman/Novak

Quelle: Renderland Computer Aided Communication (1997).

Tabelle A2: Regierungsstellen mit Informationsseiten im WorldWideWeb, Stand September 1996

	Bund	Länder
Zentrale Angebote (Staatskanzleien o.ä./BPA)	1	13
Ministerien mit eigenem Angebot (Web-Site)	8	19
Ministerien mit Seiten im zentralen Angebot	8	74
Gesamt	17	106

Keine zentralen Angebote existierten von den Ländern Bremen, Mecklenburg-Vorpommern und Schleswig-Holstein

Quelle: Weiß (1996:54).

Online-Medien und politische Kommunikation im demokratischen System

Theodor Zipfel

Einleitung

„Ein gewaltiges Echo"[1] fand die „Berliner Rede"[2] des Bundespräsidenten Roman Herzog bei Bürgern und Pressevertretern. Innerhalb von 14 Tagen wurden 50.000 Exemplare verteilt und im gleichen Zeitraum 26.000 Kopien über das Internet abgerufen, davon allein 15.000 innerhalb der ersten acht Tage. Stolz hat das Bundespräsidialamt diese Zahlen veröffentlicht, sicher auch um zu zeigen, daß man mit der Zeit geht und auf der Höhe der technologischen Entwicklung ist. Haben nun auch die politischen Akteure in der BRD „das Netz" entdeckt oder bleibt es weiterhin „unpolitisch" wie Rainer Rilling (1997) meint. Tatsache ist, daß die Nutzung von Internet und Online-Diensten in den letzten Jahren eine rasante Entwicklung genommen hat. Szenarien über wirtschaftliche, politische und gesellschaftliche Veränderungen durch die neuen Medien sprießen zuhauf auf hypothetischem Grund, werden werbewirksam als Aufbruch in eine neue Gesellschaft vermarktet[3] und werfen dabei mehr Fragen auf, als daß sie Wege vorzeichnen. Welche Einflüsse die neuen Medien auf politische Kommunikation und repräsentative Demokratie haben können, soll im folgenden im Vordergrund stehen. Hierzu werden im zweiten

---

1 Nürnberger Nachrichten. Ein gewaltiges Echo. 53. Jg. 20.05.1997, S. 4.

2 „Aufbruch ins 21. Jahrhundert"; http://www.bundespraesident.de/n/npht/reden/de/berlin.htm/reden/tdeutsch1997.html [21.05.1997].

3 Microsoft warb bspw. für eine neues Office-Paket mit Slogans wie „It is a tool of massive social change" oder „This is the ultimate democracy".

Kapitel Online-Medien beschrieben und mit den herkömmlichen Massenmedien verglichen, anschließend mögliche Veränderungen im Bereich der politischen Kommunikation und im demokratische System diskutiert.

Online-Medien

Begriffe wie „Multimedia", „anklicken", „virtuelle Realität", „Datenautobahn" und „Homepage" gehörten laut Gesellschaft für deutsche Sprache in den letzten beiden Jahren zu den 20 meist genannten Wörtern.[4] Doch trotz einiger bekannter Begrifflichkeiten sieht sich der in die „funktionierende Anarchie" des Internet (Kroll 1996:396) eingeloggte Debütant einem „internetionalen"[5] Kauderwelsch und Informationsirrgarten gegenüber.

Zwischen elektronischem Briefkasten und virtueller Welt des Cyberspace

Einige Eingrenzungen und Definitionen sind deshalb ebenso angebracht wie Erläuterungen zum weiten Felde der Anwendungsmöglichkeiten. Der wohl inzwischen geläufigste Begriff im Bereich der computergestützten Kommunikation ist der des *Internet.* Darunter sind miteinander verbundene Rechner zu verstehen, die auf Basis einer einheitlichen Software namens *TCP/IP* Informationen austauschen können. Das Internet ist dezentral aufgebaut, d.h. jeder Rechner kann mit jedem anderen kommunizieren, wodurch eine große Flexibilität und geringe Störanfälligkeit der Datenübertragung erreicht wird. Das „Netzwerk der Netzwerke" (Kroll 1995) verbindet weltweit zehntausende von Einzelnetzen. Es ist jedem Nutzer frei zugänglich und kann als elektronische Datenautobahn verstanden werden (Wilke 1996:7). Zur gebräuchlichsten Anwendung im Internet hat sich in den letzten Jahren das *World Wide Web* (WWW) entwickelt, eine Art Informationsplattform, die auf einer Technologie namens

---

4 Gesellschaft für deutsche Sprache: Wörter des Jahres. http://www.geist.de/gfds/verlag-E.html [15.08.1997].

5 So der Titel von Schweigler (1996).

Hypertext basiert.[6] Hypertext in Verbindung mit einem relativ anwenderfreundlichen *Browser*[7] macht das WWW zu einem der flexibelsten Hilfsprogramme für die Nutzung des Internet (Kroll 1995:333 f.).

Parallel zum Internet existieren kommerziell betriebene Netzwerke sogenannter Online-Dienste wie CompuServe, AOL oder T-Online. Diese sind durch *Gateways* mit dem Internet verbunden. Nutzer dieser Dienste müssen für den Zugang und damit auch für die Benutzung des Internet zahlen. Andererseits steht ihnen neben dem Internet ein relativ übersichtlich organisiertes Angebot an Informationen und Dienstleistungen des kommerziellen Dienstes zur Verfügung.

Die Angebotspalette in den Netzwerken ist breit gefächert. Angefangen von der privaten *Homepage* sind dort Werbung und PR von Firmen und Organisationen, direkte Produktangebote (Teleshopping), elektronische Bankgeschäfte (Homebanking), elektronische Zeitungen, Zeitschriften und Lexika ebenso zu finden wie Datenbanken und Bibliothekskataloge, Statistiken, Wetterinformationen, politische Informationen, wissenschaftliche Arbeiten und ausgeklügelte Spiele in „virtuellen Welten". Mag dies nur ein Auszug sein aus dem vielfältigen Angebot, so läßt sich schon erahnen, daß diese weit gestreute Angebotspalette eine gewisse Unübersichtlichkeit beinhaltet und trotz verschiedener Suchmöglichkeiten[8] das Informationsangebot verwirrend wirkt. Zudem bringt die oft gepriesene Eigendynamik des Internet auch Nachteile mit sich. So beträgt die „Halbwertszeit" einer Internet-Ressource im Schnitt vier Jahre (Kroll 1995:430). Demnach sind ungefähr ein Achtel der Informationen in-

---

6 HTML=*Hypertext Markup Language* ist das Dokumentenformat im WWW. Damit lassen sich bestimmte Begriffe eines Dokuments durch Verbindungen („Links") um zusätzliche Informationen erweitern. Diese können auch auf anderen Servern liegen. Neben Texten können *Hypertext*-Dokumente auch Graphiken, Fotos oder andere audiovisuelle Darstellungsformen enthalten.

7 Browser sind Programme, die *Hypertext*-Dokumente darstellen.

8 Dem Nutzer bieten sich mehrere Möglichkeiten. Entweder er „surft" mittels Verknüpfungsadressen von Dokument zu Dokument durch die Netze, er läßt sich quasi weiter verbinden von einer interessanten Adresse zur nächsten oder er greift auf Suchmaschinen wie „Yahoo", Altavista" oder „Netguide" zurück. Diese durchforsten permanent die Informationsangebote und archivieren Namen oder Stichworte. Natürlich gibt es in alt bewährter Manier auch nach Themen geordnete Verzeichnisse anhand derer man entsprechende Adressen findet.

nerhalb eines Jahres überholt oder nicht mehr existent. Außerdem kommen täglich neue Dokumente hinzu und dies mit steigender Tendenz und entsprechend steigender Unübersichtlichkeit. Es ist daher nachvollziehbar, wenn Kroll das Internet mit einer Bibliothek ohne Katalog vergleicht (1995:271).

Die Bereitstellung von Informationen ist aber nur eine Nutzungsmöglichkeit. Computergestützte Netze ermöglichen ebenso eine Art elektronischen Postversand (*e-mail*) wie das Ablegen und Abrufen von Fragen, Nachrichten oder Diskussionsbeiträgen in sogenannten *Newsgroups*. Antworten werden dann per e-mail gegeben oder wiederum in den *Newsgroups* plaziert. Neben dieser Kommunikation per „Infobox" ermöglichen spezielle Programme direkte Kommunikation in Echtzeit: Sogenannte *talks* erlauben z.B. „Vier-Augen-Gespräche", mittels *chats* ist die Diskussion in kleinen Gruppen möglich und *IRC* (Internet Relay Chat) gibt die Arena frei für das Gespräch im großen Publikum - falls man der jeweils gruppentypischen Varietät folgen kann. Nicht selten entwickelt sich in den Foren zwischen den Diskussionsteilnehmern eine gewisse Verbundenheit, trotz körperlicher Abwesenheit. Rheingold (1993) spricht in diesem Zusammenhang von *„virtuellen Gemeinschaften"*, die auf kommunaler ebenso wie auf nationaler oder internationaler Ebene existieren. Schwieriger einzuordnen sind die sogenannten *MUD's* (Multi-User-Dungeons/ Dimension),[9] oder *MU*s* wie sie inzwischen wegen der vielen unterschiedlichen Formen zusammenfassend genannt werden (December 1996:24). Dabei handelt es sich um eine Art von Spiele, die durch zwei Charakteristika gekennzeichnet sind. Auf Basis einer Datenbank wird eine Umwelt beschrieben, in welche der Spieler mit Hilfe der dazu geeigneten Software einsteigt, den Spielablauf bestimmt, die Umwelt manipulieren und zum Teil auch das Spiel erweitern kann. Mit bestimmten Abstrichen kann man hier von einer *virtuellen Realität* sprechen. Neben den MU*s als Spiele gibt es inzwischen auch solche, die auf das Lernen oder zur Simulation von Experimenten angelegt sind (Kroll 1995:401 f.).

Zusammenfassend können die verschiedenen Nutzungen computergestützter Netze in drei Gruppen eingeteilt werden: als Abrufme-

9 Der Begriff *MUD* (Multi-User-Dungeons) entstand etwa 1980 in Verbindung mit der netzwerktauglichen Version des Abenteuerspiels *Dungeons und Dragons*.

dium, als Forum und Diskussionsmedium und als Medium zur interpersonalen Kommunikation oder Gruppenkommunikation (Höflich 1997:90).

All diese Nutzungsmöglichkeiten haben einen Ausgangspunkt: die Verschmelzung zweier Technologien. Die Kombination der elektronischen Datenverarbeitung mit der elektronischen Datenübertragung generierte einen neuen Zweig der elektronischen Kommunikation. Jede dieser Technologien für sich hatte schon eine rasante Entwicklung vorzuweisen und auch zusammen legen sie ein unheimliches Tempo vor. Die Rasanz der Entwicklung schuf immer neue Begriffe, damit aber auch begriffliche Überschneidungen und Abgrenzungsprobleme, gerade für wissenschaftliche Analysen.

John December (1996) hat als Gegenstand der wissenschaftlichen Analyse die Bezeichnung *„Internet-based, computer-mediated Communication"* (ICMC) vorgeschlagen. Also eine Form von Kommunikation, die zum einen gekennzeichnet ist durch den Computer als Operationsplattform und vor allem durch das Client-Server-Modell[10] (December 1996:20). Zum anderen durch Vermittlungsprozesse, die sich durch den Zeitaspekt (Realzeit oder per Abruf), durch die Art der Distribution (von einem Nutzer an einen anderen oder von einem an viele oder von einem bereitgestellt zum Abruf für viele) und durch die genutzten Informationspräsentationen (Text, Hypertext, Bilder, Sound, Video usw.) manifestieren. Die Begrifflichkeit *„Internet-based"*[11] grenzt die *„Computer-mediated Communication"* (CMC) auf das Internet ein. Doch werden entsprechende Nutzungen

10 Der Nutzung eines Computers (Server) und seiner Software durch einen anderen Computer (Client), indem er ihn mit bestimmten Dingen beauftragt und von diesem die gewünschten Ausführungen bzw. Informationen erhält.

11 Zur Definition des Begriffes *„Internet-based"* verwendet December die Datenprotokolltechnik *„TCP/IP"*. TCP/IP bedeutet zum einen, daß Daten, die im Netz weitergereicht werden sollen eine Adressierung besitzen, die im Internet Protokoll (IP) geregelt ist. Zum andern werden die Informationen bei der Weitergabe in einzelne Datenpakette aufgeteilt und gegebenenfalls über unterschiedliche Netzstrecken versandt. Die Zusammengehörigkeit und Reihenfolge der Datenpakete ist im TCP (Transmission-Control-Protocol) festgehalten (Kroll 1995:25 ff.). *TCP/IP* enthält für das Internet spezifische Regeln zum Austausch von Daten und ermöglicht so den verbundenen Computern zwischen ihnen zu senden und zu empfangen (December 1996:17 f.). Die Verbindung zu kommerziellen Netzwerken mit anderen Datenübertragungsmodi ist durch Übertragung der gesendeten Informationen in den TCP/IP- Standard möglich.

kommerzieller Dienste nicht ausgeschlossen, solange das Internet in irgendeiner Form dazu in Anspruch genommen wird.

Bewußt ausgegrenzt werden dagegen durch die software-orientierte Definition lokale, nicht mit dem Internet verbundene Netze (LAN)[12] ebenso wie andere Formen der Telekommunikation (bspw. Fax, Telefon). *„Internet-based, computer-mediated Communication"* ist rein auf das Internet zugeschnitten. Auch wenn der Trend mehr in die Richtung geht, daß sich die Angebote und Nutzungsformen von kommerziellen Diensten und des Internet immer mehr angleichen, so ist eine Betrachtung der verschiedenen Nutzungspotentiale computergestützter Kommunikation ohne kommerzielle Dienste unvollständig, da sie einen nicht unerheblichen Teil der Nutzer stellen. Deshalb schließt sich der Begriff der *„Internet-based, Computer-mediated Communication"* von selbst für die weitere Verwendung aus. Offen bleibt jedoch die Möglichkeit, den Begriff *„Computer-mediated Communication"* im Sinne von December zu verwenden, und zwar als eine Art Überbegriff, in dem alle Anwendungsmöglichkeiten kommerzieller und nicht-kommerzieller Anbieter und Nutzer enthalten sind. Der Begriff *Online-Dienste* wird meist für kommerzielle Anbieter von Netzen verwendet und soll im weiteren auch so genutzt werden. Als weiteren Sammelbegriff für die unterschiedlichsten Formen der Informationspräsentation der CMC werden wir in diesem Band den Begriff der *Online-Medien* verwenden und sie folgendermaßen definieren: Online-Medien sind per Computernetz verbreitete und öffentlich zugängliche Kommunikationsangebote. Beide Definitionen - CMC und Online-Medien - mögen den gleichen Rahmen an Nutzungsmöglichkeiten abstecken, doch repräsentiert CMC mehr die technisch vermittelnde Seite der Computerkommunikation, wohingegen der Begriff Online-Medien auf den organisatorisch-institutionellen Charakter des Gegenstandes ausgerichtet ist. Ebenso allgemein und unabhängig von technischer Ausstattung oder Art der Information wird der Begriff des *„Cyberspace"* verstanden als *Informationsraum,* in dem sich der Nutzer bewegt.

12 Local Area Networks.

Charakteristika und spezifische Vorteile

Das Wesen von Online-Medien, ihr Nutzungs- und Wirkungspotential lassen sich anschaulich im Vergleich mit herkömmlichen Massenmedien darstellen. Dabei fallen sofort gravierende Unterschiede auf. Die wesentlichsten können auf drei Ebenen charakterisiert werden:

- auf einer technischen Ebene mit immens gestiegenem Informationspotential;
- auf einer Nutzerebene mit relativ offenem und unreglementiertem Zugang für alle Beteiligten[13] und
- auf einer Kommunikationsebene mit vielerlei Kommunikationsformen und einem ausgeprägten Grad an Interaktivität.

In diesen drei zentralen Merkmalen sind folgende spezifische Vorteile gegenüber den herkömmlichen Medien eingebettet:

Informationstechnische Ebene

Online-Medien besitzen gegenüber herkömmlichen Medien ein ausserordentlich erweitertes informationstechnisches Potential. Auf Grund ihrer technischen Möglichkeiten können sie

- eine hohe Informationskapazität und
- eine multimediale Vielseitigkeit der Informationsbereitstellung bieten, sowie
- eine hohe Aktualität;
- eine allgemeine Verfügbarkeit,

13 Sender, Empfänger, Rezipient, Anbieter, Nachfrager, Publikum o.ä.: auf die Unzulänglichkeit dieser Begriffe im Kontext der Online-Medien weist Lutz Goertz (1995: 484) hin und empfiehlt eine Neuformulierung derselben zur besseren Operationalisierung. Für Rezipient schlägt er „Beteiligter" vor, den Kommunikator der ja ebenso Beteiligter ist, aber auch schnell Rezipient werden kann nennt er „Organisierender Beteiligter", das Medium im technischen Sinne soll nun „Kommunikationsstruktur" heißen und das Medium als Angebot oder Dienst „Medienanwendung". Der Begriff „Aussage" bleibt inhaltlich gleich.

- und eine relativ schnelle Abrufbarkeit von Informationen gewährleisten.

Es ist zu erwarten, daß dieses Potential mit fortschreitender technischer Entwicklung noch zunehmen wird.

Die Nutzerebene

Auf der Basis des technischen Potentials bietet sich für die Nutzer ein größerer Gestaltungsspielraum des individuellen Einsatzes. Im Gegensatz zu den meisten anderen Massenmedien bestehen keine zeitlichen und räumlichen Ausgrenzungsmöglichkeiten oder Zugangsreglementierungen. Die Bereitstellung der Informationsangebote oder die Nutzung derselben wird im wesentlichen nur von den eigenen Kapazitätsgrenzen der Nutzer (bspw. Know-how, Personal oder technische Mittel) determiniert. Der Zugang ist in der Regel öffentlich, was aber nicht bedeutet, daß jede angebotene Information kostenlos ist. Detailliertere und umfangreichere Datenmengen können oft nur gegen Entgelt abgerufen werden.

Anbietern von Informationen erlaubt das multimediale Potential der Online-Medien eine synästhetische Präsentation der Informationen (Schierl 1997:65) und eine gezielte, schnelle sowie mit geringem finanziellen und formalen Aufwand verbundene Weitergabe ihrer Angebote an bestimmte Adressaten (narrowcasting). Gleiches gilt für den Empfänger der Informationen. Er hat ebenso die Möglichkeit, schnell und kostengünstig auf die erhaltene Information zu reagieren.

Kommunikationsebene

„The Internet's communication forms can be understood as a continuum. Each point in the traditional model of communication process can, in fact, vary from one to a few to many on the Internet." (Morris/Ogan 1996:42). Demgemäß besitzen Online-Medien im Gegensatz zu den meisten anderen Medien neben der Bereitstellungs- und Verteilungs- auch eine Rückkopplungsfunktion. Die Vielfalt der

Kommunikationsmöglichkeiten zwischen Sender und Empfänger fassen Morris/Ogan (1996:42 f.) in vier Gruppen zusammen:

a) one-to-one asynchronous communication;
b) many-to-many asynchronous communication;
c) synchronous communication that can be one-to-one, on-to-few, or one-to-many and can be organized around a topic, the construction of an object, or role playing;
d) asynchronous communication generally characterized by the receiver's need to seek out the site in order to acess information, in which may involve many-to-one, one-to-one, or one-to-many source-receiver relationship.

Neben der Loslösung von zeitlichen Restriktionen durch *asynchrone Kommunikation* wird die neue Kommunikationstechnologie vor allem durch eine stärkere *Individualisierung* (*de-massification*) und das Merkmal der *Interaktivität* gekennzeichnet. Sind die ersten beiden Begriffe relativ klar, so nennt Höflich (1994:391 f.) die Charakterisierung als interaktives Medium unscharf.

„Interaktion" ist ein vielseitig genutzter Begriff, der umgangssprachlich ebenso wie in verschiedenen Fachdisziplinen mit unterschiedlichen Inhalten aufwartet. Es ist aber wichtig, Interaktion als soziales Handeln von Interaktion im Bereich der Massenkommunikation zu unterscheiden. Der soziologische Interaktionsbegriff orientiert sich daran, daß zwei oder mehrere Personen in ihrem Verhalten sich aneinander orientieren und gegenseitig wahrnehmen können.[14] Soziale Interaktion beinhaltet für den Beteiligten nur geringe Rückzugsmöglichkeiten und mangelnde Aufmerksamkeit wird sanktioniert. Das Fehlen von Rückkopplungsmöglichkeiten steigert die Unverbindlichkeit der Interaktionen (Jäckel 1995:466). Dagegen erscheint Interaktion im Bereich der Massenkommunikation als ein Teil der Publikumsaktivität und begleitet den Rezeptionsprozeß mit wechselnder Intensität. Ein Prozeß des gemeinsamen Findens von Bedeutungen findet nicht oder nur kaum statt, die unmittelbare Wechsel-

14 Habermas benutzt anstelle des Begriffes Interaktion den Begriff des „kommunikativen Handelns" wenn er von der sprachlichen Verständigung als Mechanismus der Handlungskoordinierung spricht, der die Handlungspläne und Zwecktätigkeiten der Beteiligten zur Interaktion zusammenfügt (Habermas 1995: 143).

seitigkeit der Orientierung fehlt meist oder ist weitgehend eingeschränkt. Deshalb plädiert Jäckel dafür, den Begriff „Interaktivität" nicht in der Soziologie, sondern für die kommunikationswissenschaftliche Forschung zu verwenden. Interaktivität würde dann verstanden werden als besondere Eigenschaft eines Mediums im Sinne der Kapazität eines technischen Systems, zum Nutzer zurückzusprechen („to talk back to the user", Rogers 1986:4). Dabei sind zwei Formen medialer Interaktion zu unterscheiden. Einmal die Interaktion *mit* einem Medium und zum anderen die Interaktion *durch* ein Medium. Im ersten Fall ist mehr das Eingreifen in den Ablauf des Informationsangebotes gemeint, der zweite ist dann gegeben, wenn der Nutzer selbst zum Aussagenden wird und die Möglichkeit hat auf Informationen zu antworten oder gar neue Themen ins Leben rufen (Jäckel 1995:473). Mit Bezug auf Carrie Heeter führt Höflich (1997:96 ff.) als „interaktive" Nutzungsoptionen folgende an:

1. Komplexität verfügbarer Wahlmöglichkeiten;
2. Vom Nutzer zu erbringender Aufwand, um an mediale Inhalte zu gelangen;
3. Rückantwort auf Nutzeraktivitäten;
4. Kontrolle der Informationsnutzung;
5. Möglichkeiten, Informationen hinzuzufügen;
6. Ermöglichung interpersonaler Kommunikation.

Spätestens hier wird offensichtlich, daß Online-Medien nicht durch Interaktivität an sich, sondern durch ein *Interaktivitätspotential* gekennzeichnet sind, daß herkömmliche Massenmedien ebenso einen gewissen Grad an Interaktivität besitzen und daß die zentrale Frage dann lautet, welche der Medienanwendungen den größten Handlungsspielraum bieten. Goertz (1995:485 ff.) entwarf eine Interaktivitätsskala,[15] um damit die „Landschaft" der Medienanwendungen differenziert abzubilden. Linearstrukturierte herkömmliche Massenmedien besitzen demgemäß einen geringen Grad an Selektions- und Modifikationsmöglichkeiten und damit einen geringen Grad an Interaktivitätspotential. Anders dagegen die verschiedenen Online-

---

15 Er ging dabei von den Beteiligten aus und orientierte sich an Selektions- und Modifikationsmöglichkeiten, Selektions- und Modifikationsangebot und den Grad der Linearität/Nicht-Linearität der Medien.

Medien. Sie liegen alle im oberen Teil der Interaktivitätsskala. Der Begriff der „Interaktivität" in diesen Sinne ist kein Maß für die tatsächliche Partizipation der Beteiligten (Goertz 1995:491), sondern steht nur für das *Interaktivitätspotential* der Medienanwendung.

Interaktivität und die verschiedenen Möglichkeiten der Kommunikationsbeziehungen beinhalten noch einen weiteren Gesichtspunkt. Die Kommunikation bei Online-Medien ist „direkter" und damit originärer, da zwischen Sender und Empfänger als Medium nur ein elektronischer Transmitter geschaltet ist, der selbst nicht korrigierend eingreift. Weder Personen noch Institutionen dazwischen beeinflussen die Auswahl noch die Reihenfolge oder die Darstellungsart der Botschaft. Das Angebot an Information wird somit nicht nur potentiell umfangreicher, sondern der Inhalt auch unverfälschter. In diesem Zusammenhang weist Goertz (1995:497) darauf hin, daß sein Interaktivitätsindex auch die Machtverhältnisse zwischen den Beteiligten ausdrückt. Je höher er ist, desto geringer ist die „Macht der Medien". Online-Medien nehmen dem „Organisierenden Beteiligten" einen Teil des bisherigen Einflußes aus der Hand.

Online-Medien als ein Massenmedium?

Bleibt noch die Frage, ob man bei so vielen Unterschieden Online-Medien noch als Massenmedien im herkömmlichen Sinne bezeichnen kann? Reicht es aus, eine hohe Nutzerzahl als Maßstab zu nehmen (Morris/Ogan 1996:39), und wie vertragen sich de-massification, synchrone und asynchrone Kommunikation und hohes Interaktivitätspotential mit den Charakteristika herkömmlicher Massenmedien? Bisher hat die Technologie die Grenzen definiert, doch durch die Verschmelzung von Computer- und Datenübertragungstechnik werden die Grenzen zwischen Massenkommunikation, Telekommunikation und Nachrichtendiensten unschärfer (Schulz 1994:143), lösen sie sich zwischen Individualkommunikation und Massenkommunikation zunehmend auf (Harms/Voermanek 1994:241 f.). Ist es daher an der Zeit, die bisherige Definitionen der Massenmedien zu überdenken? (Höflich 1997:87).

Trotz der inhaltlichen Widersprüchlichkeit zwischen Masse und Kommunikation werden nach Maletzke (1963:28 ff.) unter Massenkommunikation *öffentliche Aussagen* verstanden, die durch *technische Verbreitungsmittel indirekt* und *einseitig* an ein *disperses Publikum* vermittelt werden. Die Kriterien der Öffentlichkeit, der Einseitigkeit und des dispersen Publikums sind die zentralen Charakteristika. *Öffentlich* bedeutet, daß jeder in der Lage ist, sich den Zugang zur Aussage zu verschaffen, mit *einseitig* ist gemeint, daß der Informationsfluß nur vom Sender zum Empfänger gerichtet ist und *disperses Publikum* umschreibt eine in ihrer Größe nicht näher bestimmte Anzahl von räumlich voneinander getrennten Menschen, die sich massenmedial vermittelten Inhalten zuwenden und sozial nicht miteinander interagieren.[16] Wenn Öffentlichkeit und disperses Publikum gegeben sind, so spricht nichts dagegen, auch computergestützte Kommunikation als Massenkommunikation zu betrachten (Höflich 1997:87 ff.).

Doch geht das kommunikative Potential der Online-Medien weit über das der herkömmlichen Massenmedien hinaus. Morris/Ogan (1996:42) sprechen daher mit Blick auf das Internet von einem *„multifaceted mass medium"*, einem Massenmedium, das verschiedene Arten von Kommunikation ermöglicht. Höflich (1997:90 f.) betrachtet die Formen medialer Kommunikation per Computer etwas differenzierter und greift in Bezugnahme auf Ball-Rockeach/Reardon auf den Begriff der *telelogischen Kommunikation* zurück.[17] Der Begriff *Telelog* im Sinne von „participation in talking or writing" grenzt die monologische Kommunikation der Massenkommunikation von einer dialogischen ab. Letztere wird durch das ausgeprägte Interaktivitätspotential von Online-Medien ermöglicht. Mediale Kommunikation via Computer kann demnach telelogische Kommunikation als Austausch, als Assoziation und als Debatte sein (Höflich 1997:92). Höflich versteht daher den Computer als *Hybridmedium*, mit dem es möglich ist, von einer Form der medialen Kommunikation in eine andere zu wechseln und diese unter anderen Bedingungen fortzuführen (Höflich 1997:94).

Es handelt sich demnach bei Online-Medien um Hybridmedien, also auch um Massenmedien - wenn auch um anders geartete, vielfältiger nutzbare und dadurch mit den herkömmlichen Massenme-

---

16 Vgl. dazu auch Höflich (1997:87 f.).

17 Computer als Abrufmedium; Computer als Forum und Diskussionsmedium und Computer als Medium der interpersonalen Kommunikation oder der Gruppenkommunikation.

dien schwer vergleichbare - wie auch um ein Medium der Individualkommunikation. Doch bleibt die Differenzierung vorerst ein theoretisches Moment. Denn Fakt ist, daß die Nutzerzahlen zum gegenwärtigen Zeitpunkt in der BRD Online-Medien kaum als Medium der breiten Masse ausweisen. Die „kritische Masse" an Nutzern scheint freilich erreicht, angesichts explodierender Reichweiten von Online-Medien. Allerdings sprechen Morris/Ogan (1996:45) von 10 - 20% der Bevölkerung, wobei sie aber sofort einschränken, daß eine „critical mass" schwer in Zahlen auszudrücken ist, erst recht, wenn Nutzungsformen und Kommunikationsmöglichkeiten so vielfältig und unterschiedlich sind. Im Grunde müßte man für jede einzelne Nutzungsform die „critical mass" bestimmen. Von der Akzeptanz der Online-Medien durch eine breite Masse wird ihr Erfolg abhängen und ebenso ihre Bedeutsamkeit für verschiedene Bereiche der Gesellschaft, so auch für die Politik.

Online-Medien und politische Kommunikation

Für das System der politischen Herrschaft stellt das System der politischen Willensbildung die funktionale Voraussetzung dar (Kepplinger 1985:247 f.). Oberreuter (1982:20 f.) bezeichnet die demokratische Willensbildung als den kommunikativen Brückenschlag zwischen Staat und Gesellschaft, der in der modernen Großgesellschaft nur durch Massenmedien geschehen kann. Als notwendige Vermittlungsinstanz zwischen Herrschaftssystem und Gesellschaft erfüllen Massenmedien spezifische Funktionen. Schulz (1997:48) faßt sie zu zwei Primärfunktionen zusammen. Zum einen die Informationsfunktion und zum anderen die Publizitätsfunktion, also die Herstellung von Öffentlichkeit. Die Position, die so den Massenmedien im Vermittlungsprozeß zukommt, hat ein Mediatisierung[18] der Politik zur Folge.

Online-Medien wurden in den letzten Jahren sukzessiver Teil des Vermittlungsprozesses zwischen dem gesellschaftlichen und politi-

18 Schulz (1997:13) weist darauf hin, daß Mediatisierung doppeldeutig aufgefaßt werden kann. Zum einen in einem engeren Sinn von Vermittlung und zum anderen weiter gefaßt als die durch durch die mediale Informationsverarbeitung beeinflußte Wahrnehmung und Handlung.

schen System. Ihre Ausprägung als Hybridmedium macht sie schon deshalb für die politische Kommunikation interessant, weil sie für ein Spektrum von Aufgaben eingesetzt werden können, zu dem bisher verschiedene Kommunikationsformen und -technologien benötigt wurden. Die Erwartungen, die deshalb seitens der politischen Kommunikation an Online-Medien gestellt werden, sind z.T. sehr hoch, so daß schon von der *„Computer-Mediated Political Communication"* (CMPC) die Rede ist (Hacker u.a. 1996:139).

Die „exquisiten Eigenschaften der computervermittelten Netzkommunikation" (Rilling 1997) bedeuten für die politische Kommunikation neben der verbesserten Verfügbarkeit politischer Informationen eine Erhöhung der Selektivität bei Nutzung und Verteilung politischer Informationen, eine Erweiterung des individuellen Handlungsspielraums, da die bisher auf verschiedene Medien verteilte Kommunikation sich in einem „Monomedium" zusammenfassen läßt, eine Ausdünnung der Kommunikationshierarchien, die v.a. die klassische Abwärtskommunikation durch eine Aufwärtskommunikation und horizontale Kommunikation ergänzen und nicht zuletzt statt der bisherigen distributiven Formen politischer Kommunikation eine interaktive und polydirektionale Kommunikation.

Was bedeuten diese scheinbaren Verbesserungen konkret für die in den Prozeß der politischen Kommunikation involvierten Akteure? Erweitert sich dadurch tatsächlich ihr Handlungsspielraum? Kann CMPC die Primärfunktionen der Medien besser ausfüllen? Und wie weit deckt sich das Interesse der Akteure mit den Zielen einer verbesserten politischen Kommunikation?

Der Begriff der Politische Kommunikation ist sehr weit gefaßt. In der folgenden Betrachtung soll deshalb das Hauptaugenmerk auf den politischen Akteuren ruhen, die in der Rivalität um die politische Macht das stärkste Interesse an neuen Formen der politischen Kommunikation haben und die sich hierbei einen größeren Handlungs- und Gestaltungsspielraum erhoffen können. Das Ziel entsprechender Bemühungen ist es, die Zustimmung der Bürger zu erreichen, speziell bei Wahlen, aber auch über den Wahltermin hinaus allgemein im Zuge des politischen Willensbildungsprozesses. Die Steuerung des Willensbildungsprozesses durch politische Akteure faßt Sarcinelli (1987a:20 f.) unter den Begriff der Politikvermittlung zusammen und verweist im Rahmen der informatorischen Funktion[19] von Politikvermittlung auf zwei Problemkomplexe (Sarcinelli 1987b:308 f.). Zum einen sieht er auf der Ebene der Sender ein Problem der Definitionskompetenz, also der Konstruktion politischer Realität. Zum anderen spricht er von einem Empfängerproblem und nennt hier den Bereich der Informationsnutzungsgewohnheiten und -verarbeitungskompetenzen der Empfänger.

Online-Medien und die Senderseite

Bei der Rivalität um die politische Macht spielt die Politikvermittlung eine zentrale Rolle im Wahlkampf, aber auch in der Vermittlung politischer Entscheidungsprozesse zwischen den Wahlterminen. Das ausschlaggebende Instrument zur Vermittlung politischer Inhalte ist die Öffentlichkeitsarbeit (Sarcinelli 1987a:30). Ihr Tätigkeitsbereich umfaßt aktuelle Arbeiten (operative Öffentlichkeitsarbeit) wie Pressearbeit oder Information der Parteimitglieder, aber auch die Planung und Umsetzung von längerfristigen Zielen (strategische Öffentlichkeitsarbeit). Eine klare Abgrenzung zur Wahlkampfkommunikation ist nicht immer möglich. Aufklärungs- und Informationskampagnen oder politische Imagepflege von Personen oder der Organisation fallen als Aufgaben des Wahlkampfmanagements ebenso an, wie als Aufgabe der Öffentlichkeitsarbeit. Die Medien spielen deshalb in beiden Bereichen ein zentrale Rolle, da sie „oft als erste und einzige die im politisch-administrativen System getroffenen Entscheidungen öffentlich machen" (Schulz 1997:217).

Öffentlichkeitsarbeit

Wozu können nun Online-Medien im Zuge der Öffentlichkeitsarbeit eingesetzt werden? Online-Medien sind ein hervorragendes Instrument der Informationsverbreitung und gleichzeitig mit der Möglich-

19 Die anderen drei Funktionen wären die appelative, partizipative und politisch-pädagogische. Sarcinelli bezeichnet alle vier als sich wechselseitig ergänzend. Die Partizipative bezieht sich dabei auf die Politikvermittlung innerhalb von politischen Organisationen und die pädagogische auf die schulische politische Bildung.

keit ausgestattet, durch sie Rücksprache mit dem Informationsbereitsteller zu nehmen. Dadurch kann zum einen dem Interessierten ein weitgefächertes Angebot an politischen Informationen geboten werden. Zum anderen kann der Nutzer auf das Angebot reagieren, indem er zum Beispiel seine Meinung wiedergibt oder weitere Informationen anfordert. Dem politischen Akteur bietet diese Rücksprache zusätzlich die Möglichkeit, ein Feedback auf sein Informationsangebot zu erhalten, evtl. ein Meinungsbild über seine politischen Positionen zu bekommen und gegebenenfalls den Nutzer auch direkt anzusprechen. Der größere Spielraum, den der politische Akteur dadurch bekommt, ist deshalb gegeben, weil er den Informationsknoten (Buchstein 1996:596) der herkömmlichen Massenmedien umgehen kann.

Neben der Ansprache eines breitgefächerten Publikums können Online-Medien auch für spezifischere Informationsarbeit Verwendung finden. Zum einen bietet sich ihr Einsatz im Rahmen der Pressearbeit an. Die schnelle und umfangreiche Bereitstellung von Presseinformationen bietet für beide Seiten Vorteile. Für den Journalisten die bequemere Art der Informationsbeschaffung, für den politischen Akteur wichtige Punkte im Kampf um die Medienpräsenz. Zudem können durch direkte Nachfrage weitere Informationen beschafft und durch die Möglichkeit der direkten Ansprache per e-mail schnell und gezielt Journalisten mit den gewünschten Informationen versorgt werden. Gleiches ist auch im Bereich der Binnenkommunikation politischer Organisationen möglich (partizipative Funktion der Politikvermittlung; Sarcinelli 1987a:36 ff.). So lassen sich Mitglieder und Unterorganisationen besser, schneller und umfangreicher mit aktuellen Informationen versorgen. Auch für Serviceleistungen zwischen den Ebenen der Organisation wie Materialanforderungen, Terminplanungen oder die Gestaltung politischer Tätigkeiten sind Online-Medien einsetzbar. „Elektronischer" Erfahrungsaustausch komplementiert das Einsatzpotential von Online-Medien im Bereich der Binnenkommunikation politischer Organisationen.

Wirft man einen Blick auf das momentane Angebot der im Internet vertretenen Parteien, so findet man die oben beschriebenen Anwendungen für politische Öffentlichkeitsarbeit tatsächlich. Fast alle Parteien bieten eine breite Palette von Informationen und Serviceleistungen für den Bürger, die Mitglieder und natürlich für die Journalisten an. [20] Letztere können sich bei einigen Parteien auch direkt per e-mail regelmäßig mit den neuesten Pressemitteilungen versehen lassen. Anfragen, Meinungsäußerungen und Diskussionsbeiträge sind per e-mail oder in Newsgroups möglich.

So scheinen aus normativer Sicht Online-Medien ein äußerst geeignetes Instrument der Öffentlichkeitsarbeit zu sein. Decken sich doch die Charakteristika der Online-Medien mit den unerläßlichen Kriterien der demokratischen Politikvermittlung (Sarcinelli 1987:23) [21] Außerdem kommt CMPC kleineren Parteien oder politischen Gruppierungen entgegen, die auf Grund von geringen finanziellen und personellen Unterstützungsleistungen zu einer umfangreichen Öffentlichkeitsarbeit im herkömmlichen Stil nicht in der Lage sind. Chancengleichheit und ein erschöpfendes politisches Informationsangebot sind so eher zu gewährleisten, ebenso wie die Tendenz zu einer möglichst eigenständigen Urteils- und Entscheidungskompetenz der Bürger.

Doch Sarcinelli (1987a:31) weist darauf hin, daß das Kernproblem der Politikvermittlung nicht auf der Ebene der informatorischen Vielfalt liegt, sondern auf der Ebene der Entstehung bzw. der Erzeugung von Informationen, also primär beim politischen Akteur. Denn dieser ist geneigt, im Wechselspiel zwischen Öffentlichkeitsarbeit und politischer Berichterstattung die Rolle des Regisseurs zur kommunikativen Steuerung der Willensbildungsprozesse zu übernehmen. Bezogen auf die traditionellen Medien sind politische Akteure im konkurrierenden Prozeß der politischen Willensbildung gezwungen, mediale und dadurch öffentliche Aufmerksamkeit zu erzeugen. Je öfter sie hier in Erscheinung treten, desto größer sind ihre Chancen auf Zustimmung. Über die Chancen, das Interesse der Bürger auf sich ziehen, entscheiden die Massenmedien (Schulz 1995:209). Medienpräsenz garantiert ihnen in gewissem Umfang die Aufmerksamkeit des Publikums. Doch genau dies können Online-Medien nicht gewährleisten, da sie jedem politischen Akteur die Möglichkeit der Medienpräsenz bieten. Ein konkurrierender Ausschluß ist nicht möglich, eine garantierte

20 Politische Programme, Stellungnahmen zu aktuellen Problemen und eigenen Position, Informationen über die Organisation, Personen und historisches, Termine von eigenen Events.

21 Sarcinelli nennt hier Zugangspluralität und -offenheit, richtungspolitische Pluralität, Pluralität von Komplexitätsgraden und kommunikative Basisrückkopplung.

Aufmerksamkeit nicht gewährleistet. Der Vorteil der Informationsvielfalt und Zugangspluralität wird aus dieser Sicht der Politikvermittlung für den politischen Akteur zum Nachteil, da er plötzlich von den tatsächlichen Interessen der Bürger und deren Nutzungsmöglichkeiten und -gewohnheiten für Online-Medien abhängig ist. Wollte er über Online-Medien Aufmerksamkeit erzeugen, müßte er sich an den Nutzungsgewohnheiten und -interessen eines breiten und individualistisch ausgerichteten Publikums orientieren. Dagegen kann er das Handeln der traditionellen Massenmedien besser abschätzen, da sich tatsächlich alle herkömmlichen Massenmedien nach ähnlichen Nachrichtenwertkriterien richten (Schulz 1995:210 f.). Online-Medien bieten den Kommunikationsexperten der Parteien für Öffentlichkeitsarbeit mehr informativen und kommunikativen Handlungsspielraum zur Politikvermittlung, aber weniger Zielgerichtetheit und Abschätzbarkeit ihrer Tätigkeit.

Wahlkampfkommunikation

Wahlen bedeuten die Legitimationsgrundlage des demokratischen Herrschaftssystems. Sie stellen die unmittelbare Form der politischen Partizipation dar und erfordern „idealiter einen relativ hohen Informationsgrad des in die Entscheidungsposition gerückten Bürgers" (Oberreuter 1982:20). Wahlen bedeuten aber auch Kampf um die legitime politische Macht. Entsprechend hart umkämpft sind die Wählerstimmen und entsprechend professionell gehen die politischen Akteure ans Werk. Ziel ist es, konkret für den kurzen Zeitraum vor dem Wahltermin Aufmerksamkeit für die eigenen Kandidaten, die eigenen Themen und Inhalte zu erzeugen und den Wähler frühzeitig für die eigenen Standpunkte zu gewinnen.

Bei der Gestaltung von Wahlkampfkonzeptionen macht das Schlagwort der „Amerikanisierung" die Runde. Dahinter verbirgt sich neben der Konzentration auf den Kandidaten die Professionalisierung des Wahlkampfmanagement und ein auf die elektronischen Medien (Fernsehen, Hörfunk, Computer) ausgerichteter Wahlkampf (Radunski 1996:34 f.). Im Zentrum der Medienkampagnen steht das Fernsehen (Jarren/Bode 1996:65 f). Wirft man jedoch einen Blick auf den vergangenen Präsidentschaftswahlkampf in den USA und den

Einsatz von Online-Medien, so könnte der Begriff der Amerikanisierung in Zukunft auch als eine Verschiebung der Wahlkampfaktivitäten verstanden werden, d.h. weg von der starken TV-Zentrierung hin zur verstärkten Nutzung von Online-Medien.

Wahlkampfmanagement umfaßt neben der Medienkampagne auch Werbe- und Mobilisierungskampagnen und direkte Wähleransprache. In diesem Gesamtkontext sind die Einsatzmöglichkeiten der Online-Medien zu beurteilen. Doch kommen die oben angeführten kommunikativen und informationsbezogenen Vorteile ebenso zum Tragen wie die Nachteile bei der gesteuerten Ansprache der Bürger. Politikinszenierung, Themen- und Ereignismanagement oder die Imagepflege der Kandidaten ist per Online-Medien möglich, nur mit ungewisser Erfolgsaussicht für die Wahlkampfmanager im Vergleich zu den traditionellen Medien. Dagegen können sie zu einem verbesserten kommunikativen Austausch mit und zwischen dem Wähler beitragen und ebenso bieten sie verbesserte Einsatzmöglichkeiten im Bereich der Binnenkommunikation und der Pressearbeit. In hektischen Wahlkampfzeiten bringen Schnelligkeit, interaktive und polydirektionale Kommunikation bei der Betreuung von Mitarbeitern und Journalisten große Vorteile für die Parteien mit sich. Zudem bergen sie zusätzliche Möglichkeiten zur Mobilisierung von Mitgliedern.

Erste Erfahrungen aus den USA haben gezeigt, daß sich alle politischen Akteure dieser Nutzungsmöglichkeiten bedienten (Hacker u.a. 1996; Kleinsteuber 1996). Aber auch nicht direkt in den Wahlkampf eingebundene Organisationen nutzen Online-Medien zu wahlkampfbezogenen Aktivitäten. So sollte das Projekt *„vote smart"* im Präsidentschaftswahlkampf von 1996 die Wahlbeteiligung durch ein breites Informationsangebot über die Kandidaten, aber auch über den Wahlablauf und andere Formalitäten fördern (Kleinsteuber 1996:42). Über die tatsächliche Verwendung und vor allem Nutzung von Online-Medien bei den Präsidentschaftswahlen gibt es sehr unterschiedliche Auffassungen. Folgt man Rilling (1997) - „Das Netz war ruhig zwei Monate vor der Wahl und blieb es auch" - so konnte keine Rede davon sein, daß der Wahlkampf online tobte. Dagegen schreibt Kleinsteuber (1996:41) „Das Jahr 1996 wurde als das Jahr ausgerufen, in dem die Wahlkampagne online ging. Politiker haben erkannt, daß das Internet zu einem zentralen Medium politischer

Kommunikation geworden ist." Ohne konkretere empirische Daten ist dieser Widerspruch nicht aufzulösen.

Der Einsatz von Online-Medien im Bereich der Politikvermittlung bewegt sich zwischen den informatorischen und kommunikativen Vorteilen und dem Handikap der geringeren Steuerungskapazität. Selbst wenn die Nutzung von Online-Medien in der Bevölkerung nicht zunehmen würde, könnte es sich kein politischer Akteur in Zukunft leisten, ohne sie zu agieren, da der Kampf um die politische Macht Versäumisse unerbittlich bestraft und auch auf die Gefahr hin, daß sich ein gewisses Aktivitätspotential von der Sender- zur Empfängerseite verlagert. Außerdem verleihen sie dem politischen Akteur ein modernes Image. Für die Überwindung der Medienbarriere (Sarcinelli 1987a:32) hin zu einer demokratischeren Politikvermittlung dürften sie aber nur ein bedingt geeignetes Mittel darstellen. Aber weniger wegen ihren Einsatz- und Wirkungsmöglichkeiten, sondern wegen der Heterogenität des anzusprechenden Publikums.

Online-Medien und die Empfängerseite

Empfänger politikvermittelnder Informationen ist nicht nur das Publikum, sondern ebenso die Medien oder besser der einzelne Journalist. Sein Umgang damit, seine Nutzungsintensität und -gewohnheiten bestimmen ebenso die Einflußmöglichkeiten von Online-Medien auf die politische Kommunikation wie die des einzelnen Bürgers.

Kleinsteuber spricht in seinen Ausführungen zum US-Wahlkampf 1996 von „computer-assisted journalism" (Kleinsteuber 1996:41) und zählt vor allem die Vorteile der zeitlichen und räumlich unabhängigen Beschaffung von Informationen auf. Auch in Deutschland zeichnet sich eine ähnlich Entwicklung ab (siehe Schulz/Leidner in diesem Band). Dies sagt nichts darüber aus, inwieweit die Nutzung auch Einfluß auf den Inhalt der Berichterstattung und der Medienagenda hat. Unzweifelhaft darf davon ausgegangen werden, daß Online-Medien die Möglichkeiten der Journalisten, an relevante politische Informationen zu kommen, erhöht, daß sie dadurch unabhängiger in der Beschaffung und in der Art der ihnen zur Verfügung stehenden Informationen sind und sich damit die Ausgangslage ihrer Berichterstattung verbessert. Doch wird dies kaum Einfluß haben auf ihre

Stellung als Gatekeeper oder auf die produktionsbedingten Vorgaben der Berichterstattung. Denn trotz größerer Informationsmenge und eventuell umfangreicherem Potential an verwertbaren Ereignissen wird der Journalist im täglichen Nachrichtenkampf weiterhin vor der Aufgabe stehen, unter Zeitdruck den beschränkten Raum der politischen Mitteilungen auszufüllen. Ein Mehr an Informationen kann bei der aktuellen Berichterstattung eher hinderlich sein, außer bei Beiträgen, die intensive Recherchen und umfangreiches Informationsmaterial verlangen.

Das eigentliche Ziel demokratischer Politikvermittlung ist die Öffentlichkeit. Von ihrer Bereitschaft, Online-Medien zur Beschaffung von politischer Information oder zur Kommunikation zu nutzen, hängt es ab, ob diese neben den herkömmlichen Massenmedien zu einem wirkungsvollen Instrument der politischen Kommunikation werden können. Akzeptanz und Nutzungsbereitschaft werden zum einen bedingt von der individuellen Einstellungen der Nutzer in Bezug auf neue Innovationen. Zum anderen sind sie eine Frage der Erwartungen an das Angebot und wie dieses die Zustimmung der Nutzer findet. Durch die noch relativ kurze Phase der intensiven Verbreitung und Nutzung von Online-Medien sowie eines angemessenen Angebots sind aktuelle Erkenntnisse und zukünftige Prognosen noch schwer einschätzbar. Prallen wirklich, wie es Kleinsteuber (1996:42) ausdrückt, zwei Kulturen aufeinander, auf der einen Seite der eher passiv-apathische *„couch potato"* und auf der anderen Seite der interaktive *„Cyberaktivist"?* Wird diese Trennung auf Dauer Bestand haben und eines Tages den *„information poor"* des Fernsehens die *„information rich"* des Netzes gegenüberstehen? Das Wissen über die Motivationsgründe von *„Cyberaktivisten"* und *„couch potato"* ist für die politischen Akteure ebenso von Relevanz, wie es für die Entwicklung der demokratischen Politikvermittlung und des demokratischen Systems von Bedeutung ist. Schon heute ist aber absehbar, daß sich das Angebot besser auf die Vorstellungen und Kapazitäten der Rezipienten einstellen muß, im politischen Bereich wie auf allen anderen Ebenen.

Online-Medien, politische Kommunikation und Demokratie

Zwischen Veränderungen im Mediensystem und der Entwicklung des politischen Systems bestehen enge Zusammenhänge. Hält man sich die Eigenschaften und das weite Nutzungspotential von Online-Medien vor Augen, so ist es verständlich, daß CMPC häufig als ein Instrument zur Veränderung des politischen Systems gesehen wird und zu einem neuen Demokratieverständnis beitragen soll. Die Vorstellungen über die möglichen Entwicklungen differieren jedoch sehr. Buchstein (1996) spricht hier von Optimisten, die eine sehr hohe und positive Erwartung der Auswirkungen auf die Demokratie haben und von Neutralisten, die dem Medium „nur" ein gewisses Potential der Demokratieförderung zugestehen, dazu aber staatliche Regelung zur Nutzung des Mediums als notwendig erachten. Er erwähnt nicht die mehr pessimistischen Positionen, die große Gefahren für die Entwicklung der Öffentlichkeit erwarten oder gar solche, die Online-Medien mit autoritären oder totalitären Entwicklungen in Verbindung bringen.

Positive wie neutralistische Postionen beruhen zumeist auf zwei Annahmen. Verbesserungen im demokratischen System werden zum einen durch das immense informationstechologische Potential zu erwarten sein: „Because of the free flow of information across local, state, regional and national boundaries, access to governement information at all levels becomes a 'right' of all netizens in the facilitation of their informed participation in the democratic process at whichever level they so choose" (Ogden 1994:723). Zum anderen wird das interaktive Potential des Mediums zur Verbesserung demokratischer Teilnahme am Entscheidungsprozeß beschworen, bis hin zu einer „Art technologischer Utopie, die als Vision der 'elektronischen Agora' bezeichnet werden könnte" (Rheingold 1994:27). Mehr Information und verbesserte Partizipationsvoraussetzungen sollen so zu einer Verbesserung der Transparenz politischer Entscheidungen beitragen und würden damit die Zustimmung zum politischen System und die Partizipationsbereitschaft erhöhen. Doch Demokratie in ihren grundlegenden Prämissen[22] wie in ihren realen Ausprägungen

22 In Anlehung an Henry B. Mayo (1960) sollen als Prämissen der repräsentativen Demokratie folgende drei gelten: die politische Kontrolle des Volkes, die politische Gleichheit, verstanden als Gleichheit bei der Teilnahme an der politischen Kon-

ist zu komplex, daß sich mögliche Auswirkungen auf diese verkürzte Darstellung reduzieren lassen.

Demokratie und Online-Informationen

Eine Idealvorstellung von Demokratie geht von der Annahme aus, das Volk könnte sich selbst regieren, da es informiert ist (Hacker 1996:215). Das Problem im Bereich der politischen Kommunikation liegt aber nicht in der mangelnden Vielfalt der Informationen. Man muß eher vom Gegenteil ausgehen, daß nämlich die Expansion des Mediensystems zu einer Informationsflut geführt hat. Doch das vergrößerte Informationsangebot führt nicht zwangsläufig zu einem Ansteigen des politischen Wissens. Schulz (1987:130) spricht von einem fundamentalen Irrtum, der auf die Annahme begründet ist, „daß ein Mehr an Informationen grundsätzlich zu mehr Informiertheit führt, also zu mehr Wissen und Verstehen, mehr Orientierungs- und Entscheidungsfähigkeit".[23] Neuman (1986) bezeichnet diesen Widerspruch als das „paradox of the mass politics". Die Konsequenz dieser Entwicklung im Bereich der politischen Kommunikation wird als besonders bedenklich bezeichnet (Schulz 1987:130), da sie den „mündigen", den „omnikompetenten" Bürger in Frage stellt und damit die hinter dieser Vorstellung stehende Annahme, daß sich die Rationalität des demokratischen Prozesses mit immer umfassenderer Information der Bürger automatisch erhöht. Doch können wir den „omnikompetenten" Bürger überhaupt erwarten? Bezogen auf die staatsbürgerliche Kompetenz würde der angemessenen Staatsbürger[24] ausreichen. Doch selbst dieser fehlt in den meisten Demokratien. Die Gründe hierfür liegen, so Dahl, zum einen in der gestiegenen Komplexität politischer Angelegenheiten sowie dem Problem, diese zu durchschauen, und zum anderen in der Tatsache der Infor-

---

trolle sowie politische Freiheit im Sinne der Freiheit zu einer effektiven Kontrolle des Volkes.

23 Schulz (1987: 130).

24 „adequate citizen would posses sufficiently strong incentives to gain a modicum of knowledge of their own interests and of the political choices most likely to advance them, as well as sufficiently strong incentives to act on behalf of these choices" (Dahl 1992:48).

mationsüberflutung[25] durch kommunikationstechnologischen Wandel. Buchstein (1996:597) folgert mit Bezug auf Online-Medien weiter, daß die gestiegene Komplexität und der Informationsüberfluß den Cyberbürger vor das praktische Problem stellt, die relevanten Informationen, die er für sein politisches Urteilsvermögen braucht, von den unwichtigen zu trennen. Dadurch würde die Glaubwürdigkeit der Information im Netz verloren gehen und der Nutzer sich in obskure Weltsichten flüchten oder resignieren.

Noch ein weiterer demokratierelevanter Aspekt der Informationsversorgung durch Online-Medien muß beachtet werden. Ein Mehr an Informationsquantität bedeutet nicht zwingend ein Mehr an Informationsqualität. Die fehlende Glaubwürdigkeit der Information aus dem Netz durch Informationsüberfluß wird verstärkt durch das Fehlen von gehaltvollen Informationen. Repräsentative Demokratien setzen Öffentlichkeit als Korrektur- und Kontrollfaktor der „geliehenen" Herrschaft voraus. Der angemessen informierte Bürger sollte ein Teil dieser Öffentlichkeit sein. Fehlt diesem aber gehaltvolles Wissen über politische Entscheidungsprozesse und damit verbunden die Glaubwürdigkeit der Information, so ist die Transparenz politischen Entscheidungsprozeß nicht gegeben. Transparenz in der Demokratie darf nicht verkürzt nur mit der Bereitstellung von Informationen verwechselt werden, sondern muß die inhaltliche Seite der Information hervorheben, muß wie der Name eigentlich sagt, das Erkennen und das Verständnis fördern. Und um dies zu erreichen, bedarf es nicht unbedingt neuer Medien, sondern eines anderen Verständnisses der politischen Akteure gegenüber der politischen Kommunikation mit der Öffentlichkeit.

Die Bedeutsamkeit von Transparenz wird noch deutlicher, wenn man ihren demokratischen Wert nicht nur in bezug auf den einzelnen Bürger analysiert, sondern ihn im Kontext der Prämissen der Demokratie sieht. Für Henry B. Mayo (1960) ist die politische Kontrolle durch das Volk mittels Wahlen, aber auch über andere Einflußmöglichkeiten wie Parteien oder Verbände gegeben. Es ist das erste und allgemeinste Prinzip der Demokratie. Ohne politische Informiertheit,

25 Vgl. Jäckel, M. (1994:15 ff) erläutert folgenden Zusammenhang: Informationszunahme bedeutet Informationskonkurrenz und diese führt zu Informationsüberlastung, d.h. zum einen Informationsstreß und zum anderen Probleme der Informationsverarbeitung.

ohne die Transparenz der politischen Entscheidungen wird aber die Ausübung dieses Prinzips konterkariert, da die Kontrolle nicht effektiv sein kann. Politische Gleichheit als zweites Prinzip, verstanden als Gleichberechtigung bei der Teilnahme an der politischen Kontrolle, leidet ebenso unter Informationsverlusten oder -verzerrungen. Fehlende oder unterschiedlich verteilte Transparenz beeinflußt nicht nur die Teilnahme an der Kontrolle, sondern verletzt grundsätzlich die Gleichheit der Chancen zur Teilnahme an der Kontrolle. Das dritte Prinzip der Demokratie, die politische Freiheit nennt Mayo auch explizit die Effektivität der Kontrolle durch das Volk. Kontrolle ohne Information kann aber nicht effektiv sein. Im Sinne Mayos würde so politische Unfreiheit geschaffen.

Neben diesen grundsätzlichen Voraussetzungen demokratischer Systeme beeinflußt Transparenz auch Bedingungen in politischen Systemen, die als demokratiefördernd angesehen werden. Lipset (1960) nennt neben der wirtschaftliche Entwicklung und dem Bildungsstand Legitimiät und Wirksamkeit als sozio-ökonomische Bedingungen der Demokratie. Wirksamkeit wird verstanden als die Einschätzung oder Zustimmung der Bevölkerung hinsichtlich der Leistungserstellung des Staates und Legitimität als die Fähigkeit des Systems, die Überzeugung zu schaffen, daß die vorhandenen politischen Institutionen die richtigen sind. Vor allem Legitimität und Wirksamkeit hängen von der kommunikativen Leistung zwischen politischen und gesellschaftlichen System ab.[26] Fehlen die angemessenen Informationen, so werden Legitimität und Wirksamkeit darunter leiden und das demokratische System entzieht sich so seiner grundlegenden Basis, nämlich dem Bürger. Eben diese Gründe führt auch Hacker (1996:215) an, wenn er die amerikanische Demokratie in der Krise sieht. Das Fehlen von politischem Wissen als Notwendigkeit für die aktive Teilnahme, und das Gefühl der amerikanischen Bürger, sich in bezug auf eine gehaltvolle Kommunikation mit der Bundesregierung „getrennt" zu fühlen sind für ihn die Ursachen des zunehmenden Desinteresses an politischen Dingen in den USA.

Die demokratieförderliche Wirkung von Online-Medien kann sich somit nicht einfach auf das Informationspotential berufen. Von die-

26 Entsprechend hat der Stand der Entwicklung des Mediensystems bei Lipset aber auch in allen nachfolgenden Untersuchungen als Indikator des Demokratisierungsstandes eine wichtige Rolle gespielt.

sem gehen nicht zwingend Wirkungen aus, die das demokratische System fördern. Man muß eher befürchten, daß die Informationsüberflutung Ungleichheit produziert und somit demokratischen Vorstellungen entgegenwirkt. Entscheidend ist daher die Frage, wie mit dem Informationspotential umgegangen wird, welche Möglichkeiten der Nutzung real ausgeschöpft werden, seitens der politischen Akteure ebenso wie von Seiten der Bürger. Die bisherigen Erfahrungen über Veränderungen im Mediensystem lassen hier aber mehr Skepsis als Hoffnung aufkommen.

Öffentlichkeit und Online-Medien

Norberto Bobbio hat in einem Wortspiel Demokratie „als Regierung der öffentlichen Macht in der Öffentlichkeit" definiert. Dieses Wortspiel spiegelt mit dem Bezug auf die öffentliche Macht den Wert der Transparenz politischer Entscheidungen wider und zum anderen den Stellenwert der Öffentlichkeit. Öffentlichkeit ist Korrektur- und Kontrollfaktor der repräsentativen Demokratie. Öffentlichkeit ist der Raum, in dem der Pluralismus der Meinungen und Interessen sich entfalten kann (Oberreuter 1982:27). Doch nur der „gut informierte Bürger"[27] oder der „*adequate citizen*" kann eine sinnvolle Rolle in der Öffentlichkeit spielen. Welche Folgen könnten die oben angeführten Szenarien auf die Öffentlichkeit haben?

Zum einen wird die Befürchtung geäußert (Buchstein 1996:586 f.), es komme zu einer Klassenteilung. Auf der einen Seite stünde eine wachsende Klasse der technologischen „Habenichtse" und auf der anderen Seite in Folge kognitiver und finanzieller Ressourcen ein elitärer Kreis der wohlhabenden Kopfarbeiter. Dieses Szenario reiht sich in den Gedankengang der Wissensklufthypothese ein. Inwieweit die These der Wissenskluft zutrifft, ist schwer abzuschätzen.[28] Erste Untersuchungen der Nutzer von Online-Medien bestätigen zumin-

27 Leggewie (1996) bezieht sich hier auf Alfred Schütz. Der gut informierte Bürger ist zwischen dem Experten und dem „Mann auf der Straße" eingebettet und hat ein Wissen, das über das von Rezepten hinausgeht.

28 Jäckel (1994:20) meint: „der Zusammenhang zwischen Medienexpansion und einer Vergrößerung der Wissenskluft auf Grundlage momentaner empirischer Untersuchungen kann nicht bestätigt werden".

dest die Schichtung der Nutzer von Online-Medien. Doch sollte man bei einer Wertung dieser Ergebnisse berücksichtigen, daß wir erst am Anfang der Entwicklung stehen. Träfen aber Klassenteilung und unterschiedliche Informationsversorgung zu, so hätte dies Folgen für die zukünftige Ausgestaltung der Demokratie. Fehlendes oder ungleich verteiltes Wissen würde sich negativ auf das politische Urteilsvermögen der Öffentlichkeit auswirken und damit zentrale politische Prämissen und Bedingungen der Demokratie beeinträchtigen.

Die Zunahme an Informationen und die gestiegene Komplexität politischer Sachverhalte haben einen Punkt erreicht, „where no one can ever hope to master more than a few" (Dahl 1992:50). Die so erzwungene politische Einengung des Bürgers in seinen politischen Handlungsspielräumen geht einher mit der These der Fragmentierung der Öffentlichkeit durch die Entwicklung der Medien.[29] Damit ist eine Aufsplitterung der Öffentlichkeit in viele Teilöffentlichkeiten gemeint. Jede mit eigenen individuellen und gruppenspezifischen Interessenslagen. Für den politischen Bereich befürchtet Scharpf (1970:52 ff), daß die Vielzahl von Arenen zur Austragung partieller Konflikte im pluralistischem System zur „pluralistischen Fragmentierung der Politik" führt. Dadurch werden vorhandene politische Energien absorbiert mit der Folge, daß grundlegende Alternativen an keiner Stelle mehr im Zusammenhang sichtbar, diskutierbar und entscheidbar werden. Eine Vielzahl von Einzelentscheidungen können sich zwar zu einer Gesamtverteilung politischer Leistungen und Lasten summieren, aber die Verantwortung für die Summe ist an keiner einzelnen Stelle mehr zu lokalisieren. Die Tendenz zur politischen Frustration ist somit gegeben. Die Fragmentierung in Teilöffentlichkeiten stellt die Effizienz des politischen Willensbildungsprozesses ebenso in Frage, wie die Einschätzung der Wirksamkeit der politischen Arbeit durch den Bürger und damit letztendlich die Akzeptanz des politischen Systems. Sollte die Nutzung von Online-Medien Teilung und Fragmentierung der Öffentlichkeit fördern, wäre dies schädlich für die Demokratie.

29 Vgl. Schulz (1997: 98); Neuman (1991:115 ff.).

Partizipation und Online-Medien

Politische Beteiligung ist ein zentraler Wert demokratischer Regierungsweise (Kaase 1981:364). Doch über ihre Intensität und die Formen ihrer Ausprägung scheiden sich die Geister. Das Interaktivitätspotential der Online-Medien wirft immer wieder die Frage auf, ob durch sie eine Verbesserung der politischen Partizipation möglich ist und damit natürlich die Frage, ob dies für die Demokratie von Vorteil sein wird.

Politische Partizipation kann unterschiedliche Ausprägungen besitzen. Steffani (1980:154 ff.) unterscheidet zwischen repräsentativer Partizipation[30] und plebiszitärer Partizipation. Letztere umfaßt plebiszitäre Sach- und Wahlentscheidungen und plebiszitäre Mitwirkung. Online-Medien können bei jeder Form plebiszitärer Partizipation Verwendung finden. Mag ihr Einsatz technische Vorteile zur Abgabe des Votums der Bürger bieten, die eigentlichen Probleme plebiszitärer Entscheidungen werden sie aber kaum zu lösen helfen. Bobbio (1988:18) bezeichnet deshalb die so verstandene Hypothese der „Computer-kratie" als kindisch und Rilling (1997) sieht Online-Medien nicht als Instrument politischer Entscheidungen. Das Urteil beider Autoren mag letztendlich richtig sein, doch bedarf es einer genaueren Betrachtung. Sollen politische Entscheidungen direkt durch den Bürger getroffen werden, so sollten sich normativ gesehen alle daran beteiligen. Dies würde aber ein vorrangiges und universelles menschliches Interesse voraussetzen sowie eine Einschränkung auf kleine politische Einheiten und auf jeweils wenige politisch zu entscheidende Fragen (Scharpf 1970:57). Diese Annahmen verhindern aber in komplexen gesellschaftlichen Systemen eine exzessive Anwendung direkter politischer Partizipation. Auch Online-Medien würden nicht verhindern können, daß Frustration und Überdruß an Politik die Folge wären, wenn man bedenkt, wie oft der Bürger seine Stimme abgeben müßte (Bobbio 1988:18). Und sie können auch nur bedingt verhindern, daß Ausdehnung und Differenzierung des politischen Bereichs dazu führen, „daß auch keiner nur einigermaßen informiert ist" (Scharpf 1970:58). Der Ruf nach mehr direkter Partizi-

30 Unmittelbarer und mittelbarer Repräsentation, d.h. Partizipation durch vom Wähler direkt oder indirekt bestimmte Repräsentanten.

pation mittels Online-Medien hätte nur zur Folge, daß politische Entscheidungsprozesse ineffizienter würden und der Glaube an die Wirksamkeit des demokratischen Systems eher Schaden nehmen würde. Berücksichtigt man zudem die Annahmen des sozio-ökonomischen Standardmodells der politischen Beteiligung[31] und geht davon aus, daß diese freiwillig sein soll, so führt direkte Beteiligung an Entscheidungsprozessen zur Ungleichheit (Kaase 1981) im demokratischen System. Wenn Online-Medien einer Teilung und Fragmentierung Vorschub leisten, würde direkte Partizipation zusätzlich Ungleichheit fördern. Plebiszitäre Entscheidungen (v.a. plebiszitäre Sachentscheidungen) mittels Online-Medien bieten daher grundsätzlich keine Verbesserung direkter demokratischer Partizipation im politischen System. Dies gilt speziell für die nationale Ebene des politischen Entscheidungsprozesses. Dagegen könnte auf kommunaler Ebene, also dort wo das Interesse und die Nähe zur Entscheidungssituation größer ist, direkte Partizipation mittels Computer gewisse Bequemlichkeiten für die Teilnahme des Bürgers bedeuten und dadurch Online-Medien mobilisierende und partizipationsfördernde Wirkungen haben.

Nach Steffani (1980:156) kann Partizipation auch in Form der plebiszitären Mitwirkung praktiziert werden als Einflußnahme auf politische Entscheidungsprozesse beispielsweise über Parteien, Verbände oder Medien. Auf dieser Ebene der Partizipation besitzen Online-Medien bestimmte Einsatzmöglichkeiten, die durchaus demokratiefördernde Wirkung haben können. Wird politische Partizipation nicht ausschließlich als ich-bezogenes Handeln aufgefaßt, sondern als Prozeß gesehen, der durch soziale Mobilisierung zustande kommt, dann ist Partizipation ein Resultat von Interaktion (Kaase 1981:367). Unter diesem Aspekt könnte interaktive Kommunikation mittels Online-Medien dazu beitragen, die Kommunikation zwischen den Bürgern und zwischen den Bürgern und den politischen Akteuren zu verbessern. So gestaltete politische Kommunikation kann durch Meinungsaustausch und Gemeinschaftsgefühl mobilisierende Wirkungen erzeugen und dadurch politische Ungleichheiten abbauen. „Interactive communication creates a symmetry of communication

31 D.h. vor allem die Unterscheidung nach Aktiv- und Gesamtbürgerschaft aufgrund unterschiedlicher Ressourcenausstattung.

between leaders and citizens" (Hacker 1996:224). Die elitäre Sphäre von Macht und Einfluß würde zumindest zum Teil aufgehoben werden. Aber auch dies gilt wiederum nur, wenn Online-Medien nicht selbst ein Instrument irgend einer Art von Elite sind.

Welche der oben beschriebenen Wirkungen tatsächlich eintreten werden und in welchem Ausmaß, ist zur Zeit kaum abschätzbar. Es wäre aber eine unvollständige Betrachtung, würde man mögliche Entwicklungen durch Online-Medien außer Acht lassen, die Gefahren anderer Art in sich bergen. Zum einen muß die Frage gestellt werden, wer in Zukunft das Netz kontrolliert. Wird es weiterhin „neutral" sein, da die technischen Vorgaben nicht ausschließlich in Händen kommerzieller Träger sind, sondern auch öffentliche Institutionen und Private sie verfügbar halten? Oder werden es eines Tages Konzerne oder ein Monopol sein, die das Netz kontrollieren? Durch Zugangsbeschränkungen und inhaltlicher Kontrolle würde so eine politische Macht entstehen können, die demokratiegefährdend sein könnte. In ähnliche Richtung geht eine andere Vorstellung, nämlich die der Kontrolle des Bürgers mittels Netz. Rheingold (1994:28) spricht von einer „düsteren Vision einer weniger utopischen Art von Platz - dem Panopticon."[32] Weniger utopisch, realer oder besser real ist dagegen die Tatsache, daß das Netz gerade wegen seiner egalisierenden Struktur extremistischen und paranoiden Positionen entgegenkommt (Buchstein 1996:599). Es bietet ihnen nicht nur ein Instrument zur Verbreitung ihrer Ansichten, sondern auch Schutz.[33] In der Informationsflut des Internet können sich entsprechende Position gut verstecken, können Autoren anonym bleiben oder unter falschen Namen auftreten, können verharmlosen und falsche Tatsachen verbreiten und können nicht selten mit Unterstützung rechnen, wenn ihre Informationen verboten werden. Eine vielleicht falsch verstanden Vorstellung von Freiheit bedingt, daß verbotene Angebote von anderen Nutzern über ihre Server, e-mails oder Newsgroups Verbreitung finden.

---

32 In Bezug auf Jeremy Bentham versteht er darunter ein wirklich sicheres Gefängnis, in dem es durch eine Kombination von architektonischer und optischer Gestaltung möglich ist, jederzeit jeden Gefangenen zu sehen, während der Gefangene nichts als seine Zelle sieht. Alle Gefangen würden sich daher so verhalten, als wenn sie ständig überwacht werden.

33 Vgl. Vogelgesang u.a. (1995).

Fazit

Mögen Panopticon und ökonomische Konzentration utopisch anmuten, potentiell sind sie möglich. Extremistisches Gedankengut im Internet ist real vorhanden. Aber auch dies gehört zu den Freiheiten der Demokratie, ohne daß sie dadurch schon gefährdet ist. Unsicherheit bei der Einschätzung der weiteren Entwicklung bergen dagegen die oben beschriebenen schwer abwägbaren potentiellen Wirkungen und vor allem die Nutzungserwartungen. Sicher sind Online-Medien nicht das hochgelobte Mittel zur Förderung von Demokratie, sondern beinhalten Vorteile und Risiken für Politik und Gesellschaft. Sie werden auf jeden Fall für die Akteure veränderte Bedingungen schaffen. Für den politischen Akteur eine größere Instrumentenvielfalt aber eventuell auch eine Verlagerung des Aktivitätspotentials zum Rezipienten. Dieser wiederum könnte, wenn er wollte und wenn die Qualität der Informationen gegeben ist, mehr partizipieren. Für den Journalisten bedeuten Online-Medien Hilfe bei der täglichen Arbeit, aber auch eine Einschränkung seines Einflusses, da nicht mehr „alle" politischen Informationen über die traditionellen Medien verbreitet werden. Andererseits schränken traditionelle Medien im Vergleich zu Online-Medien die Informationsflut nicht nur ein, sondern sie sorgen auch für eine Art qualitiative Kontrolle der Information und damit für eine gewisse Glaubwürdigkeit der Nachricht. Unter diesem Aspekt betrachtet, bekommt die Aussage „Alle Politik ist medienvermittelt"[34] eine zusätzliche und positivere Bedeutung. Eines kann aber sicher festgehalten werden. Die oben angeführten Entwicklungen sind von der Nutzungsbereitschaft und den Nutzungsgewohnheiten der Rezipienten abhängig und diese wiederum von den Erwartungen an das Medium. Wenn nun politische Akteure ihre Online-Angebote nicht an den Erwartungen der Nutzer ausrichten, ihnen ein qualitatives wie ansprechendes Informations- und Kommunikationspotential bieten, dann ist der Einsatz von Online-Medien für politische Kommunikation von Anfang an ohne den Gedanken der Förderung der Demokratie gewesen und mehr als symbolische Politik für eine Weiterentwicklung des demokratischen Systems zu sehen.

34 Vgl. Wolf, Fritz (1996).

Literatur

Bobbio, Norberto (1988): Die Zukunft der Demokratie. Berlin, Rotbuch Verlag.

Braman, Sandra (1994): The Autopoetic State: Communication and Democratic Potential in the Net, in: Journal of American Society for Information Science 45 (6), S. 358-368.

Brants, Kees/Martine Huizenga/Reineke van Meerten (1996): The new canals of Amsterdam: an exercise in local electronic democracy, in: Media, Culture & Society 18 (2), S. 233-247.

Buchstein, Hubertus (1996): Bittere Bytes: Cyberbürger und Demokratietheorie, in: Deutsche Zeitschrift für Philosophie 44, S. 583-607.

Calabrese, Andrew/Mark Borchert (1996): Prospects for electronic democracy in the United States: rethinking communication and social policy, in: Media, Culture & Society 18 (2), S. 249-268.

Corning, Peter A. (1996): Synergy, cybernetics and the evolution of politics, in: International Political Science Review 17, S. 91-119.

Dahl, Robert A. (1992): The Problem of the Civic Competence, in: Journal of Democracy 3 (4), S. 45-59.

Dahl, Robert A. (1994): A Democratic Dilemma: System Effectiness versus Citzen Participation, in: Political Science Quaterly 109, S. 23-34.

December, John (1996): Units of analysis for Internet communication, in: Journal of Communication 46 (1), S. 14-38.

Fuller, Steve (1995): Cyberplatonism: An Inadequate Constituition for the Republic of Sciene, in: The Information Society 11 (4), S. 293-303.

German, Christiano (1996): Politische (Irr-)Wege in die globale Informationsgesellschaft, in: Aus Politik und Zeitgeschichte B32, S. 16-25.

Goertz, Lutz (1995): Wie interaktiv sind die Medien? Auf dem Weg zu einer Definition der Interaktivität, in: Rundfunk und Fernsehen 43, S. 477-493.

Grüne, Heinz/Stephan Urlings (1996): Motive der Onlinenutzung, in: Media- Perspektiven 9, S. 493-498.

Habermas, Jürgen (1995): Theorie des kommunikativen Handelns. Bd. 1 Handlungsrationalität und gesellschaftliche Rationalisierung. Frankfurt/M. Suhrkamp Verlag.

Hacker, Kenneth .L./Lori Howl/Max Scott/Robert Steiner (1996): Uses of computer-mediated political communication in the 1992 presidential campaigning, in: Communication Research Report 13 (2), S. 138-146.

Hacker, Kenneth L. (1996): Missing links in the evolution of electronic democratization, in: Media, Culture & Society 18(2), S. 213-232.

Harms, Ilse/Achim Voermanek (1994): Interaktiv heißt die Zukunft, in: Medienpsychologie 6, S. 241-251.

Hoffmann-Riem, Wolfgang/Thomas Vesting (1994): Ende der Massenkommunikation? Strukturwandel der technischen Medien, in: Media Perspektiven 8, S. 382-391.

Höflich, Joachim R. (1994): Der Computer als interaktives Massenmedium, in: Publizistik 39 (4), S. 389-408.

Jäckel, Michael (1994): Auf dem Weg zur Informationsgesellschaft? Informationsverhalten und die Folgen der Informationskonkurrenz, in: Winterhoff-Spurk/Jaeckel (Hrsg.): Politik und Medien. Berlin, Vistas Verlag. S. 11-34.

Jäckel, Michael (1995): Interaktion. Soziologische Anmerkungen zu einem Begriff, in: Rundfunk und Fernsehen 43, S. 463-476.

Jarren, Otfried/Markus Bode (1996): Ereignis- und Medienmanagement politischer Parteien, in: Bertelsmann-Stiftung (Hrsg.). Politik überzeugend vermitteln. Gütersloh, Verlag Bertelsmann Stiftung. S. 65-114.

Kaase, Max (1981): Politische Beteiligung und politische Ungleichheit, in: Albertin, Lothar/Werner Link (Hrsg.). Politische Parteien auf den Weg zur parlamentarischen Demokratie in Deutschland. Düsseldorf, Droste Verlag. S. 363-377.

Kepplinger, Hans Mathias (1985): Systemtheoretische Aspekte politischer Kommunikation, in: Publizistik 30, S. 247-264.

Kleinhenz, Thomas (1995): Die Nichtwähler. Ursachen der sinkenden Wahlbeteiligung. Opladen, Westdeutscher Verlag.

Kleinsteuber, Hans-J. (1996): Horse race in Cyberspace? Alte und neue Medien im amerikanischen Wahlkampf, in: Internationale Politik 51, S. 39-42.

Kroll, Ed (1995): Die Welt des Internet. Handbuch & Übersicht. Bonn, O'Reilly/ International Thomson Verlag.

Leggewie, Claus (1996): Netizens oder: der gut informierte Bürger heute. Ein neuer Strukturwandel der Öffentlichkeit? http://www.iid.de/macht/beitraege/leggewie.html [24.8.1997].

Lipset, Seymour M. (1960): Political Man. The Social Bases of Politics. New York, Anchor Books.

Maletzke, Gerhard (1963): Psychologie der Massenkommunikation. Theorie und Systematik. Hamburg, Hans-Bredow-Institut.

Mayo, Henry B. (1960): An Introduction to Democratic Theory. New York, Oxford University Press.

Mayo, Henry B. (1975): Charakteristische Merkmale demokratischer Systeme, in: Grube Frank/Gerhard Richter (Hrsg.): Demokratietheorie. Hofmann u. Campe, Hamburg. S.37-44.

Morris, Merril/Christine Ogan (1996): The Internet as Mass Medium, in: Journal of Communication 46 (1), S. 39-50.

Neuman, W. Russel (1991): The future of the mass audience. Cambridge, Cambridge University Press.

Nguyen, Dan Thu/Jon Alexander (1996): The Coming of Cyberspacetime and the End of the Polity, in: Shields, Rob (Ed.): Cultures of Internet: virtual space, real histories, living bodies. London/Thousand Oaks, Sage S. 99-124.

Oberreuter, Heinrich (1982): Übermacht der Medien. Erstickt die demokratische Kommunikation. Zürich, Edition Interform.

Ogden, Michael R. (1994): Politics in a parallel universe, in: Futures 26, S. 713-729.

Parks, Malcom R. (1996): Making Friends in Cyberspace, in: Journal of Communication 46 (1), S. 80-97.

Radin, Patricia (1996): A biotechnology Web site toward electronic democracy? In: Information society 12 (1), S. 83-88.

Radunski, Peter (1996): Politisches Kommunikationsmanagement. Die Amerikanisierung der Wahlkämpfe, in: Bertelsmann-Stiftung (Hrsg.). Politik überzeugend vermitteln. Gütersloh, Verlag Bertelsmann Stiftung. S. 33-52.

Reiser, Stefan (1994): Parteienkampagne und Medienberichterstattung im Europawahlkampf 1989. Konstanz, Ölschläger .

Rheingold, Howard (1994): Virtuelle Gemeinschaft. Soziale Beziehungen im Zeitalter des Computers. Bonn, Addison-Wesley.

Rheingold, Howard (1995): Electonic Democracy Toolkit. http://www.well.com:80/user/hlr/electrondemoc.html. [4.09.1997].
Rilling, Rainer (1996): Auf dem Weg zur Cyberdemokratie. http://staff- www.uni-marburg.de/~rillingr/bdweb/texte/cyberdemokratie-text.html [23.08.1997].
Rogers, Everett M. (1986): Communication Technology. The New Media in Society New York/London, Free Press.
Sarcinelli, Ulrich (1987a): Politikvermittlung und demokratische Kommunikationskultur, in: Sarcinelli, Ulrich (Hrsg.): Politikvermittlung. Beiträge zur politischen Kommunikationskultur Bonn, Bundeszentrale für Politische Bildung. S. 19-45.
Sarcinelli, Ulrich (1987b): Entwicklungstendenzen zur Politikvermittlung in der Informationsgesellschaft, in: Sarcinelli, Ulrich (Hrsg.): Politikvermittlung. Beiträge zur politischen Kommunikationskultur. Bonn, Bundeszentrale für Politische Bildung. S. 303-328.
Scharpf, Fritz W. (1970): Demokratietheorie zwischen Utopie und Anpassung. Konstanz, Universitätsverlag.
Schierl, Thomas (1997): Das Internet auf dem Weg zum Massenmedium? Möglichkeiten und Gefahren, in: Beck, Klaus/Gerhard Vowe (Hrsg.). Computernetze - ein Medium öffentlicher Kommunikation? Berlin, Spiess, S. 63-81.
Schmitt-Beck, Rüdiger/Peter Schrott (1994): Dealignment durch Massenmedien? Zur These der Abschwächung von Parteienbindung als Folge der Medienexpansion, in: Klingemann/Kaase (Hrsg.) Wahlen und Wähler. Analysen aus Anlaß der Bundestagswahl 1990. Opladen, Westdeutscher Verlag. S. 543-572.
Schulz, Winfried (1987): Politikvermittlung durch Massenmedien, in: Sarcinelli, Ulrich (Hrsg.): Politikvermittlung. Beiträge zur politischen Kommunikationskultur. Bonn, Bundeszentrale für Politische Bildung. S. 129-144.
Schulz, Winfried (1994): Kommunikationsprozeß, in: Noelle-Neumann, Elisabeth/ Winfried Schulz/Jürgen Wilke: Das Fischer Lexikon Publizistik Massenkommunikation. Aktualisierte und vollständig überarbeitete Neuausgabe. Frankfurt a. M., Fischer Taschenbuch Verlag, S. 140-171.
Schulz, Winfried (1995): Politikinszenierung, Themenmangagement und Tele-Politik im Wahkampf, in: Hollander, Ed/Coen van der Linden/Paul Rutten (eds.): Communication, Culture, Community 1995. S. 209-227.
Schulz, Winfried (1997): Politische Kommunikation. Theoretische Ansätze und Ergebnisse empirischer Forschung zur Rolle der Massenmedien in der Politik. Opladen. Westdeutscher Verlag.
Schweigler, Gebhard (1996): Internetionale Politik, in: Internationale Politik 51, S. 19-26.
Steffani, Winfried (1980): Pluralistische Demokratie. Opladen, Leske + Budrich Verlag.
Vogelgesang, Waldemar/Linda Steinmetz/Thomas A. Wetzstein (1995): Öffentliche und verborgene Kommunikationen in Computernetzen, in: Rundfunk und Fernsehen 43 (4). S. 538-548.
Wilke, Jürgen (1996): Multimedia. Strukturwandel durch neue Kommunikationstechnologien, in: Aus Politik und Zeitgeschichte, B32,. S. 3-15.
Wolf, Fritz (1996): Alle Politik ist medienvermittelt, in: Aus Politik und Zeitgeschichte, B32, S. 26-31.
Zimmer, Jochen (1996): Profile und Potentiale der Onlinenutzung. Ergebnisse erster Onlinemarktstudien in Deutschland, in: Media Perspektiven. S. 487-492.

Kommunikative Innovatoren oder introvertierte Technikfans?

Die Nutzer von Online-Medien diffusions- und nutzentheoretisch betrachtet

Helmut Scherer & Harald Berens

Problemstellung

Die Einführung und Ausbreitung von Online-Medien ist eine Entwicklung, die von vielerlei Erwartungen begleitet wird: positiven und negativen. Diese Erwartungen beziehen sich zum einen auf die Folgen dieser kommunikationstechnischen Innovation und zum anderen auf ihren vermeintlichen Erfolg. Einig ist man sich allerdings in einem, die Entwicklung und Nutzung der Online-Medien steht erst am Anfang.

Will man die Etablierung neuer Medien beschreiben, so stellen sich zunächst einmal einige ganz konkrete Fragen. Wir wollen wissen, wie viele Nutzer es gibt, in welchem Tempo sich das neue Medium durchsetzt und was dies für die Nutzung anderer Medien bedeuten kann. Von entscheidender Bedeutung ist dabei, wer zunächst in der ersten Phase der Etablierung des neuen Mediums zu dessen Nutzerschaft zählt. Diese Frage soll im folgenden untersucht werden.

Zur Analyse der Diffusion von Innovationen wird zumeist das Modell von Rogers 1962 bzw. Rogers/Shoemaker 1971 herangezogen. Es handelt sich hierbei gewissermaßen um das Standardmodell der Diffusionsforschung. Da es sich im vorliegenden Fall aber um eine mediale Innovation handelt, bietet es sich an, auch Theorien der Medienauswahl und der Medienverwendung in die Analyse einzubeziehen. Eine mediale Innovation konkurriert mit anderen Medien und es ist demnach auch zu fragen, warum manche Nutzer dieses Medium den traditionellen Medien vorziehen. Sinnvoll scheint es, den Uses-and-Gratifications-Ansatz zu verwenden, der untersucht, warum sich jemand Medien zuwendet.

Beide Perspektiven lassen sich miteinander verbinden und füreinander fruchtbar machen. So ist es aus Sicht des Diffusionsansatzes durchaus entscheidend, wer die Nutzer sind, und welche Motive sie haben, ebenso kann der Stand der Ausbreitung eines neuen Mediums Folgen für die Motivlage von tatsächlichen oder potentiellen Nutzern haben. Auch gibt es im Diffusionsansatz Aussagen über die Merkmale von Personen, die sich Innovationen relativ früh zuwenden.

Im folgenden werden wir also zunächst kurz das Diffusionsmodell von Rogers/Shoemaker (1971) darstellen. Daran anschließend werden wir einen geeigneten Ansatz aus dem Bereich der Gratifikationsforschung kurz vorstellen, um dann eine Integration beider Ansätze vorzuschlagen. Auf dieser Basis soll dann eine differenzierte Analyse der Nutzer von Online-Diensten auf der Basis einer Sekundäranalyse der *Typologie der Wünsche* den Beitrag abschließen.

Theoretische Grundlagen

Das Diffusionsmodell nach Rogers/Shoemaker

Die Untersuchung der Diffusion von Innovationen ist für den Kommunikationswissenschaftler aus zwei Gründen interessant. Zum einen ist Kommunikation ein integraler Bestandteil von Diffusionsprozessen und so beginnen Rogers/Shoemaker ihr Buch mit den Worten "This is a book about *communication*" (1971:1). Auf der anderen Seite können Medien selbst Innovationen darstellen.

Rogers/Shoemaker (1971:10) unterscheiden zwei Analyseebenen: Individuen und Soziale Systeme. Letztere können sich in Hinblick darauf unterscheiden, wie offen sie für Innovationen sind und mit welcher Geschwindigkeit sich Innovationen in ihnen durchsetzen. Für unseren Zusammenhang ist die Individualebene interessant, also die Frage, wer eine Innovation wann übernimmt.

Auf der Basis der ihnen vorliegenden Ergebnisse von Diffusionsstudien stellen Rogers/Shoemaker (1971:182) fest, daß die Zahl der

Übernehmer von Innovationen im Zeitverlauf eine Normalverteilung bildet. Anhand dieser Normalverteilung lassen sich die Übernehmer in fünf Typen einstufen: Innovatoren, frühe Übernehmer, frühe Mehrheit, späte Mehrheit und Nachzügler. Die ersten 2,5 Prozent, die eine Innovation übernehmen, werden als Innovatoren bezeichnet, die nächsten 13,5 Prozent sind die frühen Übernehmer (vgl. Abbildung 1).

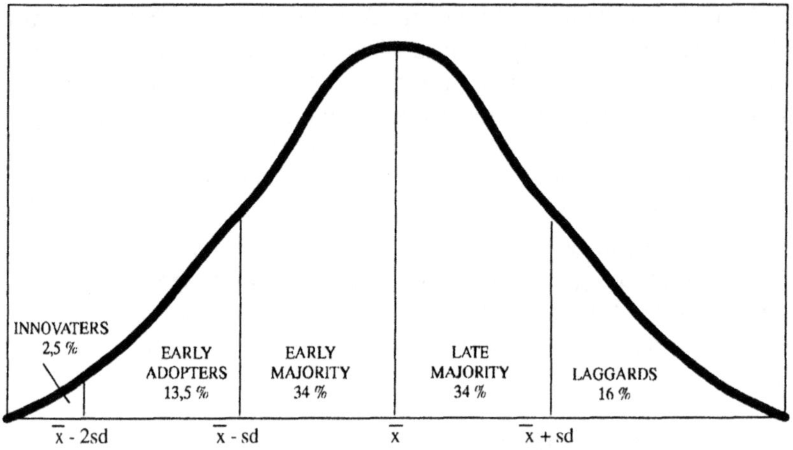

Abbildung 1: Die Diffusionskurve und die Adoptertypologie
Quelle: Rogers/Shoemaker 1972:182

Analysiert man den Diffusionsprozeß auf der individuellen Ebene, dann wird die Frage relevant, welche Eigenschaften Personen haben, die eine Innovation früher übernehmen als andere. Rogers/ Shoemaker (1971) prägen hier den Begriff der "Innovationess". Sie bezeichnen damit die Bereitschaft eines Individuums eine Innovation zu übernehmen. Personen mit hoher Innovationess übernehmen Innovationen früher als andere. Die Innovationess korreliert mit bestimmten Merkmalen: mit sozioökonomischen, Persönlichkeitsmerkmalen und kommunikativen Merkmalen. Die folgende Übersicht stellt einige der wichtigsten Unterschiede dar (vgl. Abbildung 2).

Sozioökonomische Merkmale:

Frühere Übernehmer im Vergleich zu späteren Übernehmern ...
- ♦ ... *haben eine bessere Schulbildung*
- ♦ ... *haben einen höheren sozialen Status*
- ♦ ... *sind soziale Aufsteiger*

Persönlichkeitsmerkmale

Frühere Übernehmer im Vergleich zu späteren Übernehmern ....
- ♦ ... *haben größeres Empathievermögen*
- ♦ ... *sind weniger dogmatisch*
- ♦ ... *verfügen über größeres Abstraktionsvermögen*
- ♦ ... *sind intelligenter*
- ♦ ... *sind risikobereiter*
- ♦ ... *sind aufgeschlossener gegenüber Wissenschaft*
- ♦ ... *sind weniger fatalistisch*
- ♦ ... *haben größeren Ehrgeiz*

Kommunikationsverhalten

Frühere Übernehmer im Vergleich zu späteren Übernehmern
- ♦ ... *haben mehr soziale Beziehungen*
- ♦ ... *sind kosmopolitischer*
- ♦ ... *nutzen die Massenmedien intensiver*
- ♦ ... *suchen mehr Informationen über Innovationen*
- ♦ ... *sind häufiger Meinungsführer*

Abbildung 2: Merkmale von Personen mit hoher Aufgeschlossenheit gegenüber Innovationen (Auswahl)
vgl. Rogers/Shoemaker 1971:185ff.

Auf der Individualebene stellt sich der Adoptionsprozeß als ein individueller Entscheidungsprozeß dar. Dieser gliedert sich in vier Phasen. In der ersten Phase erlangt der potentielle Übernehmer *Wissen* von der Innovation, er lernt die Innovation kennen, er erfährt von ihr. In der zweiten Phase bildet er sich ein Meinung, eine Überzeugung zur Innovation. Auf Basis dieser Überzeugung trifft er in der dritten Phase eine Entscheidung. In der letzten Phase sucht er nach Bestätigung für diese Entscheidung (Rogers/Shoemaker 1971:99ff.). Kernpunkt dieses Prozesses ist die eigentliche Entscheidung. Die anderen Phasen bereiten diese Entscheidung vor, bzw. nach.

Ob sich ein potentieller Übernehmer tatsächlich dafür entscheidet, eine Innovation zu akzeptieren, hängt in dieser Phase davon ab, was er in den vorausgegangenen Phasen über das neue Produkt gelernt hat. Entscheidend für den Diffusionsprozeß sind die Eigenschaften der Innovation. Rogers/Shoemaker nennen fünf Eigenschaften.

1. Relativer Vorteil
"*Relative advantage* is the degree to which an innovation is perceived as being better than the idea it supersedes."
(Rogers/Shoemaker 1971:138)

2. Kompatibilität
"*Compatibility* is the degree to which an innovation is perceived as consistent with the existing values, past experiences, and needs of the receivers." (Rogers/ Shoemaker 1971:145)

3. Komplexität
"*Complexity* is the degree to which an innovation is perceived as relatively difficult to understand and use." (Rogers/Shoemaker 1971:154)

4. Versuchsmöglichkeit
"*Trialability* is the degree to which an innovation may be experimented with on a limited basis." (Rogers/Shoemaker 1971:155)

5. Sichtbarkeit
"*Observability* is the degree to which the results of an innovation are visible to others." (Rogers/Shoemaker 1971:155)

Deutlich wird in diesen Merkmalen die individualistische Perspektive. Dies wird vor allem beim relativen Vorteil der Innovation deutlich. Es kommt weniger darauf an, daß eine Innovation einen Vorteil gegenüber bereits eingeführten Produkten hat. Vielmehr ist es wichtig, daß dieser Vorteil auch wahrgenommen wird.

Die Perspektive des Verwenders wird aber nicht zureichend abgebildet. Motive und Bedürfnisse der (potentiellen) Verwender werden nur am Rande berücksichtigt. Ein neues Produkt mag mannigfaltige Vorteile gegenüber alteingeführten Produkten haben. Dies alleine reicht nicht aus, damit es sich durchsetzt. Die potentiellen Verwender müssen auf diese Vorteile Wert legen. Die Vorteile müssen zumindest den Bedürfnissen der potentiellen Verwender entsprechen und möglichst besser bedienen als bisherige Produkte. Die Nutzer müssen die Frage "Brauche ich das?" mit Ja beantworten (vgl. Scriba/ Jurtschitsch 1996)

Der Uses-and-Gratifications-Ansatz als ergänzendes Modell

Im Medienbereich können wir die Übernahme einer Innovation als die Zuwendung zu einem Medium beschreiben. Im Uses-and-Gratifications-Ansatz wird in bezug auf die Zuwendung zu den Medien die Bedeutung von Motiven und Bedürfnissen thematisiert. Hier bietet sich somit die Möglichkeit, das oben beschriebene fehlende Glied im Prozeß der individuellen Übernahme von medialen Innovationen in den Diffusionsansatz zu integrieren. Im folgenden soll aber zunächst einmal der Ansatz kurz dargestellt werden.

Der Uses-and-Gratifications-Ansatz basiert auf einigen einfachen Annahmen über den Charakter des Rezeptionsprozesses. Das Medienpublikum wird als aktiv angesehen, die Mitglieder des Publikums verfolgen mit der Zuwendung zu Medien bestimmte Ziele, sie wollen damit bestimmte Bedürfnisse befriedigen, eine spezifische Gratifikation erlangen. Bestimmte Medien konkurrieren dabei mit anderen Medien und nicht-medialen Quellen der Bedürfnisbefriedigung (vgl. Katz/Blumler/Gurevitch 1974:21f.).

Fassen wir diesen Vorgang der Medienauswahl als einen aktiven, bewußten Prozeß auf, dann läßt sich die Frage der Medienauswahl als ein rationales Abwägen zwischen bestimmten Alternativen beschreiben. Palmgreen und Rayburn haben in diesem Kontext den Erwartungs- und Bewertungs-Ansatz als Variante des Uses-and-Gratifications-Ansatzes entwickelt. Sie gehen davon aus, daß die Entscheidung für ein bestimmtes Medium auf der Basis von Erwartungen über die Gratifikationsleistungen dieses Mediums und der Bewertung eben dieser Leistungen erfolgt (vgl. Abbildung 3).

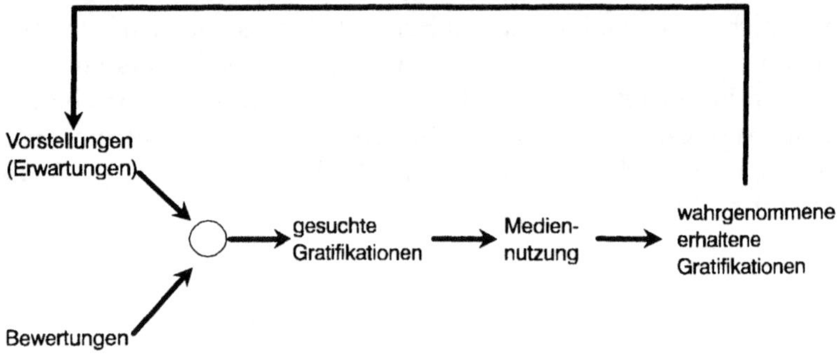

$$GS_i = b_i e_i$$

GS_i	=	Gratifikation, die bei einem Medium X gesucht wird.
b_i	=	die Vorstellung (subjektive Wahrscheinlichkeit), daß X ein Eigenschaft besitzt, oder das Verhalten in Bezug auf X eine bestimmte Folge hat
e_i	=	die affektive Bewertung der Eigenschaft bzw. Folge

Abbildung 3: Der Erwartungs-Bewertungs-Ansatz
nach Palmgreen/Rayburn 1985:63

Damit ist zunächst verbunden, daß der potentielle Nutzer Vorstellungen darüber hat, welche Leistungen ein bestimmtes Medium erbringen kann. Diese Vorstellungen stammen zum einen natürlich aus den Erfahrungen, die der Nutzer mit eben diesem Medium gesammelt hat, sie können aber auch aus anderen Quellen stammen, aus personalen Quellen oder medialen. Freunde und Bekannte können über ein Medium berichtet haben und andere Medien können über ein Medium berichten. Filmkritiken oder Programmzeitschriften sind typische mediale Informationsquellen über andere Medien. Diese Vorstellungen alleine sind aber nicht ausreichend, um die Zuwendung zu einem Medium zu erklären. Es genügt nicht, daß der potentielle Rezipient bestimmte Leistungen des Mediums wahrnimmt, er muß auch einen persönlichen Bedarf für diese Leistungen erkennen. Er muß diese Leistungen in seiner konkreten Situation positiv bewerten. So führt es nicht zur Zuwendung, wenn eine Person etwa die Vorstellung hat, Medium X wäre sehr leistungsfähig in Hinblick auf aktuelle Information, wenn die Person zu diesem Zeitpunkt kein Interesse an aktueller Information hat, diese also nicht positiv bewertet.

Integration von Erwartungs-Bewertungs-Ansatz und Diffusionsansatz

Es ist offensichtlich, daß sich der Erwartungs-Bewertungs-Ansatz in den Innovationssprozeß integrieren läßt.[1] Es gilt hier natürlich der Sonderfall, daß keine direkten Erfahrungen über das Medium vorliegen, aber vermittelte Erfahrungen können vorliegen. Dies beschreiben Rogers/Shoemaker mit den Komponenten Wissen über die Innovation und wahrnehmbare Eigenschaften der Innovation. Der relevante Vorteil der Innovation gegenüber anderen Medien läßt sich beschreiben als die Erwartungen des potentiellen Nutzers, daß das neue Medium in bestimmten Bereichen bessere Leistungen erbringt als die traditionellen Medien. Das Modell von Palmgreen/Rayburn lenkt unseren Blick aber auf die Tatsache, daß der Vorteil alleine nicht entscheidend sein kann. Es muß sich um einen Vorteil handeln, der für den potentiellen Nutzer relevant ist. Nehmen wir das Beispiel Online-Dienste. So liegt sicherlich ein Vorteil darin, daß man auf Datenquellen in der ganzen Welt zugreifen kann. Diese Überlegenheit des neuen Mediums über traditionelle Medien läßt sich sicherlich für jeden feststellen. Aber nur wenige werden dies als einen relevanten Vorteil betrachten, weil sie an dieser Leistung keinen Bedarf haben. Integrieren wir also Erwartungs-Bewertungs- und den Diffusionsansatz, dann entsteht folgendes Modell (vgl. Abbildung 4).

1 Williams/Phillips/Lum (1985:241) haben vorgeschlagen, den Uses-and-Gratifications-Ansatz als Theorierahmen für die Adoption neuer Technologien zu nutzen.

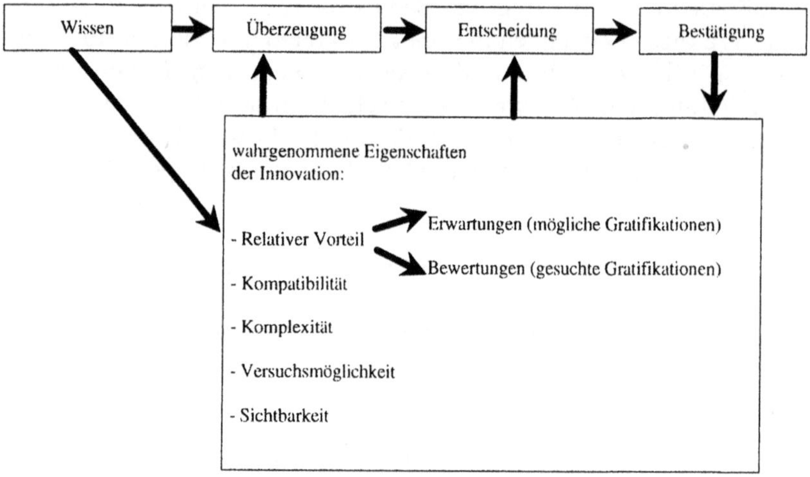

Abbildung 4: Integration von Diffusionsansatz und Erwartungs-Bewertungs-Ansatz

Wir müssen nun analytisch vor allem danach fragen, auf Basis welcher Grundlagen, die erwarteten Leistungen des Mediums vom potentiellen Rezipienten bewertet werden. Aus dem oben Gesagten folgt, daß wir hier die Ziele der Rezipienten einbeziehen müssen. Die Entscheidung des Nutzers erfolgt aus Basis der Abwägung: ist dieses Medium besser geeignet, damit ich meine Ziel erreichen kann. Wir müssen nach den Motiven der Mediennutzung fragen. Wir müssen untersuchen, welche Motive mit der Nutzung des neuen Mediums verbunden sind.

Solche Überlegungen sind von Bakardjieva (1992) eingesetzt worden, um die Diffusion von Satellitenempfangsanlagen in Bulgarien zu beschreiben. Sie identifiziert zunächst die Innovatoren und frühen Übernehmer und fragt im Anschluß nach deren Motivation. Dabei gewinnt sie im wesentlichen zwei Motivdimensionen, einen Bedarf nach Verbesserung der Information und soziale Gratifikationen infolge der Annahme der medialen Innovation.

Empirische Ergebnisse zur Beschreibung der Online-Nutzer

Das Datenmaterial

Die folgenden Analysen beruhen auf einer Sekundäranalyse der Untersuchung Typologie der Wünsche (TdW) Intermedia 96/97. Bei dieser Studie handelt es sich um eine in Verantwortung und unter der Leitung der Burda-Medienforschung durchgeführte repräsentative Bevölkerungsumfrage. Die Grundgesamtheit der Erhebung bildet die in Privathaushalten lebende deutsche Bevölkerung ab 14 Jahren. Im Mittelpunkt steht das Media- und Konsumverhalten. Zum ersten Mal bei einer so breit angelegten Bevölkerungsbefragung ist dabei auch die Online-Nutzung in einer Weise einbezogen, die mit den standardisierten Erhebungen der Mediennutzung vergleichbar ist. Die mündlichen Interviews wurden in der Zeit vom 27. März bis 20. Mai 1996 mit 10.230 Personen in den neuen und alten Bundesländern durchgeführt.

Verbreitung der Online-Nutzung in der Bevölkerung

Die scheinbar einfache Frage, wie viele Personen Internet und Online-Dienste nutzen, kann man auf unterschiedliche Weise beantworten - abhängig davon, wie Online-Nutzung definiert und in der empirischen Erhebung operationalisiert wird. Daher werden in der Öffentlichkeit sehr verschiedene Zahlen über die Reichweite des neuen Mediums bekannt. Die TdW-Studie ermöglicht es, den Kreis der Online-Nutzer anhand von zwei Kriterien recht präzise einzugrenzen. Als Online-Nutzer gilt, wer erstens zumindest gelegentlich an einem Computer arbeitet, entweder zu Hause privat oder im Beruf[2], und zweitens über einen Zugang zu einem bestimmten Online-Medium verfügt.[3] Dies trifft auf 3,8 Prozent der Gesamtbevölkerung ab 14 Jahren zu; hochgerechnet sind das 2,39 Millionen Personen.

---

2 Die Frage lautete: "Arbeiten Sie persönlich, gelegentlich oder nie zu Hause am PC (Personal Computer)? Und wie ist das beruflich?"

3 Die Frage lautete: "Nutzen Sie zur Zeit persönlich oder im privaten Rahmen PC-Online-Dienste? Welche Online-Netze nutzen Sie zur Zeit im privaten Rahmen? Und welche im beruflichen?"

Die meisten Nutzer - nämlich 86 Prozent - gehen mindestens einmal pro Woche online. Fragt man, wer am Stichtag - d.h. am Tag vor dem Interview - genutzt hat, wird ein Anteil von 10 Prozent der Nutzer ermittelt. Projiziert man diesen Anteil auf die Gesamtbevölkerung und vergleicht ihn mit der Stichtagsnutzung anderer elektronischer Massenmedien, so wird deutlich, daß die Tagesreichweite von Internet und Online-Diensten noch relativ gering ist (vgl. Tabelle 1).

Tabelle 1: Tagesreichweite von Online-Nutzung und elektronischen Medien

Frage: *Im Rahmen dieser Untersuchung möchten wir gerne einmal feststellen, was die Bevölkerung zu bestimmten Tageszeiten macht. Darf ich den gestrigen Tag einmal mit Ihnen durchgehen, und zwar beginnend mit 5.00 Uhr morgens?*
Dabei möchte ich natürlich auch gerne erfahren, ob und wann Sie gestern Radio gehört, wann Sie gestern ferngesehen haben, wann Sie gestern PC-Online-Netze genutzt haben (z.B. Internet, CompuServe, Europe Online, T-Online) und wann Sie Freizeit hatten (Arbeits-, Schlaf- und Wegezeiten sowie Hausarbeit zählen dabei nicht zur Freizeit).

	in %	in Mio.
habe gestern Online genutzt	0,4	0,23
habe gestern Radio gehört	72,8	45,93
habe gestern Fernsehen gesehen	81,2	51,24
Basis:	10230	63,12

Quelle: Typologie der Wünsche, Frühjahr 1996

Nur 0,4 Prozent der Bevölkerung wählt am Stichtag einen Online-Dienst an - im Unterschied zu 81,2 Prozent, die am Tag vor dem Interview ferngesehen und 72,8 Prozent, die Radio gehört haben.

Wer sind die Nutzer von Online-Diensten?

Die Soziodemographie der Online-Nutzer

Online-Nutzer zeigen im Hinblick auf ihre soziodemographische Zusammensetzung ein markantes Profil (vgl. Abbildung 5). Besonders auffällig unter den Online-Nutzern ist der hohe Männeranteil. Nahezu drei Viertel aller Nutzer sind männlich. Die stärkste Verbreitung findet die Online-Nutzung in der Altersgruppe von 20 - 29 Jahren, besonders gering ist der Anteil der über 50jährigen. Er liegt bei den Online-Nutzern nur bei 3 Prozent, in der Gesamtbevölkerung ab 14 Jahre gehören aber immerhin 16,5 Prozent zu dieser Altersgruppe.

Auch beim sozio-ökonomischen Status ergibt sich ein eindeutiges Bild. Personen, deren Haushaltseinkommen über 4 000 DM im Monat liegt, stellen den größten Anteil der Nutzer. 50,3 Prozent der Online-Nutzer haben Abitur oder einen akademischen Abschluß. In der Bevölkerung sind es nur 16,7 Prozent. Die verschiedenen Berufsgruppen unterscheiden sich deutlich hinsichtlich der Online-Nutzung. Nur in Ausnahmefällen findet man Arbeiter unter den Online-Nutzern. Besonders weit verbreitet ist die Online-Nutzung unter den leitenden Angestellten und Beamten und kleineren Selbständigen.

Die Online-Nutzer entsprechen tatsächlich dem Bild, das man sich von Innovatoren macht. Es handelt sich vielfach um hochgebildete junge Männer mit überdurchschnittlich hohem Einkommen. Sie sind in der Lage, mit moderner Technologie umzugehen und haben in der Regel auch den finanziellen Spielraum, sich diese Technologie zu leisten. Im Wesentlichen bestätigen diese Ergebnisse das, was wir bereits aus anderen Quellen wissen.[4]

---

4 vgl. die Übersicht über einschlägige Forschungsergebnisse bei Zimmer 1995 und 1996 oder Werner 1996.

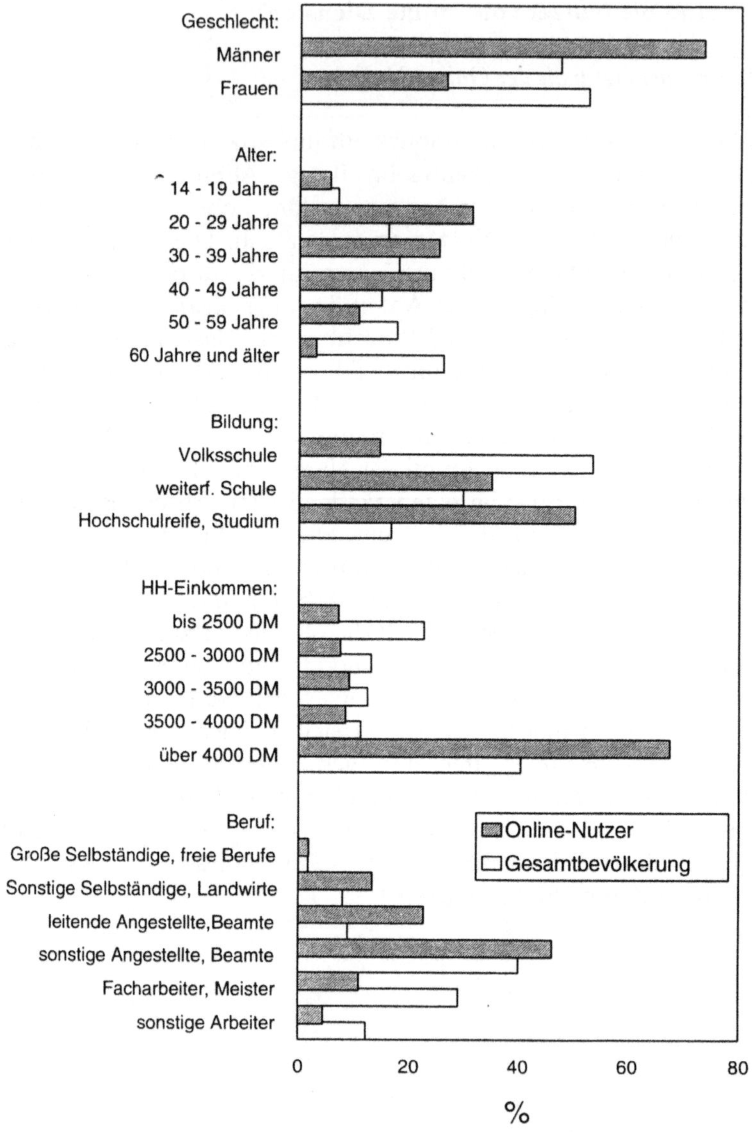

Abbildung 5: Soziodemographische Merkmale der Online-Nutzer

Quelle: Typologie der Wünsche, Frühjahr 1996.

Die Persönlichkeit der Online-Nutzer

Nicht nur von der Soziodemographie her sind Online-Nutzer typisch für Personen mit hoher Innovationsbereitschaft, dies zeigt sich auch bei ihren Einstellungen. In der TdW-Studie wurden die Befragten gebeten, ihre Einstellungen "zu verschiedenen Lebensbereichen" anzugeben. Auf einer Skala von 1 ("trifft überhaupt nicht zu") bis 6 ("trifft voll und ganz zu") sollten die Befragten eine Selbstbeschreibung ihrer Persönlichkeit geben.

Die folgende Darstellung zeigt für ausgewählte Persönlichkeitsmerkmale, wie viele Befragte die Skalenwerte 5 oder 6 angegeben haben, wie viele Befragte also der Meinung sind, diese Beschreibung träfe auf sie in hohem Maße zu. Die Ergebnisse zu dieser Frage werden in Abbildung 6 als Indexwert dargestellt. Ein Indexwert von 100 bedeutet dabei, daß sich die Online-Nutzer bei diesem Persönlichkeitsmerkmal von der Gesamtbevölkerung nicht unterscheiden. Ein Indexwert von 150 sagt aus, daß eineinhalbmal so viele Online-Nutzer dieses Merkmal zumindest als zutreffend bezeichnet haben.
Auch hier ergibt sich ein recht eindeutiges Profil der Online-Nutzer. Sie unterscheiden sich deutlich von der Gesamtbevölkerung. Viele der Besonderheiten der Online-Nutzer lassen sich deuten als eine positive Einstellung zu Innovationen.

Der Vorgabe "Etwas Neues zu schaffen macht mir Spaß" stimmen 58 Prozent der Online-Nutzer zu, in der Gesamtbevölkerung sind es nur 36 Prozent. Diese Aufgeschlossenheit gibt ihnen das Gefühl, "anderen oft einen Schritt voraus" zu sein. Dies geben ein Drittel der Online-Nutzer an, aber nur 13,3 Prozent der Gesamtbevölkerung.

Online-Nutzer sind offensichtlich Menschen, für die Stillstand negativ ist, sie sind daran interessiert sich zu verbessern, sich weiterzuentwickeln. Folgerichtig stellen Online-Nutzer auch hohe Anforderungen an sich selbst. Sie verfolgen "ehrgeizige Pläne", wollen "weiterkommen", "beruflicher Erfolg" ist für sie sehr wichtig. Sie tun aber auch etwas dafür, da sie Weiterbildung sehr ernst nehmen. Das schnelle Adaptieren technischer Innovationen ist ein wesentlicher Baustein in diesem ständigen Prozeß der Verbesserung.

Frage: *Bei diesen Fragen geht es um Ihre ganz persönliche Einstellung zu verschiedenen Lebensbereichen. Da jeder hier unterschiedliche Vorstellungen hat, gibt es natürlich keine "richtigen" oder "falschen" Antworten.*

Bitte sortieren Sie die Kärtchen wieder so auf der Liste, wie die jeweilige Aussage auf Sie ganz persönlich zutrifft. 6 bedeutet wieder, sie trifft voll und ganz zu, und 1, daß sie für Sie persönlich überhaupt nicht zutrifft. Mit den Zahlen dazwischen können Sie abstufen.

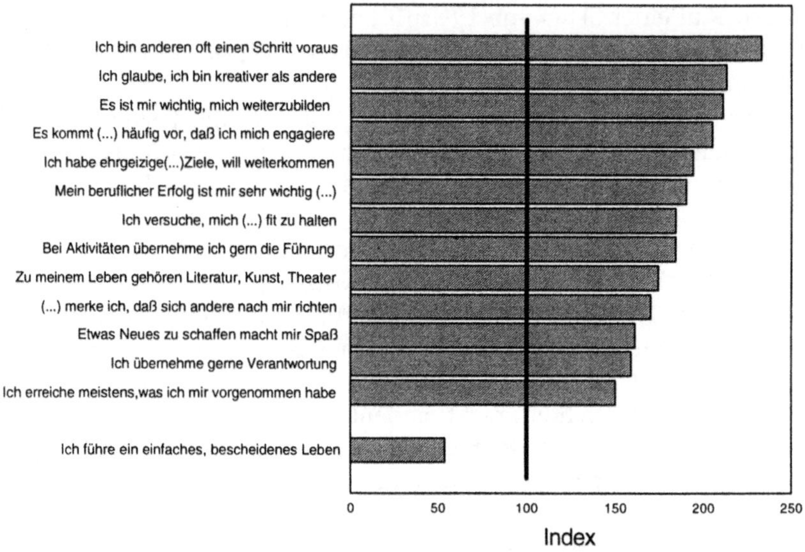

Abbildung 6: Persönlichkeit der Online-Nutzer
(Jeweils Befragte, die die 5 oder 6 angaben)

Der Indexwert wurde wie folgt gebildet:
(Anteil zustimmender Anworten durch Online-Nutzer geteilt durch Anteil in der Gesamtbevölkerung) x 100.
Genaue Formulierungen der Items und Anteile siehe Anhang
Quelle: Typologie der Wünsche, Frühjahr 1996.

Die Ansprüche der Online-Nutzer richten sich aber nicht nur an sich selbst, sie wollen auch gesellschaftlich etwas bewegen. So gibt ein mehr als doppelt so hoher Anteil als in der Gesamtbevölkerung an, sich für "wichtige Fragen der Gesellschaft zu engagieren", und darüber hinaus sind Online-Nutzer überdurchschnittlich häufig politisch aktiv.

Eine weiterer Aspekt dieser Einstellung der Online-Nutzer zeigt sich darin, daß diese auch häufig angeben, sie seien anderen ein Vorbild und hätten Führungsqualitäten. Überdurchschnittlich häufig erklären Online-Nutzer, "ich übernehme gerne Verantwortung", "bei Aktivitäten übernehme ich gerne die Führung" oder "in manchen Lebensbereichen merke ich, daß sich andere nach mir richten".

Zusammengefaßt kann man sagen, daß Online-Nutzer häufig besonders aufgeschlossene Personen sind mit hoher Innovationsbereitschaft, auch einflußreiche Personen und Meinungsführer, die ihrer Umgebung als Vorbild dienen.[5]

Mediennutzung

Von besonderer Bedeutung für unseren Zusammenhang erscheint die Mediennutzung der Online-Nutzer. Dies hat vor allem zwei Gründe. Zum einen erlaubt die Analyse der Mediennutzung gewisse Rückschlüsse auf die Kommunikationsmotivation: Wer mehr Medien nutzt, dürfte in der Regel an medialen Angeboten stärker interessiert sein. Zum anderen kann man vermuten, daß die Online-Nutzung Rückwirkungen auf die Nutzung anderer Medien hat: Nach unseren bisherigen Überlegungen werden die herkömmlichen Technologien der Massenmedien durch Online-Medien ersetzt, falls diese einen relativen Vorteil bieten, der für den Nutzer Relevanz hat. Hier stellt sich wieder die klassische Frage, verdrängen die neuen Medien die alten oder ergänzen sie diese, besteht Komplementarität oder Konkurrenz. Schon die frühe Mediengeschichte hat deutlich gemacht, daß in aller Regel neue Medien eine Ergänzung des Medienangebots darstellen (Riepl 1913). Auch für die Etablierung neuer Medien in der jüngeren Mediengeschichte hat sich gezeigt, daß die "the more the more" Regel gilt (Kiefer 1989; Lazarsfeld, Berelson, Gaudet 1944). Das bedeutet, daß die Nutzer neuer Medien nicht etwa auf die Nutzung

5 Eine Diskriminanzanalyse zeigt, daß Persönlichkeitsmerkmale zur Identifizierung der Online-Nutzer auch dann beitragen, wenn zusätzlich die soziodemographischen Merkmale Alter, Geschlecht und Bildung einbezogen werden. Das bedeutet, daß die Merkmale einen von soziodemographischen Merkmalen unabhängigen Beitrag zur Erklärung der Online-Nutzung leisten.

der alten Medien verzichten, sondern ganz im Gegenteil eher zu deren intensiveren Nutzern zählen.

Betrachten wir die Mediennutzung mit Hilfe grober Indikatoren, dann zeigen die Online-Nutzer keine Besonderheiten (vgl. Abbildung 7). Befragt, ob am gestrigen Tag Radio gehört wurde, sagen 74,5 Prozent der Online-Nutzer ja und 72,8 Prozent der Gesamtbevölkerung. Beim Fernsehen liegen die Online-Nutzer mit 73,5 Prozent noch am deutlichsten hinter der Gesamtbevölkerung zurück (81,2 Prozent).

Auch bei der regelmäßigen Nutzung verschiedener Medien wie Zeitungen, Zeitschriften, Fernsehen oder Radio ergeben sich nur geringe Unterschiede. Zeitschriften werden von Online-Nutzern etwas intensiver genutzt, Fernsehen etwas weniger. Ein deutlicherer Unterschied ergibt sich nur für das Medium Buch. 49,2 Prozent der Bevölkerung lesen zumindest ab und zu ein Buch, bei den Online-Nutzern sind es immerhin 61,4 Prozent.

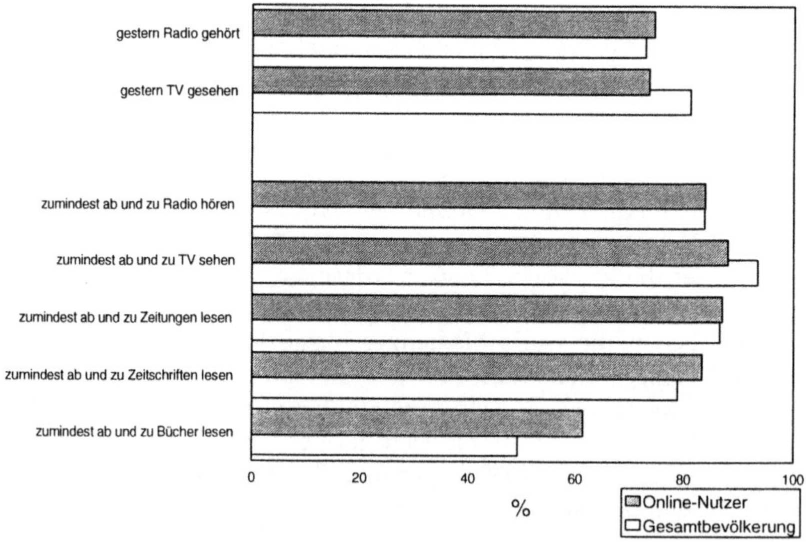

Abbildung 7: Mediennutzung der Online-Nutzer

Genaue Formulierungen der Items und Anteile siehe Anhang
Quelle: Typologie der Wünsche, Frühjahr 1996.

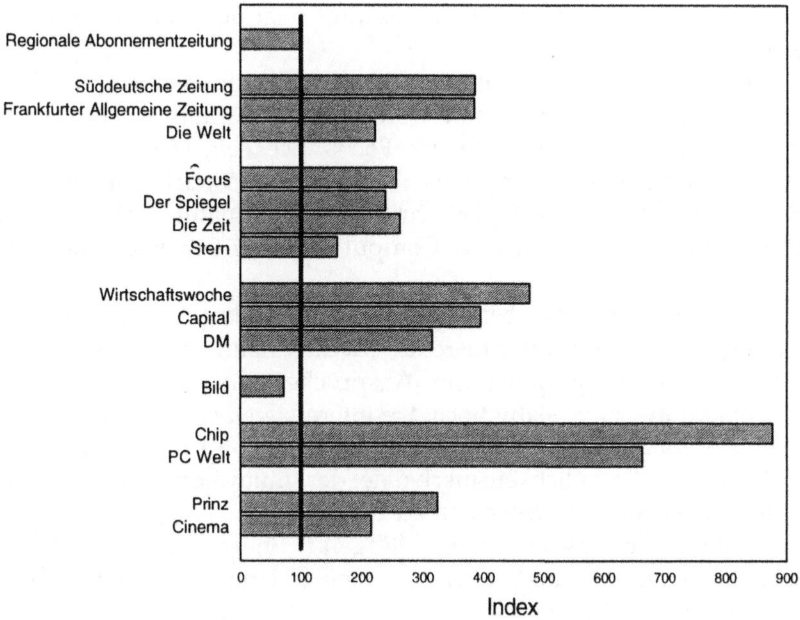

Abbildung 8: Printmediennutzung der Online-Nutzer
Prozentanteil der Online-Nutzer, der zu den Nutzern (der durchschnittlichen Medienkontakteinheit) eines Mediums oder bestimmter Medienkombinationen gehört. Erhebung nach dem AG.MA-Modell.
Quelle: Typologie der Wünsche, Frühjahr 1996.

Trotz dieser wenigen Auffälligkeiten, lohnt sich doch ein etwas differenzierterer Blick auf die Mediennutzung. Ein wichtiger Indikator für das politische Interesse ist die konkrete Nutzung von Printmedien (vgl. Abbildung 8). Hier lassen sich einige Hinweise auf die Nutzung politischer Information finden. Beginnen wir mit dem klassischen Medium für politische Informationen, der regionalen Abonnementzeitung. Bei der Nutzung dieses Mediums unterscheiden sich Online-Nutzer praktisch nicht von der Gesamtbevölkerung.

Anders sieht dies allerdings bei den überregionalen Qualitätszeitungen aus. Sowohl die Frankfurter Allgemeine als auch die Süddeutsche Zeitung und die Welt werden deutlich überdurchschnittlich genutzt. Die Online-Nutzer scheinen große Ansprüche an die Qualität von Medien zu stellen, dies bestätigen sie auch dadurch, daß sie

Boulevard-Zeitungen wie die Bild-Zeitung eher unterdurchschnittlich nutzen.

Die Nutzung von Qualitätsmedien ist auch bei den Zeitschriften oder Wochenzeitungen sichtbar, die von den Online-Nutzern deutlich häufiger genutzt werden wie Focus, Die Zeit, Der Spiegel und stern. Noch ausgeprägter ist die Vorliebe für Wirtschaftsmagazine. Eine weitere Gruppe von Zeitschriften erreicht naturgemäß bei den Online-Nutzern Spitzenwerte: Computerzeitschriften wie Chip und PC-Welt.

Insgesamt läßt sich aber feststellen, daß Online-Nutzer ganz offensichtlich politisch informierende Medien häufiger nutzen als andere Bevölkerungsgruppen. Ihre Ansprüche an die Qualität der Berichterstattung sind relativ hoch. Sie interessieren sich dabei weniger für Lokalpolitik. Dies paßt zu der Annahmen von Rogers und Shoemaker über Persönlichkeitsmerkmale der Innovatoren und frühen Übernehmer, die im Gegensatz zu den anderen Gruppen eher kosmopolitisch interessiert seien (Rogers, Shoemaker 1971:185ff). Schließlich sind Online-Medien in einem bislang unbekannten Ausmaß grenzüberschreitend.

Diese Ergebnisse verweisen darauf, daß die Online-Nutzer andere kommunikative Interessen haben. In der unterschiedlichen Mediennutzung drücken sich andere medienbezogene Interessen aus. Wir müssen also im nächsten Schritt analog zu den oben dargestellten theoretischen Überlegungen die kommunikativen Bedürfnisse der Online-Nutzer analysieren.[6]

Kommunikative Motive der Online-Nutzer

Thematische Interessen der Online-Nutzer

Unsere Grundhypothese behauptet, daß die Nutzer von Online-Diensten sich diesen Angeboten zuwenden, weil sie spezifische kommunikative Bedürfnisse haben. Hier müssen wir unterscheiden zwischen

---

6 Auch in diesem Zusammenhang bestätigen zwei Diskriminanzanalysen (Tageszeitungen und Zeitschriften getrennt) unter Kontrolle der Soziodemographie bedeutsame Unterschiede in der Printmediennutzung zwischen Online-Nutzern und Nicht-Nutzern.

allgemeinen kommunikativen Bedürfnissen und solchen, die sich speziell auf Online-Dienste richten. Beide Ebenen wollen wir im folgenden untersuchen. Dabei ergibt sich aber für den zweiten Fall ein logisches Problem. Spezifische Online-Bedürfnisse lassen sich nur bei den Nutzern dieser Angebote erfragen, wir können hier also nicht vergleichend argumentieren. Auf dieser Ebene müssen wir eher innerhalb der Online-Nutzerschaft differenzieren. Zunächst soll aber auf allgemeine Mediennutzungsmotive eingegangen werden.

Im vorliegenden Datensatz sind Mediennutzungsmotive nicht direkt erfragt, es gibt aber eine Möglichkeit diese indirekt zu analysieren. Sowohl für die Printmedien als auch für das Fernsehen sind spezifische Themen- bzw. Genreinteressen erfragt. Diese geben sehr differenziert Auskunft darüber, was die Nutzer in den Medien suchen. Jeweils auf einer Skala von 1 ("überhaupt nicht interessiert") bis 6 ("sehr interessiert") konnten sich die Befragten für verschiedene Themen bzw. Genres einstufen. Im folgenden werden wir untersuchen, welche Personen sich besonders (Skalenwert 5 oder 6) für ein spezifisches Programmangebot interessieren. Beginnen wollen wir dabei mit den Zeitschriftenthemen (vgl. Abbildung. 9). Um die Besonderheiten der Online-Nutzer deutlich hervorzuheben, haben wir eine Indexdarstellung gewählt. Der Index gibt immer an, in welchem Verhältnis der Prozentwert der Online-Nutzer zu dem in der Gesamtbevölkerung steht.

Konzentrieren wir uns dabei zunächst auf politische Themen, dann stellen wir fest, daß die Online-Nutzer etwas überdurchschnittlich an Politik interessiert sind. Wenn wir die beiden Gruppen mit dem größten Interesse zusammenfassen, dann ergeben sich folgende Werte. Online-Nutzer sind etwa 1,2 mal so häufig am "politischen Geschehen in der Bundesrepublik" interessiert wie die Gesamtbevölkerung. Das Interesse am politischen Geschehen im Ausland liegt mit einem Indexwert von 134 noch etwas höher. Das Interesse an Lokalpolitik ist dagegen eher durchschnittlich. Ein deutlich höheres Interesse als Politik finden Wirtschaftsthemen.

Das Interesse an Politik zählt aber nicht zu den Themengebieten, in denen sich die Online-Nutzer besonders stark vom Durchschnitt der Bevölkerung unterscheiden. Viel ausgeprägter ist ihr Interesse an "moderner Technik (Computer, interaktive Medien etc.)": 57,9 Prozent der Online-Nutzer geben an, daran sehr interessiert zu sein

(Stufe 5 oder 6), in der Gesamtbevölkerung gilt dies nur für 14,7 Prozent. Auch "Hintergrundberichte über Medien" finden nahezu zweieinhalb mal soviel Interesse bei den Online-Nutzern wie unter der Gesamtbevölkerung.

Auch hier zeigt sich wieder die große Aufgeschlossenheit der Online-Nutzer gegenüber technischen Innovationen. Noch einige andere Indikatoren weisen in diese Richtung. Online-Nutzer sind deutlich interessierter an "Wissenschaft und Technik" und an "Informationen über Produktideen".

Frage: *Zeitschriften bieten ja ein großes Themenangebot, das jeder nach seinem Geschmack nutzen kann. Wie ist das bei Ihnen ? Wenn Sie einmal an Zeitschriften denken, wie stark interessieren Sie sich dann im allgemeinen für die einzelnen Themen auf dieser Liste? "1" bedeutet, daß Sie sich generell überhaupt nicht für dieses Thema interessieren, "6" bedeutet, daß Sie an diesem Thema generell sehr interessiert sind.*

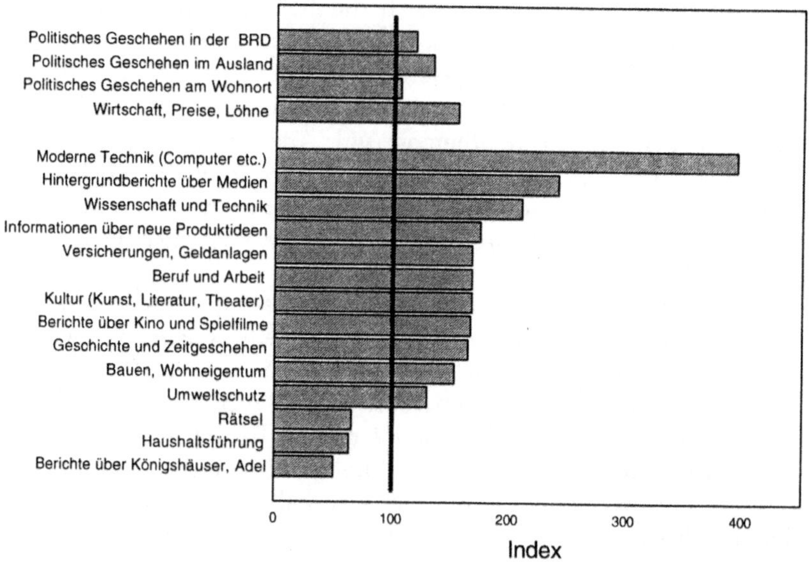

Abbildung 9: Themeninteressen der Online-Nutzer bei der Zeitschriftennutzung (jeweils Prozentanteile für die Werte 5 und 6)

Der Indexwert wurde wie folgt gebildet:
(Anteil zustimmender Anworten durch Online-Nutzer geteilt durch Anteil in der Gesamtbevölkerung) x 100
Genaue Formulierungen der Items und Anteile siehe Anhang
Quelle: Typologie der Wünsche, Frühjahr 1996.

Die Online-Nutzer sind aber nicht auf Technik fixiert, sie interessieren sich auch häufig für kulturelle Themen wie "Geschichte und Zeitgeschehen", "Kino und Spielfilme", oder "Kultur (Kunst, Literatur, Theater)". Die schon oben festgestellte hohe berufliche Motivation und große Bereitschaft zur beruflichen Weiterbildung schlägt sich auch in einem deutlich überdurchschnittlichen Interesse an Beiträgen zum Thema "Beruf und Arbeit" nieder.

Nur einige wenige Themen finden bei Online-Nutzern ein deutlich unterdurchschnittliches Interesse. Es handelt sich dabei um die im konservativen Sinne typischen Frauenthemen wie "Haushaltsführung" oder "Königshäuser, Adel".[7]

Auch das Interesse an unterschiedlichen Fernsehgenres ergibt ein ähnliches Bild (vgl. Abbildung 10). Bei der Darstellung haben wir wieder auf einer Skala von 1 ("überhaupt nicht interessiert") bis 6 ("sehr interessiert") die beiden Gruppen mit dem größten Interesse zusammengefaßt. Es zeigt sich nun, daß Online-Nutzer an Nachrichten nur geringfügig mehr interessiert sind als die Gesamtbevölkerung. Etwas ausgeprägter - wenngleich auch nicht dramatisch - ist der Unterschied bei den politischen Magazinen. 49,6 Prozent der Online-Nutzer bekunden daran ihr Interesse, aber nur 39,4 Prozent der Gesamtbevölkerung. Vor allem richtet sich das Interesse der Online-Nutzer im Fernsehen auf moderne Unterhaltungsangebote wie Comedy-Sendungen, Rockmusik oder Kinovorschauen - typisch für private Voll- und Spartenprogramme. Dies korrespondiert mit dem großen Interesse der Online-Nutzer an entsprechenden Liveaufführungen.[8]

---

7 Auch hier bestätigt eine Diskriminanzanalyse, daß bei Einbeziehung der Soziodemographie Themeninteressen bei Zeitschriften einen unabhängigen Beitrag zur Erklärung der Online-Nutzung leisten.

8 Auch hier bestätigt eine Diskriminanzanalyse, daß bei Einbeziehung der Soziodemographie die Genreinteressen beim Fernsehen einen unabhängigen Beitrag zur Erklärung der Online-Nutzung leisten.

Frage: *Wenn Sie einmal an das Fernsehprogramm denken: Wie stark interessieren Sie sich für die Sendungen auf dieser Liste. "6" bedeutet, diese Sendungen interessieren Sie sehr stark und "1" bedeutet, sie interessieren Sie gar nicht. Mit den Werten dazwischen können Sie Ihr Interesse abstufen.*

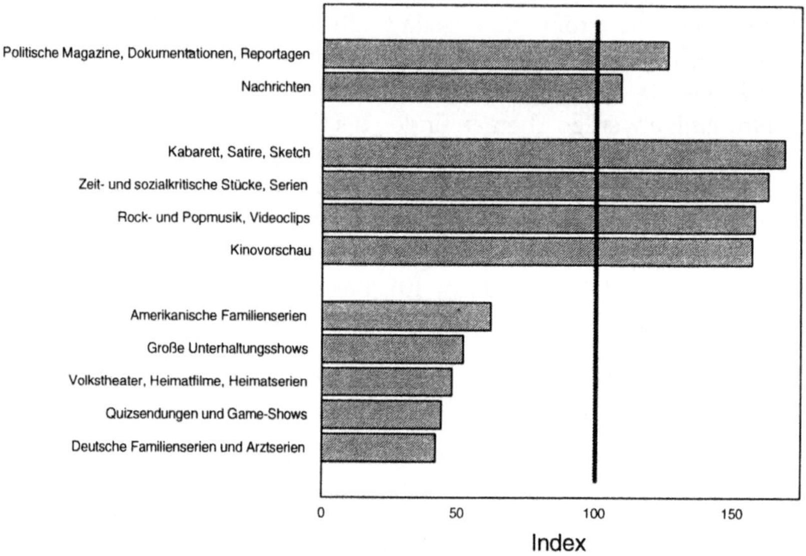

Abbildung 10: Interesse der Online-Nutzer an verschiedenen Fernsehgenres (jeweils Prozentanteile für die Werte 5 und 6)

Der Indexwert wurde wie folgt gebildet:
(Anteil zustimmender Anworten durch Online-Nutzer geteilt durch Anteil in der Gesamtbevölkerung) x 100.
Genauer Wortlaut und vollständige Itemliste siehe Anhang.
Quelle: Typologie der Wünsche, Frühjahr 1996.

Motive der Online-Nutzung

Die bisherigen Ergebnisse waren eher deskriptiv. Wir haben einiges über die Online-Nutzer gelernt, haben aber letztlich die Nutzung von Online-Diensten nicht erklärt. Folgen wir den oben dargestellten theoretischen Überlegungen, so muß die Beschreibung der Nutzer durch eine Analyse ihrer Motive verbessert werden. Grüne/Urlings (1996) haben auf der Basis qualitativer Interviews fünf Motive der Online-Nutzung festgestellt:

- Image des Aufgeschlossenseins;
- Selbstbestimmtes Vorgehen bei der Nutzung;
- Mediale Welteroberung;
- Nützlichkeit und Spaß;
- Alltagsintegration.

Auch im Rahmen der Typologie der Wünsche wurde nach Motiven der Nutzung von Online-Diensten gefragt. Auf einer Skala von 1 (trifft überhaupt nicht zu) bis 6 (Trifft voll und ganz zu) sollten die befragten Nutzer von Online-Diensten angeben, welches ihre diesbezüglichen Motive sind (vgl. Tabelle 2).

Tabelle 2: Wichtigkeit der Motive der Nutzung von Online-Diensten

Frage: *Ich lese Ihnen nun einige Aussagen vor, die auf die Nutzung von Online-Netzen mehr oder weniger zutreffen können. Bitte sagen Sie mir zu jeder Aussage, inwieweit Sie ihr zustimmen. Wenn Sie einer Aussage voll und ganz zustimmen, vergeben Sie bitte den Wert 6, wenn Sie einer Aussage überhaupt nicht zustimmen den Wert 1. Mit den dazwischenliegenden Werten können Sie ihr Urteil jeweils abstufen.*

	Mittelwert
"Erweitert mein Wissen"	4,2
"Hilft mir bei der Lösung praktischer Fragen"	4,2
"Regt meine Neugier an"	3,9
"Hält mich über neue Trends auf dem laufenden"	3,9
"Liefert mir Gesprächsstoff"	3,5
"Gibt mir das Gefühl, mit dabei zu sein"	3,4
"Vermittelt mir ein Lebensgefühl, das mir gefällt"	3,1
"Zeigt mir verschiedene Möglichkeiten, wie man auch noch leben kann"	3,1
"Vertreibt mir die Zeit"	2,7

Befragte: 437 Nutzer von Online-Diensten
Quelle: Typologie der Wünsche, Frühjahr 1996.

Deutlich wird, daß zumindest nach der Selbsteinschätzung der Befragten, kognitive Motive bei der Nutzung von Online-Diensten im Vordergrund stehen. Als wichtigste Motive zeigen sich die Erweiterung von Wissen und die Hilfe bei praktischen Fragen. An zweiter Stelle folgen Motive der sozialen Integration. Bei Trends auf dem laufenden zu sein, Gesprächsstoff zu haben, dies sind wichtige soziale Funktionen, die für den Rezipienten sicherstellen, daß er sich gesellschaftlich integrieren kann. Auffallend ist die relativ niedrige Bedeutung, die das Motiv Zeitvertreib hat.

Berufliche und private Online-Nutzung im Vergleich

Die wichtigsten Motive der Online-Nutzung korrespondieren eher mit Problemlösungsfunktionen als mit Unterhaltungsfunktionen. Dies verweist auf den Unterschied zwischen verschiedenen Nutzungsformen insbesondere auf den Unterschied zwischen beruflicher und privater Nutzung von Online-Medien. Im Beruf findet sicherlich eine eskapistische Nutzung seltener statt. Die Unterschiede in der Motivation Online-Dienste zu nutzen, verweisen somit zumindest partiell auf unterschiedliche Einsatzfelder. Wir müssen davon ausgehen, daß sich die Motivation zur Online-Nutzung im beruflichen und im privaten Bereich unterscheidet. Um dies zu untersuchen, haben wir die Online-Nutzer in drei Gruppen eingeteilt, in ausschließlich berufliche Nutzer, auschließlich private Nutzer und berufliche wie private Nutzer (vgl. Abbildung 11).

Die größte Gruppe bilden Personen, die Online-Dienste ausschließlich im Beruf nutzen, die kleinste Gruppe (ca. ein Viertel) stellen die rein privaten Nutzer. Dieses Ergebnis verweist auf zwei ganz wesentliche Merkmale der Online-Medien und gravierende Unterschiede zu herkömmlichen Massenmedien:

- die berufliche Nutzung spielt eine wichtige Rolle; sie macht sogar den größten Teil der Nutzung aus;
- berufliche und private Nutzung vermischen sich.

Frage: *Nutzen Sie zur Zeit persönlich oder im privaten Rahmen PC-Online-Dienste? Welche Online-Netze nutzen Sie zur Zeit im privaten Rahmen? Und welche im beruflichen?.*

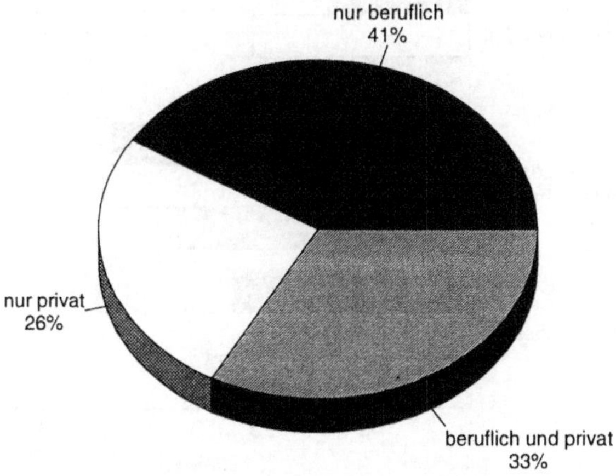

Abbildung 11: Nutzungssituation der Online-Dienste
Prozentanteile derer, die Angaben zumindest gelegentlich entweder privat oder beruflich am PC zu arbeiten
Quelle: Typologie der Wünsche, Frühjahr 1996.

Tatsächlich unterscheidet sich die Motivation von beruflichen und privaten Nutzern deutlich (vgl. Abbildung 12). In der beruflichen Nutzung ist das Motiv der Problemlösung sehr bedeutsam, das Motiv des Zeitvertreibs dagegen eher unbedeutend. Im Vergleich dazu gewinnt bei den privaten Nutzern das Motiv des Zeitvertreibs deutlich an Bedeutung, auch wenn es immer noch kein besonders wichtiges Motiv darstellt.

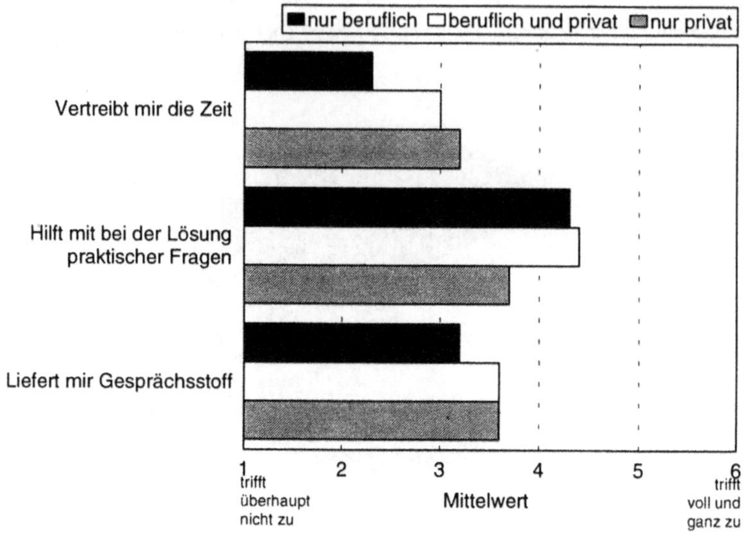

Abbildung 12: Situation und Motive der Online-Nutzung (Auswahl)
Quelle: Typologie der Wünsche, Frühjahr 1996.

Auch wenn wir die Interessengebiete der verschiedenen Online-Nutzertypen indirekt über die bevorzugten Themen in den Printmedien untersuchen, zeigt sich, daß zwischen den drei Gruppen bedeutsame Unterschiede bestehen (vgl. Abbildung 13). Die rein privaten Nutzer sind an allen gesellschaftlich orientierten Themengebieten deutlich weniger interessiert als dies vor allem die rein beruflichen Nutzer sind. Dies gilt für Politik genauso wie für Wirtschaft, Kultur oder Geschichte und Zeitgeschehen. Lediglich die moderne Technik macht hierbei eine Ausnahme, hieran sind berufliche Nutzer deutlich weniger interessiert.

Frage: *Zeitschriften bieten ja ein großes Themenangebot, das jeder nach seinem Geschmack nutzen kann. Wie ist das bei Ihnen? Wenn Sie einmal an Zeitschriften denken, wie stark interessieren Sie sich dann im allgemeinen für die einzelnen Themen auf dieser Liste? "1" bedeutet, daß Sie sich generell überhaupt nicht für dieses Thema interessieren, "6" bedeutet, daß Sie an diesem Thema generell sehr interessiert sind.*

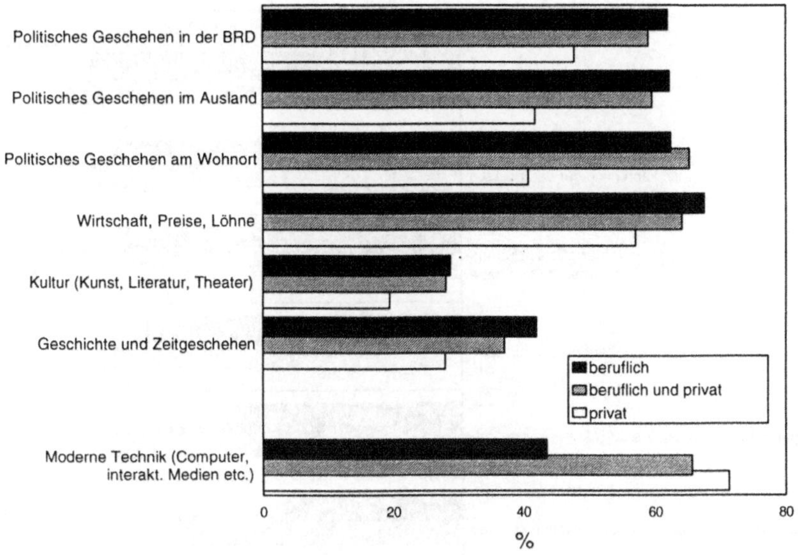

Abbildung 13: Themeninteressen der Online-Nutzertypen bei der Zeitschriftennutzung (Auswahl)
(jeweils Prozentanteile für die Werte 5 und 6)
Quelle: Typologie der Wünsche, Frühjahr 1996.

Auch die Persönlichkeit der Online-Nutzer unterscheidet sich deutlich, je nachdem, ob Online-Dienste privat, beruflich oder in beiden Kontexten genutzt werden (vgl. Abbildung 14). Es wird deutlich, daß das positive Bild vom aufgeschlossenen, gesellschaftlich interessierten und engagierten Online-Nutzer, welches wir oben gezeichnet haben, im wesentlichen auf den Merkmalen der Nutzer basiert, die beruflich und privat Online-Dienste nutzen. Die anderen Nutzergruppen fallen hier deutlich ab, insbesondere die rein privaten Nutzer.

Frage: *Bei diesen Fragen geht es um Ihre ganz persönliche Einstellung zu verschiedenen Lebensbereichen. Da jeder hier unterschiedliche Vorstellungen hat, gibt es natürlich keine "richtigen" oder "falschen" Antworten.*
Bitte sortieren Sie die Kärtchen wieder so auf der Liste, wie die jeweilige Aussage auf Sie ganz persönlich zutrifft. 6 bedeutet wieder, sie trifft voll und ganz zu, und 1, daß sie für Sie persönlich überhaupt nicht zutrifft. Mit den Zahlen dazwischen können Sie abstufen.

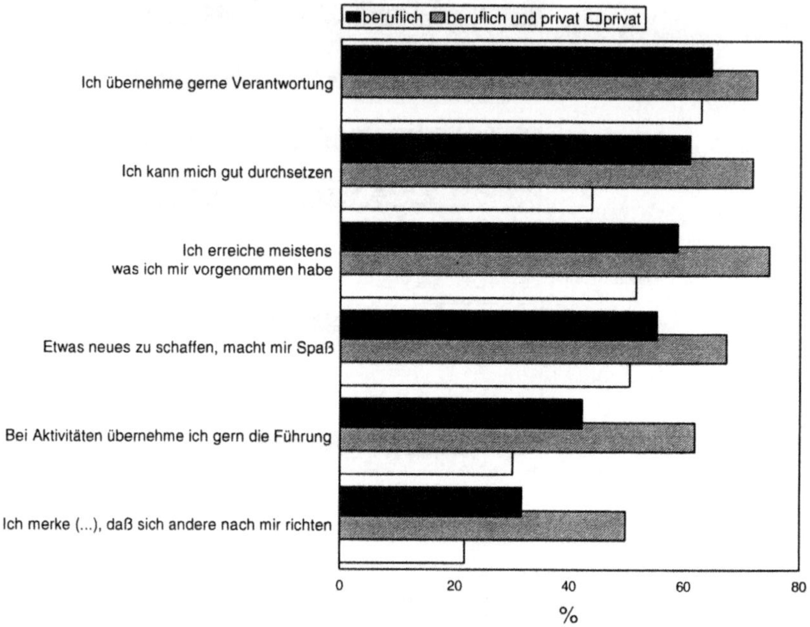

Abbildung 14: Persönlichkeit der Online-Nutzertypen
(jeweils Prozentanteile für die Werte 5 und 6).
Quelle: Typologie der Wünsche, Frühjahr 1996.

Zusammenfassend läßt sich feststellen, daß der Verwendungszusammenhang, in dem Online-Dienste genutzt werden, eine wesentliche Determinante dafür zu sein scheint, wer die Online-Nutzer sind. Die Antwort auf die Eingangsfrage "Wer nutzt Online-Dienste?", muß je nach Verwendungszusammenhang offensichtlich anders ausfallen. Die klassischen Merkmale innovationsfreudiger Persönlichkeiten hängen dabei offensichtlich eng mit der beruflichen Nutzung zusammen. Online-Dienste beruflich zu nutzen ist ein wesentliches Merkmal dieser Innovatoren. Die innovationsfreudigsten Nutzer, verwenden Online-Medien zugleich beruflich wie auch privat. Den weltabgewandten Technikfan, dessen Antrieb offensichtlich nur in der technischen Spielerei begründet liegt und dessen Aufgeschlossenheit sich auf technische Dinge beschränkt, den finden wir zumeist unter den privaten Nutzern.

Rekonstrukion von Nutzertypen

Die im vorigen Kapitel dargestellten Ergebnisse haben die Vermutung nahegelegt, daß wir es mit zumindest zwei unterschiedlichen Online-Nutzertypen zu tun haben, die sich einerseits in Hinblick auf die Verwendungszusammenhänge (beruflich oder privat), andererseits in Hinblick auf die Kommunikationsmotivation und die Persönlichkeit unterscheiden. In diesem Kapitel soll die Beschreibung verdichtet werden. Mit Hilfe einer Clusteranalyse soll untersucht werden, ob es tatsächlich unter den Online-Nutzern verschiedene Typen gibt, die sich eindeutig voneinander abgrenzen lassen.

Ausgangspunkt für die Clusteranalyse sind dabei die printmedienspezifischen Themeninteressen.[9] Im Vorkapitel wurde deutlich, daß sich die Befragten mit unterschiedlichem Verwendungszusammenhang für Online-Dienste in Hinblick auf diese Variablengruppe deutlich unterscheiden. Dies haben wir als einen Hinweis darauf interpretiert, daß unterschiedliche Motive vorliegen, um Medien zu nutzen.

Es ergab sich eine Zweitypenlösung als sinnvollstes Ergebnis,[10] Typ I ist durch ein sehr breites Themeninteresse gekennzeichnet (vgl. Tabelle 3). Bei nahezu allen Themen gibt dieser Typus ein deutlich größeres Themeninteresse an. Nur ein Thema macht hierbei eine Ausnahme, "Moderne Technik (Computer, interaktive Medien etc.)". In dieser Gruppe der thematisch Aufgeschlossenen finden sich relative viele Frauen. Der Bildungsgrad ist in dieser Gruppe tendenziell niedriger als in der Gegengruppe. Nur 46 % haben die Hochschulreife in der anderen Gruppe sind es 53 %. Auffallend ist die Verteilung auf die Nutzergruppen. In der Gruppe mit eingeschränktem

9 Es wurde das Programm Quick-Cluster von SPSS verwendet.

10 Beide Gruppen vereinigten eine ausreichende Fallzahl auf sich und die clusterbildenden Merkmale unterscheiden sich signifikant für beide Gruppen.

Themeninteresse sind die Personen überrepräsentiert, die Online-Dienste ausschließlich privat nutzen, die rein beruflichen Nutzer finden sich in dieser Gruppe deutlich seltener als in der Vergleichsgruppe. Dies bestätigt also in vollem Umfang die oben dargestellten Ergebnisse.

Tabelle 3: Typologische Beschreibung der Nutzer von Online-Medien. Typologiebildende Merkmale: kommunikative Interessen (Zeitschriften)

	Typ I	Typ II
Clusterbildende Merkmale (Auswahl)*		
Menschen und ihre Schicksale	4,3	2,4
Gastlichkeit, Bewirtung	4,1	2,4
Geschichte und Zeitgeschehen	4,4	3,1
Familie, Kinder, Erziehungsfragen	3,8	2,3
*Moderne Technik (Computer, interaktive Medien etc.)***	4,6	4,5
Soziodemographische Merkmale		
Frauenanteil	45 %	24 %
Alter	36 J.	34 J.
Anteil Abitur oder Studium	46 %	53 %
Verwendungszusammenhang		
nur privat	19 %	33 %
beruflich und privat	33 %	31 %
nur beruflich	48 %	36 %
Befragte	240	197

* In die Tabelle wurden nur die Merkmale aufgenommen, die sich in einer stufenweisen Diskriminanzanalyse als bedeutsam erwiesen haben, um die Unterschiede zwischen den Gruppen zu erklären (Erklärungsbeitrag über 1 % der Varianz).

** alle anderen Interessensgebiete werden von Typ I häufiger angegeben.

Quelle: Typologie der Wünsche, Frühjahr 1997.

Zusammenfassung

Wenn wir wie im Titel dieses Beitrages danach fragten, ob Online-Nutzer nun kommunikative Innovatoren oder introvertierte Technikfans sind, so muß die Antwort ganz entschieden *ja* lauten. Wir finden zunächst bei einer einfachen deskriptiv angelegten Analyse das Bild bestätigt, daß es sich bei den Online-Nutzern, wie man es vielfach bei frühen Übernehmern von Innovationen findet, um junge, gut gebildete, aufgeschlossene Menschen handelt, die vielseitig interessiert sind, sich über viele Themen informieren, großen persönlichen Ehrgeiz besitzen, aber auch ein gesellschaftlich orientiertes Verantwortungsbewußtsein. Beziehen wir aber, wie dies unsere theoretischen Überlegungen nahelegen, auch motivationale Faktoren und Verwendungszusammenhänge ein, dann ergibt sich ein differenzierteres Bild. Kritischer Faktor scheint dabei zu sein, ob Online ausschließlich privat oder zumindest auch beruflich genutzt wird. Im ersten Fall läßt sich diese positive Beschreibung nicht mehr aufrecht erhalten. Die rein privat nutzenden Onliner sind in ihren Interessen und in ihrem Persönlichkeitsbild wesentlich reduzierter und selbstbezogener. Das Bild vom aufgeschlossenen Nutzer bleibt nur für die intakt, die das Medium auch oder ausschließlich im Beruf nutzen. Bei diesen dominiert auch eine pragmatische problemlösungsbezogene Anwendung des Mediums Online. Hier besteht tatsächlich Offenheit und wegen eben dieser Offenheit wird eben auch das neue Medium herangezogen, um berufliche Aufgaben zu lösen.

Eine abschließend durchgeführte Clusteranalyse bestätigt, daß sich die Online-Nutzerschaft in zumindest zwei Typen unterteilen läßt, die sich in Hinblick auf kommunikative Interessen deutlich unterscheiden. Typus I, bei dem wir auffallend viele berufliche und auffallend wenige private Nutzer finden, ist durch ein sehr hohes Interesse gegenüber einer Vielzahl von Themen gekennzeichnet, Typus II ist in seinen Interessen deutlich reduziert. Nur ein Thema interessiert ihn in vergleichbarer Weise, das Thema "Moderne Technik (Computer, interaktive Medien etc.)".

Das von Rogers und Shoemaker entwickelte Diffusionsmodell gewinnt also erheblich an Erklärungskraft, wenn darin unterschiedliche Motive der Nutzer berücksichtigt werden. Die Differenzierung der Nutzertypen verdeutlicht, daß ganz unterschiedliche Motive einer heterogenen Nutzerschaft zu dem selben Ergebnis führen: der Nutzung eines neuen Mediums und damit zur Diffusion.

Literatur:

Bakardjieva, Maria (1992): Home Satellite TV Reception in Bulgaria, in: European Journal of Communication Vol. 7, S. 477-489.

Grüne, Heinz/Stephan Urlings (1996): Motive der Onlinenutzung. Ergebnisse der psychologischen Studie "Die Seele im Netz", in: Media Perspektiven, Heft 9, S. 493-498.

Katz, Elihu/Jay G.Blumler /Michael Gurevitch (1974): Utilization of Mass Communication by the Individual, in: Blumler, Jay G./Elihu Katz (Hrsg.): The Uses of Mass Comminications. Current Perspectives on Gratifications Research. Beverly Hills/London, S. 19-32.

Kiefer, Marie-Luise (1989): Medienkomplementarität und Medienkonkurrenz. Notizen zum weitgehend ungeklärten "Wettbewerbsverhältnis" der Medien, in: Max Kaase & Winfried Schulz (Hrsg.): Massenkommunikation. Theorien, Methoden, Befunde. Sonderheft 30 der Kölner Zeitschrift für Soziologie und Sozialpsychologie. S. 337-350.

Lazarsfeld, Paul F./Bernhard Berelson /Hazel Gaudet (1944): The People´s Choice. How the voter makes up his mind in a Presidential Campaign, New York.

Palmgreen, Philip/Rayburn II, J.D. (1985): An Expectancy-Value Approach to Media Gratifications, in: Rosengren, Karl Erik/Lawrence A.Wenner/Philip Palmgreen (Hrsg.): Media Gratifications Research. Current Perspectives. Beverly Hills u.a., S. 61-72.

Riepl, Wolfgang (1913): Das Nachrichtenwesen des Altertums mit besonderer Rücksicht auf die Römer, Leipzig/Berlin.

Rogers, Everett M. (1962): The Diffusion of Innovations, New York.

Rogers, Everett M./Floyd F.Shoemaker (1971): Communication of Innovations. A Cross-Cultural Approach, London.

Scriba, Jürgen/Erwin Jurtschitsch (1996): Flops und Tops der Technologiebranche, in: Bertelsmann Briefe Frühling/Sommer, S. 28-30.

Werner, Andreas (1996): Männlich, jung, gebildet sucht ..... Mediaplanung im Internet: Empirische Ergebnisse zur Demographie der Onliner, in: Media Spectrum Heft 10, S. 41-43.

Williams, Frederick/Amy F. Phillips/Patricia Lum (1985): Gratifications Associated with New Communication Technologies, in: Rosengren, Karl Erik/Lawrence A.Wenner/Philip Palmgreen (Hrsg.): Media Gratifications Research. Current Perspectives. Beverly Hills u.a., S. 241-252.

Zimmer, Jochen (1995): Online-Dienste für ein Massenpublikum? Die Expansion des Online-Marktes in Deutschland, in: Media Perspektiven, Heft 10, S. 476-488.

Zimmer, Jochen (1996): Profile und Potentiale der Onlinenutzung. Ergebnisse erster Onlinemarktstudien in Deutschland, in: Media Perspektiven, Heft 9, S. 487-492.

Anhang

Tabelle A1: Persönlichkeit der Online-Nutzer

Bei diesen Fragen geht es um Ihre ganz persönliche Einstellung zu verschiedenen Lebensbereichen. Da jeder hier unterschiedliche Vorstellungen hat, gibt es natürlich keine "richtigen" oder "falschen" Antworten. Bitte sortieren Sie die Kärtchen wieder so auf der Liste, wie die jeweilige Aussage auf Sie ganz persönlich zutrifft. 6 bedeutet wieder, sie trifft voll und ganz zu, und 1, daß sie für Sie persönlich überhaupt nicht zutrifft. Mit den Zahlen dazwischen können Sie abstufen.

	Trifft auf mich eher voll und ganz zu (Ausprägungen 5 und 6)	
	Gesamt-bevölkerung	Online-Nutzer
	%	%
Gesamt	100,0	100,0
Ich kann mich gut durchsetzen	50,9	60,1
Ich übernehme gerne Verantwortung	41,9	66,8
Ich habe ein gutes Gespür, mich in ganz unterschiedlichen Situationen richtig zu verhalten	44,0	59,4
Ich lege Wert darauf, die Dinge lösungsorientiert und positiv zu sehen	52,4	75,2
Wenn ich mir etwas vorgenommen habe, erreiche ich das auch meistens	41,5	62,2
Bei Aktivitäten übernehme ich gern die Führung	24,8	45,6
Neue Menschen kennenzulernen fällt mir leicht	45,8	60,7
In manchen Lebensbereichen merke ich, daß sich andere nach mir richten	20,6	35,1
Ich bin anderen oft einen Schritt voraus	14,3	33,3
Mein beruflicher Erfolg ist mir sehr wichtig, dafür setze ich mich ein	34,4	65,5
Es ist mir wichtig, mich weiterzubilden	36,9	78,0
Ich habe ehrgeizige Pläne und Ziele, will weiterkommen	33,8	65,6
Ich versuche, mich durch regelmäßige sportliche Betätigung fit zu halten	23,2	42,8
Ich glaube, ich bin kreativer als andere	20,8	44,3
Etwas Neues zu schaffen macht mir Spaß	36,0	58,0
Es kommt bei mir häufig vor, daß ich mich in wichtigen Fragen der Gesellschaft stark engagiere	12,1	24,8
Ich bin politisch aktiv	8,3	12,4
Ich setze mich aktiv ein für Hilfsbedürftige, Benachteiligte	13,9	15,6

Zu meinem Leben gehören selbstverständlich Literatur, Kunst und Theater	16,1	28,0
Ich lasse mich von der Stimmung der Menschen in meiner Umgebung sehr leicht anstecken	23,2	22,2
Viele Entscheidungen treffe ich mehr mit dem Gefühl als mit dem Verstand	28,6	24,2
Mich interessiert sehr, was andere Menschen aus ihrem Leben machen	26,3	33,7
Es ist mir wichtig, viel mit der Familie gemeinsam zu unternehmen	55,2	55,2
Es ist mir wichtig, in der Familie die Sorgen des Alltags zu vergessen	50,7	49,2
Ich führe ein einfaches, bescheidenes Leben	35,4	19,1
Man sollte auf einen Teil des Konsums verzichten und ein einfacheres Leben führen	24,9	27,8
Mein Ziel ist es, Körper und Seele in Einklang zu bringen	31,1	39,7
Meine Arbeit ist für mich Routinesache	28,7	27,7

Quelle: Typologie der Wünsche, Frühjahr 1996

Tabelle A2: Mediennutzung am Stichtag

Im Rahmen dieser Untersuchung möchten wir gerne einmal feststellen, was die Bevölkerung zu bestimmten Tageszeiten macht. Darf ich den gestrigen Tag einmal mit Ihnen durchgehen, und zwar beginnend mit 5.00 Uhr morgens?
Dabei möchte ich natürlich auch gerne erfahren, ob und wann Sie gestern Radio gehört, wann Sie gestern ferngesehen haben, wann Sie PC-Online-Netze genutzt haben (z.B. Internet, CompuServe, Europe Online, T-Online)

	Dieses Medium habe ich gestern genutzt	
	Gesamt-bevölkerung	Online-Nutzer
	%	%
Gesamt	100,0	100,0
Radio	72,8	74,5
Fernseher	81,2	73,5
Online	0,5	9,8

Quelle: Typologie der Wünsche, Frühjahr 1996

Tabelle A3: Freizeitverhalten (inkl. Mediennutzung)

Es gibt ja verschiedene Möglichkeiten, die Freizeit an Wochenenden, an Abenden oder an Feiertagen zu gestalten. Auf diesen Kärtchen stehen eine Reihen von Freizeitbeschäftigungen. Sortieren Sie die Kärtchen bitte auf diese Liste, so wie es jeweils für Sie persönlich zutrifft.

	Mache ich gelegentlich oder regelmäßig/intensiv	
	Gesamt-bevölkerung	Online-Nutzer
	%	%
Gesamt	100,0	100,0
Ins Theater/Konzert, in kulturelle Veranstaltungen gehen	23,8	40,4
Museen, Ausstellungen, Galerien besuchen	15,4	24,9
Bücher lesen	49,2	61,4
Weiterbildung (beruflich oder privat)	27,2	69,3
Mentales Training, Yoga, Meditation	4,6	12,2
Surfen	1,8	7,3
Snowboarding	1,2	4,9
Extremsportarten (z.B. Freeclimbing, Paragliding, Drachenfliegen)	1,1	4,8
Segeln	1,7	7,7
Golf	1,0	5,2
Reiten	2,2	3,8
Squash	3,7	11,1
Freizeitparks/Freizeitcenter besuchen	14,0	18,5
Schnellrestaurants besuchen	21,2	29,7
Sportveranstaltungen besuchen	19,2	30,7
Ausgehen (Restaurant, Gaststätte, Kneipe, Disco)	53,9	74,3
Ausflüge mit dem Auto machen	50,8	57,8
Ins Kino gehen	22,7	41,1
Fitneßtraining/Aerobic zu Hause	7,2	13,0
Ins Fitneß-/Aerobicstudio gehen	7,5	18,0
Gymnastik	14,9	18,9
Joggen, Trimmen	15,6	32,1
Handball	2,5	5,7
Tischtennis	6,8	12,3
Fußball	8,6	14,4
Basketball	2,9	6,8
Zeitung lesen	86,6	87,1
Zeitschriften, Illustrierte lesen	78,9	83,3
Fernsehen	93,5	88,1
Radio hören	83,8	83,9
Radfahren	47,6	60,5

Basteln, Heimwerken, Do-it-yourself	35,1	42,5
Sportliches Radfahren	7,9	20,1
Skilaufen	10,7	31,7
Schwimmen	42,2	53,6
Am PC/Homecomputer arbeiten	13,6	74,6
Videospiele, Computerspiele spielen	10,1	39,7
PC-Online-Dienste nutzen	2,8	54,9
Schallplatten, CDs, Kassetten, Tonband hören	51,7	69,1
Videokassetten ansehen	37,6	47,7
Zeichnen, Malen, Modellieren	8,5	11,1
Fotografieren	31,9	47,0
Wandern	29,3	29,9
Spazieren gehen	70,8	58,7
Rätsel lösen	35,4	26,8
Mich mit Tieren beschäftigen	28,6	30,5
Im Garten arbeiten	41,9	38,8
Mit Kindern spielen	36,1	40,6
Stricken	15,5	7,6
Schneidern	10,6	4,9
Tennis	7,4	20,9
Camping, Caravaning	8,8	13,5
Sammeln von Briefmarken/Münzen/ Telefonkarten etc.	6,4	11,0
Videofilmen, mit der Videokamera aufnehmen	8,9	19,5

Quelle: Typologie der Wünsche, Frühjahr 1996

Tabelle A4: Themeninteressen bei der Zeitschriftennutzung der Online-Nutzer

Zeitschriften bieten ja ein großes Themenangebot, das jeder nach seinem Geschmack nutzen kann. Wie ist das bei Ihnen? Wenn Sie einmal an Zeitschriften denken, wie stark interessieren Sie sich dann im allgemeinen für die einzelnen Themen auf dieser Liste?
1 bedeutet, daß Sie sich generell überhaupt nicht für dieses Thema interessieren, 6 bedeutet, daß Sie an diesem Thema generell sehr interessiert sind.

	Ich persönlich bin an diesem Themenbereich generell eher sehr interessiert (Ausprägungen 5 und 6)	
	Gesamt-bevölkerung	Online-Nutzer
	%	%
Gesamt	100,0	100,0
Schönheit, Kosmetik	18,3	13,9
Haushaltsführung	21,7	13,9
Ernährung, Rezepte	27,9	24,7
Mode	22,3	19,1
Gastlichkeit, Bewirtung	19,3	22,4
Umfrageergebnisse	15,8	20,7
Rätsel	21,0	13,8
Politisches Geschehen in der Bundesrepublik Deutschland	48,3	57,3
Politisches Geschehen im Ausland/ Weltgeschehen	41,8	56,1
Pol. Geschehen am Wohnort, in der näheren Umgebung	54,5	57,8
Wirtschaft, Preise, Löhne	41,1	63,7
Umweltschutz	43,6	56,7
Sex und Erotik	15,5	22,3
Beruf und Arbeit	32,1	53,8
Auto und Verkehr	29,5	41,5
Berichte über Musik, CDs, Konzerte	18,9	27,2
Sport	30,9	43,1
Urlaub und Reisen	38,7	47,8
Hintergrundberichte über Medien (Verlage, Fernsehen)	11,3	27,4
Moderne Technik (Computer, interaktive Medien etc.)	14,7	57,9
Informationen über neue Produktideen	17,9	31,3
Wissenschaft und Technik	24,1	50,9
Versicherungen, Geldanlagen	14,5	24,5
Geschichte und Zeitgeschehen	22,4	36,8
Bauen, Wohneigentum	19,5	29,9
Haus und Garten	32,1	26,8

Wohnen und Einrichten	29,5	28,9
Selbermachen, kreative Hobbies	19,8	22,3
Familie, Kinder, Erziehungsfragen	25,0	24,0
Natur, Tiere	39,5	36,4
Menschen und ihre Schicksale	32,5	24,7
Verbrechen, Gewalttaten und deren Aufklärung	32,1	28,5
Gesundheit, Medizin	47,9	45,6
Verbraucherfragen	34,2	35,7
Berichte über Königshäuser, Adel	14,4	7,3
Reportagen bzw. Interviews mit Prominenten	18,6	12,9
Kultur (Kunst, Literatur, Theater)	15,6	26,2
Berichte über Kino und Spielfilme	14,6	24,4

Quelle: Typologie der Wünsche, Frühjahr 1996

Tabelle A5: Interesse der Online-Nutzer an verschiedenen Fernsehgenres

Wenn Sie einmal an das Fernsehprogramm denken: Wie stark interessieren Sie sich für die Sendungen auf dieser Liste? 6 bedeutet, diese Sendungen interessieren Sie sehr stark und 1 bedeutet, sie interessieren Sie gar nicht.

	Interessiert mich eher sehr	
	Gesamt-bevölkerung	Online-Nutzer
	%	%
Gesamt	100,0	100,0
Große Unterhaltungsshows mit bekannten Unterhaltungskünstlern	43,8	22,9
Quiz-Sendungen und Game-Shows mit Gewinnen	30,6	13,4
Volkstheater, Heimatfilme, Heimatserien, Operette, Volksmusik, Schlagersendungen	30,4	14,6
Deutsche Familienserien und Arztserien	29,0	12,3
Berichte und Reportagen über Unglücke, Katastrophen, Augenzeugenberichte, Reality-TV	32,0	27,2
Magazine und Ratgebersendungen zu Wissenschaft, Technologie, Umwelt, Gesundheit	35,8	48,2
Magazine und Ratgebersendungen zu fremden Ländern und Kulturen, Tierleben, Natur, Reisebericht	43,3	51,7
Sendungen mit Informationen, Nachrichten und unterhaltenden Beiträgen aus der Region	49,4	49,9
Politische Magazine, Talkshows und Interviews mit Politikern; politische Dokumentationen und Reportagen; wirtschafts- und sozialpolitische Magazine und Sendungen	39,4	49,6

Nachrichten	66,7	72,8
Magazine, Ratgebersendungen zu Auto, Motor, Verkehr	27,4	36,2
Rock- und Pop-Musik, Videoclips	19,7	31,0
Kinovorschau	12,2	19,1
Erotikfilme, Erotik- und Sexsendungen	14,3	19,0
Kinder- und Jugendsendungen, Zeichentrickfilme, Zeichentrickserien	13,8	14,7
Serien und Filme aus den Bereichen Action, Abenteuer, Thriller, Science Fiction, Horror und Kriegsfilme	27,8	39,1
Klassisches Theater, klassische Musik, Oper, Ballett	10,1	14,8
Boulevardstücke, Komödien, Komödienserien	20,4	18,5
Kabarett, Satire, Sketch	22,5	38,2
Kunst- und Kultursendungen	16,0	21,2
Zeit- und sozialkritische Stücke, Serien	15,9	25,9
Sport live, Direktübertragungen	39,4	49,6
Sportberichte, Sportnachrichten	36,1	46,9
Amerikanische Krimiserien und Kriminalfilme	29,5	27,5
Deutsche Krimiserien und Kriminalfilme	37,5	29,0
Amerikanische Familienserien	22,3	13,8

Quelle: Typologie der Wünsche, Frühjahr 1996

Der direkte Draht zur Politik?

Formen und Inhalte der Online-Nutzung im Hinblick auf die Entstehung politischer Öffentlichkeit

Lutz M. Hagen & Markus Mayer

Spielen Internet und Online-Dienste eine Rolle bei der politischen Meinungsbildung? Werden sie hierzu von Bürgern als Informationsgrundlage genutzt und bilden dadurch eine politische Öffentlichkeit? Führen sie gar zu neuen Formen politischer Kommunikation, indem sie direkte Kontakte zwischen Bürgern und Politischen Institutionen intensivieren und interaktive Kommunikation anregen?

Diese Fragen leiten den folgenden Überblick über Formen und Inhalte der Online-Nutzung. Durch sekundäranalytische Auswertung von Befragungsdaten wird untersucht, in welchem Umfang, auf welche Weise und aus welchen Quellen Nutzer in Deutschland Online-Information beziehen bzw. austauschen - insbesondere Information mit politischer Relevanz. Als Online-Medien werden hierbei das Internet und kommerzielle, sog. proprietäre Online-Dienste betrachtet.

Unsere Datenbasis und Probleme der Mediaforschung im Netz

Repräsentativität

Es gibt inzwischen zahlreiche empirische Erhebungen über die Nutzung von Internet und Online-Diensten, auch in Deutschland (zur Übersicht: Werner 1996, Gleich 1997). Die wenigsten können beanspruchen, repräsentativ zu sein oder sich gar mit den Standards der etablierten Reichweitenforschung vergleichen lassen (Zimmer 1996: 488). Die meisten Untersuchungen beruhen auf Online-Fragebögen, die deutschem Recht und der sog. Netiquette[1] entsprechend nicht per E-Mail verschickt, sondern als abrufbares Angebot ins Netz gestellt werden (Werner 1997). Die Befragten allein entscheiden über ihre Teilnahme. Die Folge ist ein Überhang von Netz-Begeisterten, Intensiv-Nutzern, Extrovertierten und Personen mit viel Zeit.

Tatsächlich erfordern repräsentative Stichproben der bundesdeutschen Online-Nutzerschaft erheblichen Aufwand. Vergleichsweise einfach ist es noch, ein Sample aus der Grundgesamtheit von Verwendern eines proprietären Online-Dienstes wie T-Online oder CompuServe zu ziehen, wenn Verwender ohne eigenen Anschluß nicht interessieren. Außerdem ist es hierzu notwendig, daß der kommerzielle Dienst ein Nutzerverzeichnis zur Verfügung stellt. Derlei existiert aber nicht für das wichtigste aller Online-Medien: das Internet. Um eine repräsentative Stichprobe aller Netizens[2] zu erhalten, bleibt nur der Weg über ein repräsentatives Sample der Gesamtbevölkerung. Bei einem Diffusionsgrad der Online-Medien von 5% in Deutschland (ungefährer Anteil von Haushalten mit vernetzten Computern im Jahr 1996) und einer angestrebten Stichprobengröße von 500 Probanden bedeutet dies, 10.000 Interviews führen zu müssen - zumindest im Screening-Verfahren.

Expansionsdynamik

Ein weiteres Problem der Sozialforschung über Online-Medien besteht derzeit in der Expansionsdynamik eines Diffusionsprozesses, der noch nicht abgeschlossen ist: Die Zahlen der Online-Angebote und -Nutzer schnellen weltweit in die Höhe. So hat sich in Deutschland wie in Europa insgesamt die Anzahl von Host-Rechnern im Internet von 1995 bis 1997 mehr als verdreifacht (vgl. Abbildung A1 im Anhang; Deutsches Network Informations-Center 1997). Die Abonnentenzahl des deutschen Dienstes T-Online hat sich im selben Zeitraum nahezu verdoppelt (Zimmer 1995:479; FOCUS Online 1997a).

Wer Online-Nutzung wissenschaftlich untersuchen will, muß also nicht nur einen sehr hohen Aufwand treiben, um repräsentative Aus-

1 Informelle Verhaltensnormen, die unter Online-Nutzern gelten. Verstöße dagegen können Sanktionen nach sich ziehen, wie z.B. ein Bombardement von E-Mails.

2 Kurzform von Net-Citizens (Netz-Bürger), Personen, die sich im Internet bewegen.

sagen treffen zu können; er muß es auch in Kauf nehmen, daß die Validität seiner Ergebnisse eine niedrige Halbwertzeit hat und schnell schwindet. Also ist es nicht verwunderlich, daß rein wissenschaftliche bevölkerungsrepräsentative Studien zur Online-Nutzung Mangelware sind (vgl. den Überblick in: Gleich 1997). Dagegen gibt es einige Befragungen aus dem Bereich der Marktforschung, die Online-Nutzung in Deutschland repräsentativ und regelmäßig erheben. Auch wenn diese Untersuchungen nicht speziell auf kommunikationswissenschaftliche Fragestellungen zugeschnitten sind, enthalten einige doch genug Information, um sich Antworten auf unsere Fragestellung in einem ersten Überblick zu nähern. Für unsere Analyse haben wir zwei Datensätze verwendet, die aus folgenden Studien stammen: Typologie der Wünsche und MC Online-Monitor.

Typologie der Wünsche (TdW) Intermedia 96/97

Als repräsentative Bevölkerungsumfrage wird die Typologie der Wünsche in Verantwortung und unter der Leitung der Burda-Medienforschung von den Instituten Basisresearch, GFM Getas, IFAK, INRA, Marplan und MMA durchgeführt. Die Grundgesamtheit der Untersuchung ist die deutschsprachige Bevölkerung ab 14 Jahren in bundesdeutschen Privathaushalten. Im Mittelpunkt steht das Media- und Konsumverhalten. Zum ersten Mal bei einer so breit angelegten Bevölkerungsbefragung ist dabei auch die Online-Nutzung in einer Weise einbezogen, die mit den standardisierten Erhebungen der Mediennutzung vergleichbar ist. Die mündlichen Interviews wurden in der Zeit vom 27. März bis 20. Mai 1996 mit 10.230 Personen in West- und Ostdeutschland durchgeführt, die nach dem ADM-Stichprobensystem im Adressen-Random-Verfahren ausgewählt wurden.

MC Online-Monitor I/96

Beim MC Online-Monitor handelt es sich um eine Spezialumfrage unter Online-Nutzern von der MC Informationssysteme Beratungs-GmbH in Zusammenarbeit mit der Target Group GmbH, Nürnberg. Der MC Online-Monitor wurde im Frühjahr 1996 (Februar bis April) zum zweiten Mal nach dem Sommer 1995 erhoben. Für die Stichprobenbildung wurden zunächst bei 10.146 zufällig aus einem bundesweiten Telefonverzeichnis ausgewählten privaten Haushalten telefonisch Screening-Interviews durchgeführt. Befragt wurden nur Personen in Haushalten mit einem Computernetzanschluß. Daher enthält die Ausgangsstichprobe keine Verwender, die Online-Medien ausschließlich am Arbeitsplatz nutzen.

Die aus dieser Ausgangsstichprobe ermittelten 521 Online-Nutzer wurden um zufällig aus den Nutzerverzeichnissen von T-Online (357) und CompuServe (185) ausgewählte Nutzer aufgestockt, um eine größere Fallzahl zu erhalten. Insgesamt wurden also 1.063 Online-Nutzer telefonisch zu ihrem Nutzungsverhalten befragt.

Im Vergleich zur Typologie der Wünsche enthält der MC Online-Monitor detailliertere Angaben zu Formen, Zwecken und Inhalten der Online-Nutzung. Nutzungszeiten und -schwerpunkte, Kosten sowie Likes und Dislikes wurden allerdings nur bei denjenigen erhoben, die Online-Medien zumindest auch privat nutzten (698 Befragte).

Reichweiten

Online-Medien sind derzeit im Hinblick auf die Konstitution politischer Öffentlichkeit nicht annähernd so bedeutsam wie die herkömmlichen Massenmedien - allein schon der Reichweite wegen. Während jeden Tag 82 Prozent der deutschen Bevölkerung ab 14 Jahren durch politische Information via Fernsehen, Hörfunk oder Tageszeitung erreicht werden (Kiefer 1996:239) waren es 1996 gerade 4 Promille, die sich am Stichtag ins Internet oder einen Online-Dienst einschalteten - egal zu welchem Zweck (TdWI 1996/97). Diese Werte sind mit der Frage nach der Nutzung am gestrigen Tag ermittelt worden, einem vergleichsweise genauen Kriterium zur Erfragung von Reichweiten.

Die im Vergleich zu den genannten Werten teils beachtlichen Online-Reichweiten, die in der der öffentlichen Diskussion zirkulieren, sind auf freizügigere Definitionen bzw. Abfragen der Online-Nutzerschaft zurückzuführen: um als Nutzer ausgewiesen zu werden, genügt es mitunter, technischen Zugang zu Online-Netzen zu haben

- unabhängig davon, ob von dieser Zugangsmöglichkeit auch Gebrauch gemacht wird.

Häufig beruhen Nutzer-Zahlen auf Fragen nach der „zumindest gelegentlichen" Nutzung von Online-Diensten. So beträgt beispielsweise der Anteil von Personen, die angeben, Zugang zu Online-Medien zu haben und den Computer zumindest gelegentlich zu nutzen 3,8% der Bevölkerung (TdWI 1996/97). Diese Werte sind ungefähr zehnmal so hoch wie die in derselben Untersuchung gemessenen Tagesreichweiten.

Doch auch bei derzeit vergleichsweise niedrigen Reichweiten von Online-Medien lohnt es sich, einen längeren Blick auf deren politische Nutzung zu werfen: Die Reichweiten des Internets und der Online-Dienste steigen von Monat zu Monat, und unter den Online-Nutzern dominiert ein Typus mit stark ausgeprägtem Interesse für Politik und für politische Information, der als politischer Meinungsführer gelten kann (vgl. den Beitrag von Scherer/Berens in diesem Band).

Effekte auf die Nutzung anderer Medien

Auch indem sie die Nutzungsweisen herkömmlicher Massenmedien beeinflussen, können Online-Medien die Diffusionformen von politischer Information in der Gesellschaft verändern. Scherer und Berens (in diesem Band) haben die Beziehung zwischen Online-Nutzung und der Nutzung anderer Medien ausführlich an den Daten der TdWI 1996/97 untersucht. Wie sich dabei zeigt, weichen Online-Verwender bei der regelmäßigen Nutzung von Zeitungen und Radio kaum vom Bevölkerungsdurchschnitt ab. Hingegen nutzen sie Zeitschriften, insbesondere jedoch Bücher vergleichsweise ausgiebig. Dies steht mehrheitlich im Einklang mit den Ergebnissen anderer Studien, wonach die Online-Nutzung generell kaum zu Lasten der herkömmlichen Medien geht (Gleich 1997:456).

Das Fernsehen bildet allerdings, wie Scherer/Berens in diesem Band abweichend von bisherigen Befunden zeigen, hiervon die Ausnahme: es wird von Online-Nutzern weniger ausgiebig gesehen. Das bestätigen die Ergebnisse des MC Online Monitors eindrücklich (vgl. Abbildung 9). Sie deuten auf eine offenbar generelle Substitutionsbeziehung zwischen Online-Medien und Fernsehen hin: Die von den befragten Online-Nutzern von Internet, T-Online oder CompuServe angegebene tägliche Fernsehdauer liegt nämlich um gute fünfzig Minuten unter dem Wert von 158 Minuten, den die Studie Massenkommunikation 1995 für die deutsche Gesamtbevölkerung ermittelt hat (Kiefer 1996:235). Dieser Unterschied kann allerdings teilweise an der Erhebungsmethode liegen: Die Daten aus dem MC Online Monitor beruhen auf der Frage nach der Nutzung an einem normalen Werktag, die Daten aus der Studie Massenkommunikation auf der Frage nach der Nutzung am gestrigen Tag. Die unterschiedlichen Fragen dürften allerdings nicht für derart große Unterschiede verantwortlich sein, wie sie hier vorliegen.

Ein zeitlicher Substitutionseffekt zwischen Fernsehen und Online-Medien ist allerdings noch kein Beleg dafür, daß Online-Medien das Fernsehen auch in seinen Funktionen ersetzen. Deuten doch Ergebnisse anderer Untersuchungen darauf hin, daß beide Medien unterschiedliche Bedürfnisse befriedigen (Coffey/Stipp 1997).

Formen der Online-Nutzung

Nutzungssituation

Online-Medien werden ganz überwiegend für berufliche Zwecke genutzt (Tabelle 1). Dementsprechend findet auch der größte Teil der Nutzung nicht zu Hause statt: 58 Prozent der Nutzer gehen außer Haus online: vorwiegend am Arbeitsplatz und in Universitäten.

Wenn man davon ausgeht, daß die rein berufliche Nutzung im Regelfall nicht der politischen Meinungsbildung dient, bedeutet dies, daß nur knapp 60 Prozent der Online-Nutzer im Hinblick auf unsere Ausgangsfragestellung genauer betrachtet werden müssen.

Tabelle 1: Zweck der Online-Nutzung

"Nutzen Sie zur Zeit persönlich oder im privaten Rahmen PC-Online-Dienste? Welche Online-Netze nutzen Sie zur Zeit im privaten Rahmen? Und welche im beruflichen?"

	in %	Hochrechnung in Millionen
beruflich	41	0,99
beruflich und privat	33	0,79
privat	26	0,61
Basis/Summe	387	2,39

Quelle: TdWI 1996/97

Zeitliche Nutzungsmuster

Die rein private Nutzung fällt deutlich weniger intensiv aus, als die rein berufliche und die Mischnutzung. Die größte Gruppe der rein privaten Nutzer geht nur einmal pro Woche online. Die größte Gruppe unter den beruflichen Nutzern macht fünf mal pro Woche eine Online-Sitzung - vermutlich also werktäglich. Im Durchschnitt greifen Online-Nutzer gut zweieinhalb mal pro Woche auf einen Dienst zu (Tabelle 2). Diese Werte decken sich in der Größenordnung mit den Ergebnissen des MC Online-Monitors.

Tabelle 2: Nutzungsfrequenz pro Woche (Angaben in Prozent)

	Gesamt	Privat	Mischnutzer	Beruflich
seltener als einmal	14	17	2	21
einmal	18	31	20	9
zweimal	25	31	28	18
dreimal	16	10	17	19
viermal	12	11	15	10
fünfmal	15	2	13	25
sechsmal	3	1	6	3
siebenmal	1	1	1	1
Mittlere Frequenz	**2,6**	**1,9**	**2,9**	**2,9**
Basis	387	99	127	161

Quelle: TdWI 1996/97.

Der Nutzungsschwerpunkt von privaten und Mischnutzern liegt im Tagesablauf eindeutig auf dem frühen Abend, nach der Arbeit, zwischen 18 und 22 Uhr (Abbildung 1). Die zeitliche Struktur der Telefontarife spielen dabei sicher eine Rolle. Denn auch der späte Abend nach 22 Uhr ist immerhin noch für ein gutes Fünftel dieser Gruppe die übliche Zeit, um sich ans Netz zu hängen. Dieses Nutzungsmuster erinnert ganz stark an den Tagesverlauf der Fernsehnutzung mit einem Schwergewicht in der Prime-Time zwischen 18 und 22 Uhr. Es ist ein zusätzlicher Beleg für die teilweise Substitutionsbeziehung zwischen Fernsehen und Online-Medien.

Im Hinblick auf die Nutzungsdauer unterscheiden sich die Online-Nutzer aber ganz stark von den Sehern des Unterhaltungsmediums Fernsehen. Die durchschnittliche Dauer einer Online-Sitzung beläuft sich nach den Ergebnissen des MC Online-Monitors auf ca. 35 Minuten, variiert aber relativ stark (nur rein private oder Mischnutzer). So dauert immerhin jede zehnte Sitzung über 90 Minuten, die relativ meisten Sitzungen (jede dritte) dauern aber weniger als 10 Minuten. Die Anlässe hierfür sind vermutlich überwiegend Tele-Banking-Transaktionen, Versenden von E-Mails und zielgerichtete Informationsabrufe.

Die Sitzungs-Dauer variiert vermutlich deshalb so stark, weil sich in den umfangreichen und teils komplex strukturierten Diensten Inhalte und Kommunikationspartner je nach Suchgegenstand mal schneller, mal langsamer finden lassen. Der hohe Anteil von äußerst kurzen Sitzungen ergibt sich vemutlich aus zielgerichteten Such- oder Übermittlungsvorgängen, die schnell zu einem Ergebnis führen. Jedenfalls dienen Online-Medien offenbar in der Regel nicht wie viele typische Unterhaltungsmedien vorwiegend dazu, Zeit totzuschlagen. Das wird im folgenden noch genauer zu prüfen sein.

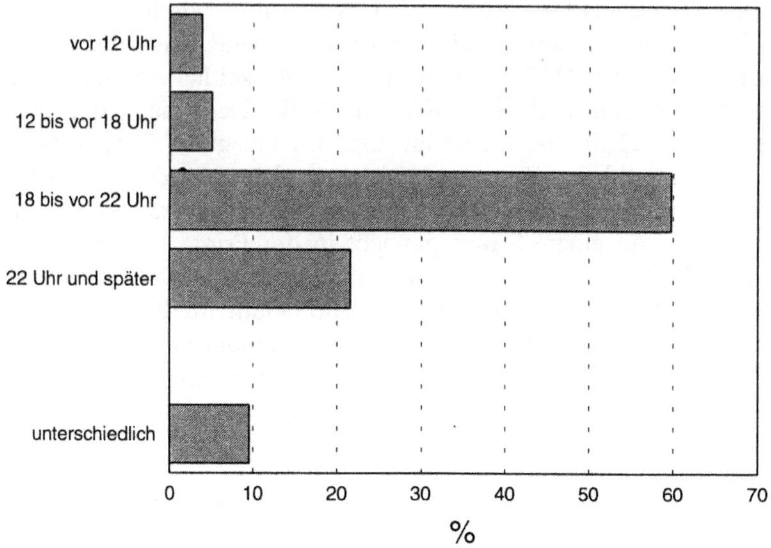

Abbildung 1: Zu welchen Tageszeiten private oder Mischnutzer Online-Sitzungen üblichwerweise durchführen
„Zu welchen Tageszeiten nutzen Sie in der Regel Internet/T-Online/CompuServe?"
Quelle: MC Online-Monitor I/96.

Dienste und Netze

Welche Angebote und Zugangsformen einem Online-Nutzer überhaupt zur Verfügung stehen, hängt von der Art seines Online-Mediums ab: besteht nur Zugang zum Internet oder wird stattdessen bzw. zusätzlich ein Online- bzw. Mailbox-Dienst verwendet? Inzwischen verschmelzen allerdings die proprietären Dienste auch inhaltlich immer stärker mit dem Internet (Siegele 1996).

Verschiedene Untersuchungen kommen zum Teil zu sehr unterschiedlichen Ergebnissen darüber, wie hoch die Reichweiten der verschiedenen Online-Medien sind. Wir beziehen uns hier auf die Daten aus der TdWI-Studie, die - wie dargelegt - einen hohen methodischen Standard aufweist (Abbildung 2).

Alle in Abbildung 2 namentlich aufgeführten Dienste bieten entweder Übergänge zum Internet oder sind - wie MSN - ins Internet integriert.

Die Anzahl Online-Medien, die ein Nutzer im Durchschnitt verwendet, liegt ziemlich genau in der Mitte zwischen eins und zwei. An der Spitze der Nutzung stehen mit deutlichem Abstand das Internet und T-Online, die jeweils von gut 40 Prozent der Nutzer verwendet werden. CompuServe erreicht noch weniger als halb so viele Personen. Das gilt für die private wie für die gesamte Nutzung.

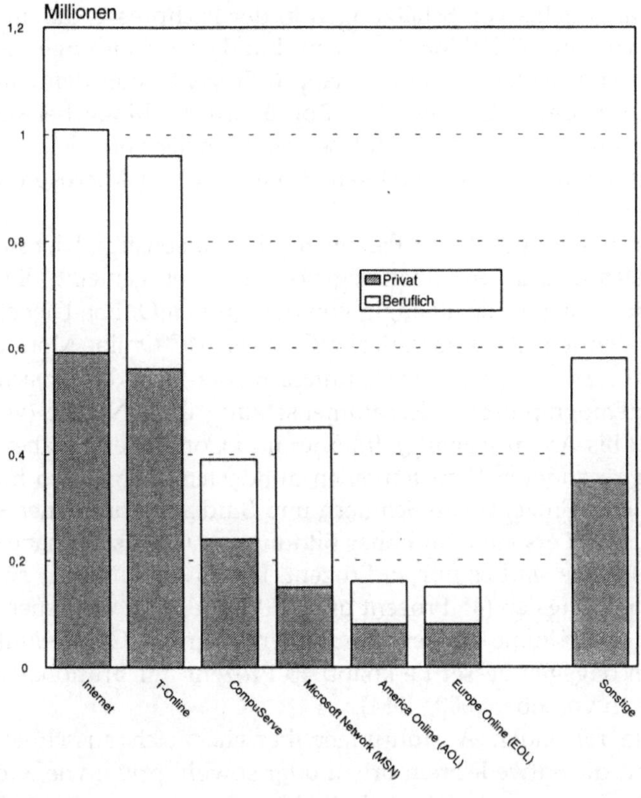

Abbildung 2: Reichweite von Online-Medien für die private oder berufliche Nutzung

„Nutzen Sie zur Zeit persönlich oder im privaten Rahmen PC-Online-Dienste? Welche Online-Netze nutzen Sie zur Zeit im privaten Rahmen? Und welche im beruflichen?" (Mehrfachnennungen möglich).

Basis: 387 Befragte, Quelle: TdWI 1996/97.

In der Rangfolge der kommerziellen Dienste spiegelt sich der Zeitpunkt des Marktzutritts wider. T-Online existiert am längsten; es handelt sich um die Weiterentwicklung von Bildschirmtext, den die Post bereits seit Mitte der achtziger Jahre anbietet. AOL ist der jüngste Dienst, in Deutschland erst seit Ende 1995 auf dem Markt. Der Dienst EOL existiert nicht mehr; er wurde im dritten Quartal 1996 vom Markt genommen. Der Anteil von MSN erscheint weitaus zu hoch angesichts von Schätzungen in der Fachpresse, die im Juli 1996 noch von nur 50.000 MSN-Nutzern bundesweit ausgingen und angesichts eines Anteils von nur knapp 6 Prozent unter den Online-Nutzern, die der MC Online-Monitor ausweist. Möglicherweise wird Microsoft Network aufgrund seines Namens von vielen Befragten mit anderen, stark verbreiteten Produkten von Microsoft verwechselt.

Ein hoher Anteil von Personen gibt an, sonstige Dienste zu nutzen. Damit sind ganz überwiegend Mailboxen gemeint, die von einzelnen Anbietern unabhängig von den großen Online-Diensten angeboten werden. Das zeigt z.B. ein Blick den MC-Online Monitor.

Die verschiedenen Dienste unterscheiden sich klar hinsichtlich der soziodemographischen Zusammensetzung ihrer Nutzer (vgl. Tabellen A2 bis A5 im Anhang). Internet und CompuServe haben im Vergleich zu anderen Diensten einen mindestens doppelt so hohen Anteil (ca. 25 Prozent) von Schülern und Studenten und einen größeren Anteil von Personen mit hoher Bildung: ca. 60 Prozent haben Abitur; bei T-Online sind es nur 45 Prozent. Die Internet Nutzer sind insgesamt am jüngsten (45 Prozent unter 30 Jahre) und verdienen weniger als andere Online-Nutzer. CompuServe- und T-Online-Nutzer verdienen dagegen besser (je knapp 40 Prozent mit Bruttohaushaltseinkommen von über 4000,- DM).

Alle folgenden Ausführungen beziehen sich ausschließlich auf Nutzer, die entweder rein privat oder sowohl privat wie auch beruflich das Internet oder einen der beiden wichtigsten Dienste T-Online und CompuServe verwenden. Sie wurden im MC Online-Monitor eingehender nach ihren Nutzungsgewohnheiten befragt (654 Befragte).

Kommunikationsformen

Wie sich bereits angedeutet hat, ist Informationssuche mit Abstand die wichtigste Form der Online-Nutzung (Abbildung 3). Eine wesentlich geringere, aber immer noch dominante Bedeutung hat die interpersonale Kommunikation per elektronischer Post (E-Mail) oder in Foren (Nutzergruppen mit Möglichkeit zur Kommunikation per Mailbox oder interaktiv). Zusammengenommen werden diese Kommunikationsformen noch öfter genannt als die Unterhaltung durch Spiele oder "Net-Surfen", die eher planlose Reise durch den virtuellen Raum der unzähligen Online-Adressen. Nur von den Internet-Nutzern nennt mehr als ein Drittel dies als einen der drei wichtigsten Nutzungsgründe.

Diese Ergebnisse bestätigen insgesamt den Befund aus der Betrachtung der Nutzungsdauern, wonach Online-Medien überwiegend nicht dazu verwendet werden, ohne weiteres Ziel Zeit unterhaltsam zu verbringen. Mit Sicherheit spielt es in diesem Zusammenhang eine Rolle, daß Online-Medien für den privaten Nutzer Kosten in Abhängigkeit von der Nutzungsdauer verursachen. Auf die Frage "Was sind Ihrer Meinung nach die größten Probleme bei der Nutzung des Internet" gaben 70 Prozent derjenigen, die den Online-Fragebogen der vielzitierten W3B-Studie ausfüllten, die Antwort: "Die Telefongebühren sind zu hoch" (Fittkau/Maaß 1997). Daß für die große Gruppe der Nutzer an Universitäten die Internetnutzung weitgehend oder ganz kostenlos ist, zumindest aber keine zeitabhängigen Kosten verursacht, kann dementsprechend erklären, warum für Internet-Verwender Spaß und Netz-Surfen eine wichtigere Rolle spielt als für andere Onliner.

Die angegebenen Nutzungsanlässe stärken die Vermutung, daß der geringere Fernsehkonsum von Online-Nutzern sich nicht einfach als eine funktionale Substitution erklären läßt. Selbst soweit sie zum Surfen verwendet werden, dürften Online-Medien das Fernsehen bei der Erfüllung jenes menschlichen Bedürfnisses nach passiver Entspannung durch Berieselung kaum ersetzen können (Stipp 1991:289). Jedenfalls erfordert es ein weitaus höheres Mindestmaß an Aktivität, in Daten-Netzen zu surfen als fernzusehen.

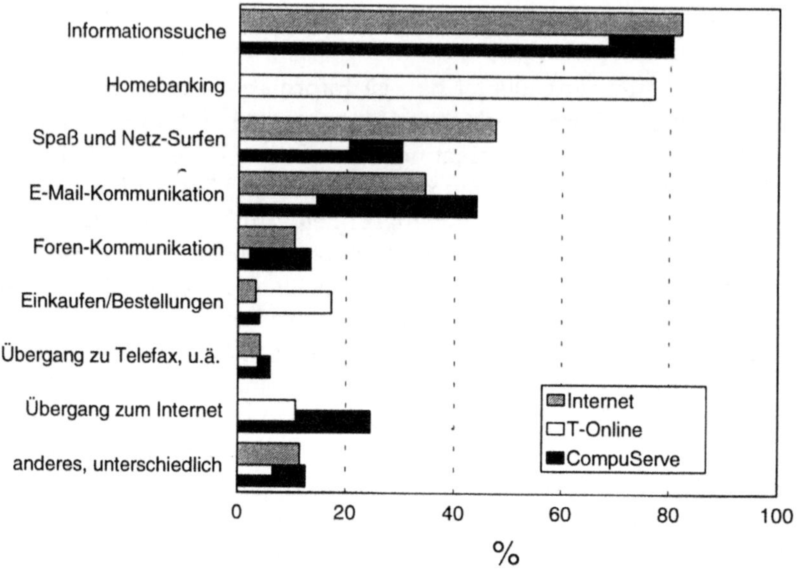

Abbildung 3: Die wichtigsten Kommunikationsformen
Basis: 654 Befragte, die Online-Medien zumindest teilweise privat nutzen.
„Welcher der folgenden Anlässe ist der häufigste/ zweithäufigste/ dritthäufigste Grund für sie, den Online-Dienst zu nutzen?"
Quelle: MC Online-Monitor I/96.

Es zeigen sich deutliche Unterschiede zwischen den Diensten. Die Gründe, Internet oder CompuServe zu verwenden, ähneln sich noch relativ stark. Informationsuche wird bei diesen Diensten von jeweils über 80 Prozent der Nutzer als einer der drei wichtigsten Nutzungsgründe genannt, von je über der Hälfte als wichtigster Grund. Spaß/Surfen und interpersonale Netzkommunikation (per E-Mail oder Foren) sind die anderen beiden wichtigen Gründe für die Nutzung. Wobei im Internet Spaß und Surfen, bei CompuServe die interpersonale Kommunikation wichtiger ist.

Das Profil von T-Online hebt sich dagegen stark ab. T-Online ist der Dienst für kommerzielle Transaktionen: Homebanking, die Möglichkeit, über das Netz von zu Hause aus Kontoführung und andere Bankgeschäfte zu erledingen, ist der mit Abstand wichtigste Grund, dieses Angebot der Telekom zu verwenden. Dieser Dienst ist außerdem der einzige, der in nennenswertem Umfang zum Einkaufen verwendet wird. Er dient weitaus seltener als das Internet oder CompuServe zum unterhaltsamen Netz-Surfen oder zur interpersonalen Kommunikation.

Inhalte der Online-Nutzung

Die Online-Nutzung erfolgt nicht nur über den Computer, sie hat auch inhaltlich sehr viel damit zu tun: Angebote aus dem Bereich Computer und Software werden mit Abstand am meisten genutzt (Abbildung 4). Ungefähr zwei Drittel der Verwender von Internet und CompuServe geben an, Angebote aus diesem Bereich häufig zu nutzen. Nur bei T-Online werden Angebote aus dem finanziellen Bereich von genauso vielen häufig genutzt wie aus dem EDV-Bereich. Bis auf den kommerziellen Schwerpunkt von T-Online gibt es aber wenig Unterschiede zwischen den Diensten.

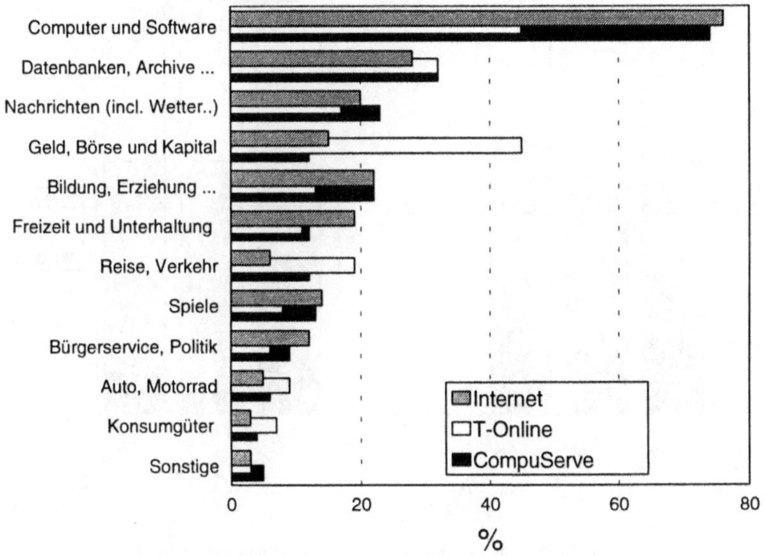

Abbildung 4: Angebotsbereiche, die häufig genutzt werden
Basis: 654 Befragte, die Online-Medien zumindest teilweise privat nutzen.
„Nutzen Sie Angebote dieser Branche häufig, selten oder nie?"
Quelle: MC Online-Monitor I/96.

Auf Datenbanken und ähnliche Angebote wird bei jedem Dienst noch von mehr als zwanzig Prozent der Nutzer häufig zugegriffen; Angebote aus allen übrigen Bereiche werden von deutlich weniger Personen regelmäßig in Anspruch genommen. Gegenstand der häufigen Online-Nutzung sind also ganz überwiegend Angebote mit nicht unmittelbar politischem Inhalt. Die einzigen Bereiche mit aktuellen politischen Angeboten, "Nachrichten" und "Bürgerservice/Politik", liegen auf dem dritten bzw. neunten Platz der Rangreihe. Daß diese Angebote nicht extensiver genutzt werden ist aufschlußreich angesichts der Tatsache, daß sich ein großer Teil der Online-Nutzer durch ausgesprochen hohes politisches Interesse auszeichnet (vgl. den Beitrag von Scherer/Berens in diesem Band). Offenbar ist das Bedürfnis nach politischer Information kein Kernmotiv für die Verwendung von Online-Medien.

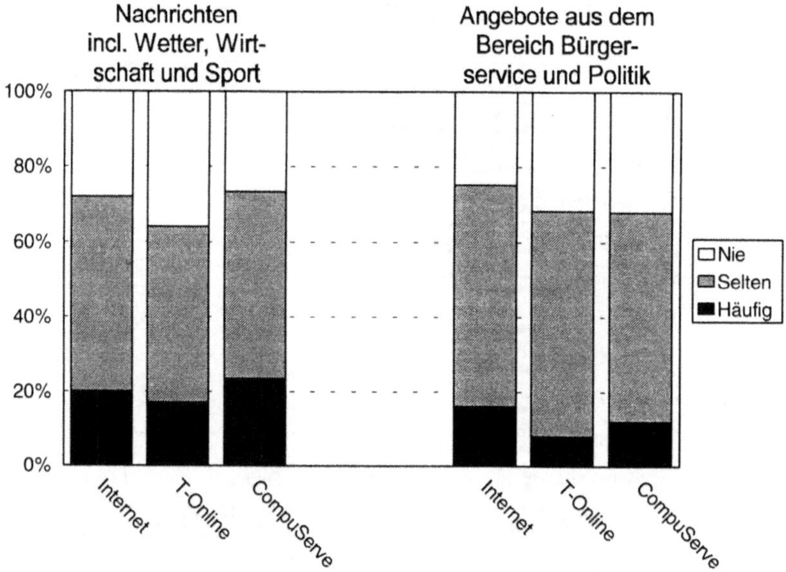

Abbildung 5: Nutzung von politischen Angeboten durch Nutzer verschiedener Dienste
Basis: 654 Befragte, die Online-Medien zumindest teilweise privat nutzen.
„Nutzen Sie Angebote dieser Branche häufig, selten oder nie? Nachrichten incl. Wetter, Angebote aus dem Bereich Wirtschaft und Sport Bürgerservice und Politik".
Quelle: MC Online-Monitor I/96.

Allerdings geben bei allen Diensten jeweils ungefähr zwei Drittel der Nutzer an, zumindest gelegentlich auf politische Angebote aus beiden Bereichen zuzugreifen (Abbildung 5). Auch wenn die Suche nach politischer Information als Nutzungsmotiv nur eine untergeordnete Rolle spielt, rezipiert also die große Mehrheit der Nutzer - vermutlich eher beiläufig - ab und zu politische Information im Netz. Diese Erkenntnis widerspricht der Vermutung, Online-Medien würden das Zufällige, Beiläufige und Unkalkulierbare aus der Kommunikation vertreiben. Die Möglichkeit zur zielgerichteten Suche führt offenbar gerade nicht zur „Vernichtung des Nebensächlichen" indem alles dem Hauptzweck der Suchziels unterworfen wird (Schulze 1995:43).

Häufig auf Nachrichten bzw. Informationen politischer Organisationen online zuzugreifen, gibt insgesamt noch fast ein Viertel von allen 654 Befragten im MC Online-Monitor an, die entweder Internet, T-Online oder CompuServe verwenden. Vermutlich sind diese Angaben im Vergleich zur Realität überhöht. Man kann davon ausgehen, daß es von vielen Befragten als sozial erwünscht angesehen wird, sich politisch zu informieren und sie daher eher dazu neigen, die Nutzung in diesem Bereich übertrieben darzustellen.

Tabelle 3: Die 30 meistgefragten Suchworte bei einer marktführenden, weltweiten Suchmaschine im Dezember 1996.

Rang	Suchwort	Rang	Suchwort	Rang	Suchwort
1.	sex	11.	university	21.	games
2.	nude	12.	naked	22.	gay
3.	monkey	13.	xxx	23.	pussy
4.	pictures	14.	porn	24.	music
5.	com	15.	porno	25.	erotic
6.	adult	16.	http	26.	internet
7.	free	17.	women	27.	home
8.	www	18.	windows	28.	alt
9.	chat	19.	girl	29.	video
10.	software	20.	news	30.	computer

Quelle: Focus Online (1997c).

Ein anderes Segment von Online-Angeboten ist, bedingt durch soziale Unerwünschtheit, in Befragungsergebnissen vermutlich stark unterrepräsentiert: Pornographie (im MC Online Monitor wurde nach dieser Angebotsgruppe überhaupt nicht gefragt). Was Verwender des WorldWideWebs im Internet am häufigsten suchen, läßt sich sehr gut aus Statistiken von Suchmaschinen erschließen. Diese Programme sind für alle Nutzer verfügbar und stellen wichtige Hilfmittel bei der Recherche dar. Eine Suchmaschine findet Netz-Adressen, die ein bestimmtes Suchwort oder Kombinationen von Wörtern enthalten. Suchanfragen erfolgen anonym.[3] Aus den eingegebenen Wörtern läßt sich daher eine Interessenstatistik erstellen, die nicht durch Befragungseffekte verfälscht ist. Das Ergebnis in Tabelle 3 zeigt: Pornographie und Computer/Netze sind die dominierenden Themen. Das Suchwort für Nachrichten liegt immerhin noch an zwanzigster Stelle. Die monatlichen Ranglisten, die der rein deutschsprachige Suchdienst Kolibri regelmäßig veröffentlicht, sehen ähnlich aus (Kolibri-Online GmbH 1997). Diese Statistiken liegen auf einer Linie mit der Einschätzung von Rilling (1997), wonach eine Site wie „Wissenschaft plus Politik" statt ihrer 30 bis 150 Zugriffe pro Tag ebensoviele Zugriffe pro Sekunde verzeichnen könnte, wenn sie PolitikplusSex-XXX.com hieße.

Die Nutzer von politischer Online-Information

Wer sind die Nutzer politischer Online-Information und wie sieht ihr Nutzungsverhalten aus? Die weitere Betrachtung beschränkt sich auf jenes knappe Viertel der Online-Nutzer, die häufig Angebote aus den politischen Angebotsbereichen nutzen (absolut: 145 Befragte im MC Online-Monitor). Wir bezeichnen sie im folgenden vereinfachend als Nutzer politischer Angebote.

Der Anteil von Nutzern politischer Angebote ist bei T-Online geringer als bei den beiden übrigen weit verbreiteten Diensten (vgl. Abbildung 6). Dies hängt damit zusammen, daß T-Online, wie dargelegt, den Schwerpunkt viel stärker auf kommerzielle Angebote legt.

3 Anhand seiner Netzwerkadresse läßt sich allerdings der Nutzer eines Angebots im Internet unter Umständen identifizieren.

T-Online ist daher wohl auch der einzige Dienst, der von Nutzern politischer Online-Informationen genauso beurteilt wird wie von den übrigen Nutzern (jeweils 2,7 auf einer Schulnotenskala von 1 bis 6). Das *WorldWideWeb* (WWW), die dominierende Anwendung im Internet, und CompuServe schneiden dagegen bei den Nutzern politischer Online-Information besser ab. Sie benoten das WWW insgesamt mit 2,0, die übrigen Nutzer benoten es mit 2,7. CompuServe benoten die Nutzer politischer Online-Information mit 2,3 - die übrigen mit 2,5. Dies dürfte in erste Linie mit den drei Qualitätsdimensionen Angebotsbreite, Internationalität und Aktualität zusammenhängen. In allen drei Bereichen bekommt das WWW von seinen Nutzern bessere Noten als CompuServe und CompuServe wiederum bessere Noten als T-Online (MC Online-Monitor I/96).

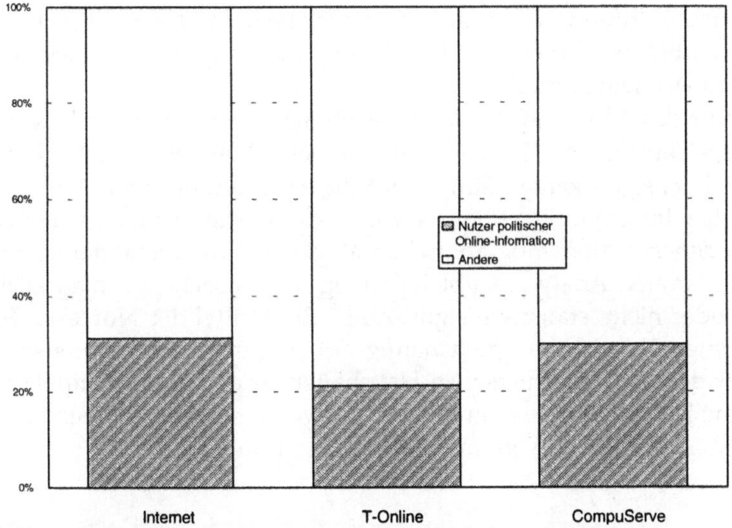

Abbildung 6: Häufigkeit der Nutzung von politischen Informationsangeboten
Basis: 145 Befragte, die häufig Angebote aus den politischen Angebotsbereichen.
„Nutzen Sie Angebote dieser Branche häufig, selten oder nie?"
Quelle: MC Online-Monitor I/96.

Soziodemograhie

Betrachtet man die Nutzer politischer Online-Information anhand soziodemographischer Merkmale, so hebt sich diese Gruppe nicht sehr deutlich von den übrigen Nutzern ab (vgl. Tabellen A6-A12 im Anhang. Weder das Geschlecht, noch Einkommen, Beruf oder Größe des Wohnortes haben einen statistisch signifikanten Einfluß darauf, ob ein Nutzer häufig auf politische Online-Informationen zugreift. Selbst das Niveau des Schulabschlusses spielt keine Rolle, obwohl dies doch bei den Sehern, Hörern, Lesern von Massenmedien in starkem Maß die Zuwendungsintensität zu politischer Information determiniert. Der generell geringe Effekt soziodemographischer Merkmale ist nicht so erstaunlich, wenn man sich das sehr spezielle soziodemographische Profil vergegenwärtigt, welches die Gesamtheit aller Online-Nutzer aufweist. Es ist geprägt von Männern sowie Personen mit hoher Bildung und starkem Interesse für Politik und politische Information (vgl. Scherer/Berens in diesem Band). Offensichtlich wird dieses Bedürfnis aber nur in geringem Maß durch Online-Medien befriedigt.

Nur das Alter und die Tatsache, ob man alleine oder im Mehrpersonen-Haushalt lebt, haben - univariat betrachtet - einen signifikanten bzw. hochsignifikanten Einfluß auf die Zuwendungsintentität zu politischer Information.[4] Eliminiert man die Zusammenhänge der verschiedenen soziodemographischen Merkmale untereinander in einer multivariaten Analyse, so bleibt einzig die Tatsache, ob man alleine lebt oder nicht, statistisch signifikant.[5] Ein Drittel der Nutzer in Einpersonen-Haushalten, greift häufig auf politische Informationen zu, unter denen in Mehrpersonen-Haushalten ist es nur ein Fünftel. Wer alleine lebt, so könnte man folgern, verwendet Online-Medien als Ersatz für persönliche Kommunikation über aktuelle Politik.

4 Irrtumswahrscheinlichkeit im Chi-Quadrat-Test < 5% bzw < 1%.

5 Der Effekt der Hauhaltsgröße erweist sich als hochsignifikant in einer mehrfaktoriellen Varianzanalyse mit den unabhängigen Variablen Geschlecht, Einkommen, Beruf, Größe des Wohnorts, Schulabschluß, Alter, Einpersonen-Haushalt. Die abhängige Variable "politische Online-Nutzung" war dichotom skaliert (0=nein, 1=ja).

Mediennutzungsverhalten

Wenn Alleinlebende politische Online-Inhalte intensiver nutzen als andere, so könnte dies darauf zurückzuführen sein, daß Alleinlebende generell mehr Zeit zur Nutzung von Online-Diensten haben. Tatsächlich nutzen diejenigen, die häufig auf politische Information zugreifen, die Online Medien auch insgesamt etwas intensiver. Das zeigt sich in den Häufigkeiten der Zugriffe auf nicht-politische Angebotsbereiche (Abbildung 7).

Auch geben die Nutzer politischer Online-Information an, durchschnittlich häufigere und längere Sitzungen durchzuführen als die übrigen Nutzer. Sie geben ferner mehr Geld für Online aus (Abbildung 8). Dagegen gibt es keine Unterschiede dahingehend, wie lange schon Online-Dienste verwendet werden und ob die Absicht besteht, diese zukünftig weiter zu nutzen.

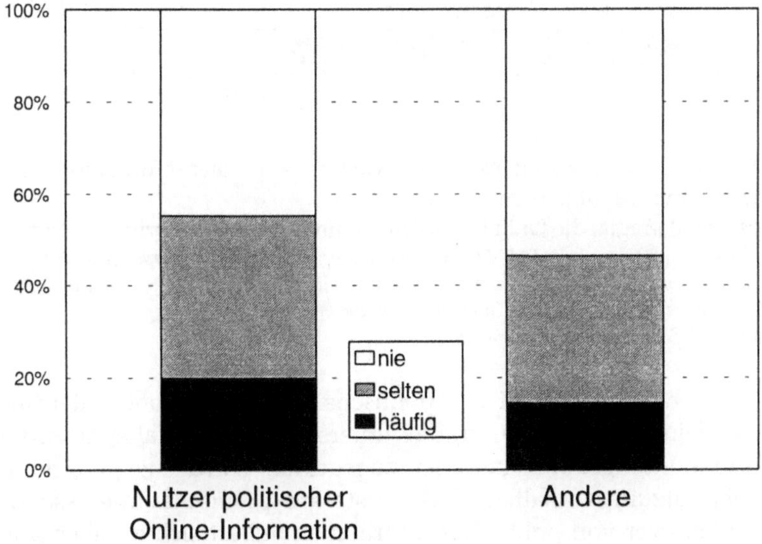

Abbildung 7: Häufigkeit der Nutzung von nicht-politischen Informationsangeboten
Basis: 145 Befragte, die häufig Angebote aus den politischen Angebotsbereichen nutzen.
„Nutzen Sie Angebote dieser Branche häufig, selten oder nie?"
Quelle: MC Online-Monitor I/96.

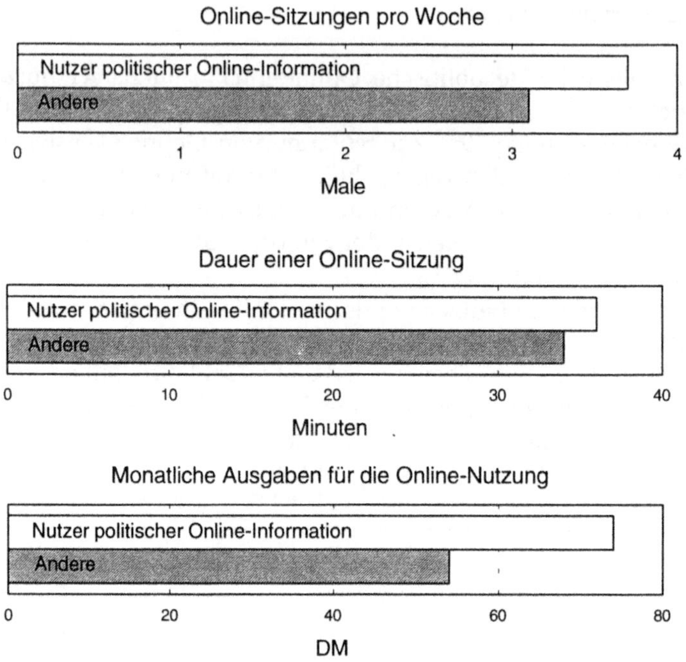

Abbildung 8: Nutzungsintensität von Nutzern politischer Information und anderen Online-Nutzern im Vergleich
Basis: 654 Befragte, die Online-Medien zumindest teilweise privat nutzen.
„Wie häufig nutzen Sie Internet/T-Online/CompuServe in der Woche? Wie lange dauert in der Regel eine Online-Sitzung bei Internet/T-Online/CompuServe? Welche monatliche Gesamtbudget wenden Sie in der regel für Internet / T-Online / CompuServe auf?"
Quelle: MC Online-Monitor I/96.

Daß der häufige Zugriff auf politische Online-Angebote allerdings nicht allein daraus resultiert, daß unterschiedslos auf alle Arten von Informationsangeboten häufiger zugegriffen würde, zeigt sich am Mediennutzungsverhalten. Das verstärkte politische Interesse der Online-Nutzer von politischer Information äußert sich nämlich auch in der überdurchschnittlichen Nutzung von politischen Massenmedieninhalten (Abbildung 9): sie lesen häufiger Tageszeitung, politische Magazine und Illustrierte. Das Fernsehen wird dagegen weniger intensiv genutzt.

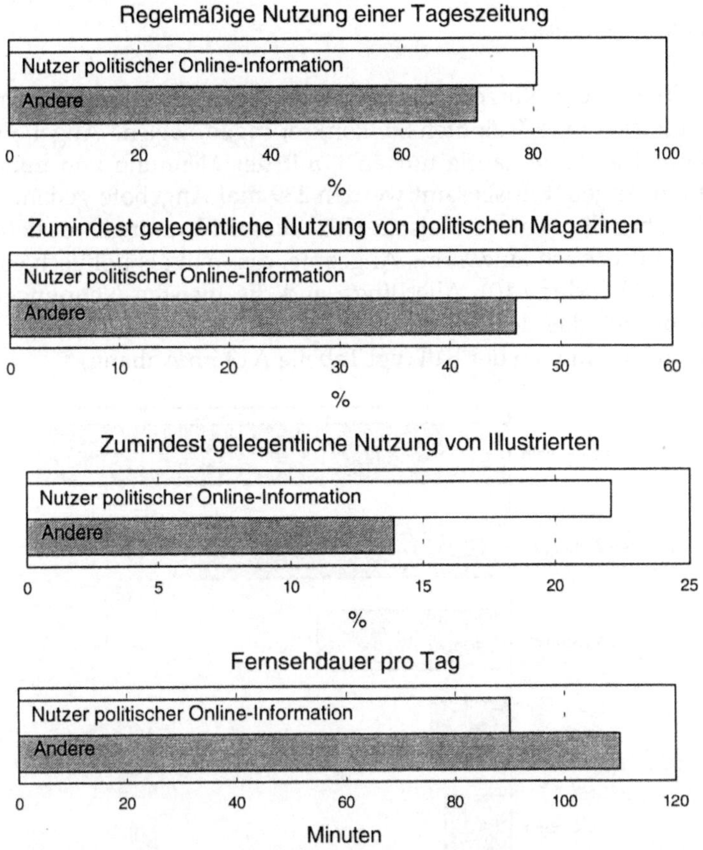

Abbildung 9: Nutzung von Massenmedien durch Nutzer politischer Information und andere Online-Nutzer im Vergleich
Basis: 654 Befragte, die Online-Medien zumindest teilweise privat nutzen.
„Lesen Sie regelmäßig oder gelegentlich eine Tageszeitung? Lesen Sie zumindest gelegentlich politische Magazine? Lesen Sie zumindest gelegentlich Illustrierte? Wieviele Minuten sehen Sie zur Zeit an einem normalen Werktag fern?"
Quelle: MC Online-Monitor I/96.

Genutzte Angebote

84 Prozent der Nutzer von politischen Angeboten beantworten ungestützt die Frage "Könnten Sie konkret sagen, welche Angebote Sie in dieser Kategorie häufig nutzen?" mit der Nennung von mindestens einem Angebot. Insgesamt werden 239 mal Angebote genannt. Nicht alle, aber die weitaus meisten (167) dieser Nennungen beziehen sich auch tatsächlich auf Online-Angebote, die man als politisch einstufen kann (Abbildung 10). Allerdings sind die meisten Nennungen nicht so konkret, daß der Anbieter namentlich genannt würde. Dies ist nur bei 60 Nennungen der Fall (vgl Tabelle A13 im Anhang).

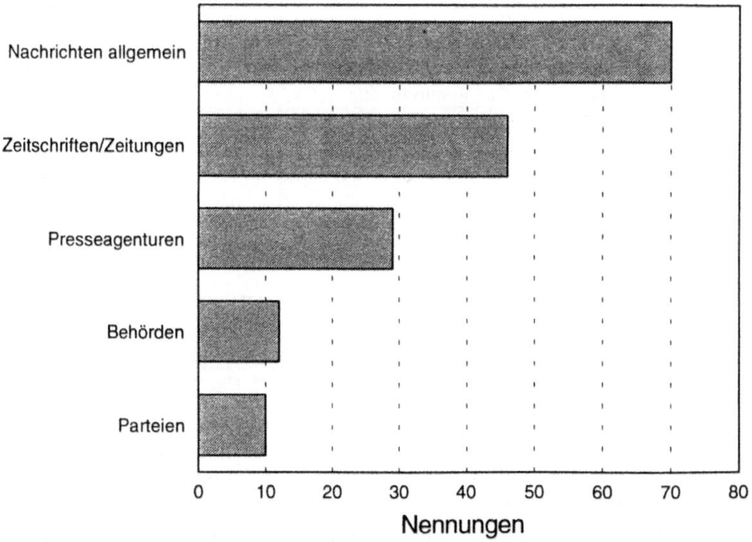

Abbildung 10: Anbieter von häufig genutzten politischen Informationsangeboten
Basis: 167 Nennungen von konkreten politischen Angeboten auf die Fragen: *„Sie haben gesagt, daß Sie die Kategorie Nachrichten, Wetter, Wirtschafts- und Sportnachrichten, Bürgerservice und Politik häufig nutzen. Könnten Sie konkret sagen, welche Angebote Sie in dieser Kategorie häufig nutzen?"*
Quelle: MC Online-Monitor I/96.

58 von 60 namentlich genannten Anbietern von politischen Informationsangeboten sind Pressemedien; nur zwei Nutzer nennen Ange-

bote von politischen Insitutionen beim Namen. Am häufigsten wird das Angebot der dpa (27 mal) und des SPIEGEL (16 mal) genannt. Außerdem werden Nachrichten aus unterschiedlichen Ressorts als häufig genutzte politische Angebote sehr oft erwähnt, ohne daß ein bestimmtes Medium als Anbieter benannt würde.

Die Vermutung, Internet und kommerzielle Online-Dienste könnten dazu führen, daß Bürger in größerem Umfang direkt auf Informationsangebote etwa von Behörden oder Parteien zugreifen, läßt sich bislang also nicht bestätigen. Politische Informationen, die über Online-Netze bezogen werden, stammen ganz überwiegend aus den traditionellen Quellen: den Massenmedien. Auch die Ergebnisse von Fittkau und Maaß (1997) belegen die zentrale Rolle von Online-Zeitungen und - Zeitschriften als Nachrichtenlieferanten im Netz (vgl. Tabelle A14 im Anhang).

Wie wichtig diese als Informationsquellen im Netz sind, belegen auch aktuelle Zugriffsstatistiken (vgl. Tabelle A1 im Anhang). Allerdings sind die meisten Online-Ausgaben, auch von Tageszeitungen und Zeitschriften aus dem Segment Politik/Wirtschaft, stark auf die dominierenden Informationsbedürfnisse der Online-Nutzer zugeschnitten: der politische Teil tritt zugunsten von Soft-News und Computer-Themen zurück. Die zum Teil beeindruckend hohen Zahlen von hunderttausenden PageViews und Visits,[6] die einige Online-Zeitschriften und -Zeitungen pro Monat verzeichnen, werden außerdem dadurch relativiert, daß der bloße Aufruf einer Seite als Zugriff zählt, egal wie lange er dauert und ob der Nutzer tasächlich Inhalte wahrnimmt. Wie aus dem Beitrag von Spott/Rieß/Zeh in diesem Band hervorgeht, erfolgt ungefähr die Hälfte der Zugriffe auf Online-Ausgabe der Süddeutschen Zeitung aus dem Ausland. Diese Form der Nutzung wird durch den MC Online Monitor nicht erfaßt, der nur für Deutsche Nutzer repräsentativ ist.

Leider läßt sich aus den Daten des MC Online Monitor auch die Art der Nutzung politischer Online-Informationen nicht ersehen: Wie häufig, regelmäßig oder auf welche Weise (z.B. Lesen, Download von

6 PageViews bezeichnen die Anzahl der Sichtkontakte beliebiger Benutzer mit einer einzelnen HTML-Seite. Visit bezeichnet einen zusammenhängenden Nutzungsvorgang (Besuch) eines WWW-Angebots. Als Nutzungsvorgang zählt ein technisch erfolgreicher Seitenzugriff eines Internet-Browsers auf das aktuelle Angebot, wenn er von außerhalb des Angebotes erfolgt.

Information, Kommunikation per E-Mail) diese Angebote genutzt werden, bleibt unklar. Daher ist es auch nicht möglich, genau zu beurteilen, wie intensiv die angegebenen Kontakte mit politischen Informationsangeboten sind und in welchem Umfang dabei die technischen Möglichkeiten zur Interaktivität genutzt werden. Freilich spricht die geringe Anzahl namentlich erinnerter Anbieter tendenziell für die Annahme, politische Informationsangebote im Netz würden nicht besonders intensiv genutzt.

Fazit

Die Relevanz von Online-Medien zur Herstellung politischer Öffentlichkeit ist derzeit durch deren geringe Nutzungsintensität beschränkt. Die Tagesreichweiten sind im Vergleich zu herkömmlichen Massenmedien verschwindend gering. Dabei kommt noch der größte Teil der Reichweiten von Internet und Online-Diensten durch berufliche Nutzung zustande. Die Frequenz und Dauer der Nutzung unter Verwendern für private Zwecke ist geringer als etwa bei Fernsehen, Radio oder Tageszeitungen. Dabei spielt es vermutlich eine Rolle, daß die Kosten für private Anwender von der Dauer der Online-Nutzung abhängen.

Als Nutzungszweck dominiert die Informationssuche gefolgt von interpersoneller Kommunikation und erst dann vom unterhaltungsorientierten Surfen im Netz. Als Besonderheit des Dienstes von T-Online erweist sich die häufige Verwendung für kommerzielle Transaktionen.

Zwar stößt die große Mehrheit der Nutzer in den Netzen zumindest gelegentlich auch auf aktuelle politische Inhalte. Doch die schwerpunktmäßig genutzten Inhalte haben mit Computern zu tun - vermutlich auch mit Erotik -, und gehören ganz überwiegend nicht in die politische Sphäre. Dies ist insofern bemerkenswert, als Online-Nutzer generell stark an Politik interessiert sind. Dieses Interesse ist aber offenbar mehrheitlich kein wesentlicher Grund dafür, Online-Medien zu verwenden.

Immerhin ein knappes Viertel der Onliner gibt aber an, häufig auf aktuelle politische Angebote in den Netzen zuzugreifen. Einige Anzeichen deuten auf einen eher passiven, nicht besonders intensiven

Charakter dieser Nutzung hin. Die Vermutung, daß durch Online-Medien in größerem Umfang direkte Kontakte zwischen politischen Primärakteuren zustande kommen, wird jedenfalls nicht bestätigt: Sofern von den Online-Nutzern häufig genutzte politische Informations-Angebote benannt werden, handelt es sich ganz überwiegend um Online-Angebote herkömmlicher Massenmedien - Zeitungen und Zeitschriften vor allem.

Häufige Nutzer von politischen Online-Angeboten unterscheiden sich von den übrigen Online-Nutzern dadurch, daß sie alleine leben und die Online-Medien sowie politische Information deutlich intensiver nutzen. Die Online-Medien bieten dieser Gruppe offenbar eine bequeme Möglichkeit, von zu Hause aus mit anderen in Kontakt zu treten. Dagegen werden die meisten herkömmlichen Massenmedien sogar intensiver genutzt. Die Ausnahme bildet das Fernsehen. Die Nutzung politischer Online-Information geht noch stärker als die Online-Nutzung generell mit verringerter Fernsehdauer einher.

Wie bei Sekundäranalysen üblich, konnten auch wir stellenweise die Untersuchung nicht in die gewünschte Tiefe treiben, weil die Daten nicht auf unsere Fragestellung zugeschnitten waren. Dies betriff vor allem Form, Interaktivitätsgrad und Intensität der politischen Online-Nutzung. Auch stehen alle Ergebnisse natürlich unter dem Vorbehalt, unter Umständen nur kurze Geltungsdauer zu haben. Durch das rasante Wachstum der Online-Nutzerschaft könnte sich auch deren Zusammensetzung schnell entscheidend ändern. Gerade dieser Aspekt macht deutlich, wie hilfreich Sekundärauswertungen von regelmäßig durchgeführten Repräsentativbefragungen aus der Marktforschung sein können, um politische und publizistische Implikationen der Ausbreitung von Online-Medien wissenschaftlich zu beobachten.

Literatur

Online-Quellen

BDZV (1997): Messung der Werbeträgerleistung von Online-Medien. Definition der Meßkriterien. WWW-Adresse: http://www.bdzv.de/verfahren.htm [10.9.1997].

Deutsches Network Informations-Center (1997): De-NIC: Das Wachstum der Rechner. WWW-Adresse: http://www.nic.de/Netcount/data/netStatHost.dat [10.9.1997].

Fittkau, Susanne/ Maaß, Holger (1997): Ergebniszusammenfassung der W3B-Umfrage April/Mai 1997. WWW-Adresse: http://www.w3b.de/w3b-1997/aprilmai/zusammenfassung.html [10.9.1997].

Focus Online (1997a): Mitgliederzahlen der Onlinedienste und Provider. WWW-Adresse: http://www.focus.de/DD/DD36/DD36G/dd36g.htm [10.9.1997].

Focus Online (1997b): Die Webhitparade im Juli. WWW-Adresse: http://db.focus.de:8080/DD/DD36/DD36A/dd36a.hbs?titel=alle [10.9.1997].

Focus Online (1997c): Meistgefragte Suchworte im WWW. WWW-Adresse: http://www.focus.de/DD/DD36/DD36E/dd36e.htm [10.9.1997].

Kolibri-Online GmbH (1997): Die Top 100 Suchbegriffe des Monats April. WWW-Adresse: http://www.kolibri.de/topten9704.html [12.9-1997].

Rilling, Rainer (1997): Auf dem Weg zur Cyberdemokratie? WWW-Adresse: http://staff-www.uni-marburg.de/~rillingr/bdweb/texte/cyberdemokratie-text.html [28.8.1997].

Print-Quellen

Coffey, Steve/Horst Stipp (1997): The Interactions between Computer and Television Usage, in: Journal of Advertising Research, Heft 2, S. 61-67.

Gleich, Uli (1997): Digitale Kommunikation: Nutzung, Chancen und Wirkung von Onlinemedien. ARD-Forschungsdienst, in: Media Perspektiven, Heft 8, S. 456-462.

Höflich, Joachim R. (1997): Zwischen massenmedialer und technisch vermittelter inmterpersonaler Kommunikation - der Computer als Hybridmedium und was die Menschen damit machen, in: Beck, Klaus/ Vowe, Gerhard (Hrsg.): Computernetze - ein Medium öffentlicher Kommunikation? Berlin, S. 85-104.

Kiefer, Marie-Luise (1996): Massenkommunikation 1995. Ergebnisse der siebten Welle der Langzeitstudie zur Mediennutzung und Medienbewertung, in: Media Perspektiven, Heft 5, S. 234-248.

Schulze, Gerhard (1995): Neue Mediengesellschaft: Droht das Kaspar-Hauser-Syndrom? In: Tendenz, Heft 3, S. 42-44.

Siegele, Ludwig (1996): Die Blütezeit klassischer Online-Dienste ist vorbei. Süddeutsche Zeitung vom 14.3.1996.

Stipp, Horst (1991): Will the Digital Technologies Revolutioníze TV-Viewing? The First US-Research Findings from the „Infobahn", in: Böhme-Dürr, Karin/ Graf, Gerhard (Hrsg.): Auf der Suche nach dem Publikum. Konstanz, S. 273-292.

Werner, Andreas (1996): Männlich, jung, gebildet sucht ... - Mediaplanung im Internet: Empirische Ergebnisse zur Demographie der Onliner, in: Media Spektrum, Heft 10, S. 41-43.

Werner, Andreas (1997): Medien- und Kommunikationsforschung in digitalen Online-Umwelten, in: Beck, Klaus/ Vowe, Gerhard (Hrsg.): Computernetze - ein Medium öffentlicher Kommunikation? Berlin, S. 227-43.

Zimmer, Jochen (1995): Online-Dienste für ein Massenpublikum? Die Expansion des Online-Marktes in Deutschland, in: Media Perspektiven, Heft 10, S. 476-488.

Zimmer, Jochen (1996): Profile und Potentiale der Onlinenutzung. Ergebnisse erster Onlinemarktstudien in Deutschland, in: Media Perspektiven, Heft 9, S. 487-492.

Anhang

Tabelle A1: Die meistgenutzen Online-Publikationen im Bereich „general interest" laut VDZ-Statistik des Verbands Deutscher Zeitungsverleger für Juli 1997, laut FOCUS Online

Rang	Titel	PageViews*	Visits**
1	FOCUS Online	3.761.791	1.027.556
2	TraXXX	1.992.507	513.832
3	TV TODAY ONLINE	1.804.306	472.568
4	ProSieben Online	1.655.385	560.109
5	CompuServe	1.594.425	947.132
6	DIE WELT online	1.502.663	333.612
7	SPIEGEL ONLINE	1.400.610	362.041
8	RP-online	1.148.406	328.978
9	STERN online	1.145.961	380.095
10	taz, die tageszeitung.digitaz	970.677	228.733
11	TV Spielfilm Online	809.847	244.031
12	DIE ZEIT IM INTERNET	771.962	217.650
13	UNICUM Online	592.883	39.345
14	Allegra	578.638	95.400
15	TV MOVIE ONLINE	490.753	145.051
16	GEO-Explorer	328.084	85.401
17	MAX Online	226.100	64.900
18	Frankfurter Rundschau online	175.440	75.522
19	Fit for Fun Online	158.751	44.818
20	Frankfurter Allgemeine online	126.428	36.875

Quelle: Focus Online (1997). WWW-Adresse: http://db.focus.de:8080/DD/DD36/DD36A/dd36a.hbs?titel=alle [10.9.1997]

* **PageViews** bezeichnen die Anzahl der Sichtkontakte beliebiger Benutzer mit einer potentiell werbeführenden HTML-Seite. Sie liefern ein Maß für die Nutzung einzelner Seiten eines Angebotes.

** **Visit** bezeichnet einen zusammenhängenden Nutzungsvorgang (Besuch) eines WWW-Angebots. Er definiert den Werbeträgerkontakt. Als Nutzungsvorgang zählt ein technisch erfolgreicher Seitenzugriff eines Internet-Browsers auf das aktuelle Angebot, wenn er von außerhalb des Angebotes erfolgt.

Quelle: BDZV (1997): Messung der Werbeträgerleistung von Online-Medien. Definition der Meßkriterien. WWW-Adresse: http://www.bdzv.de/verfahren.htm, vom 10.9.1997.

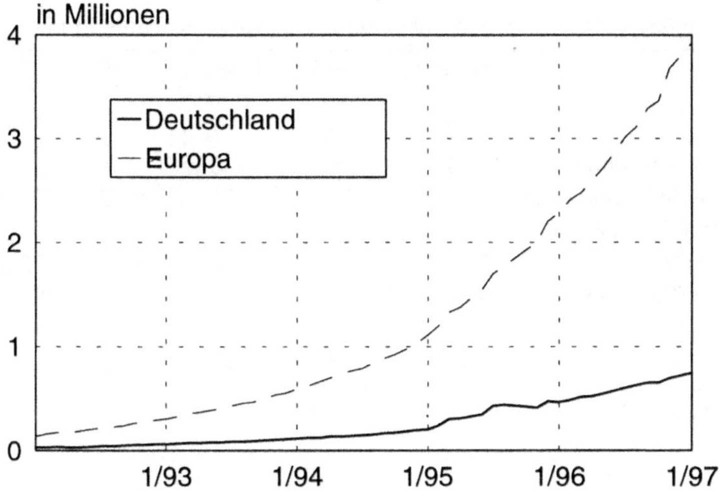

Abbildung A1: Anzahl von Host-Rechnern im Internet
Ermittelt durch Zählung von Adressen (Domains).
Quelle: Deutsches Network Informations-Center (1997): Das Wachstum der Rechner. WWW-Adresse:
http://www.nic.de/Netcount/data/netStatHost.dat [10.9.1997].

Tabelle A2: Nutzerschaft einzelner Online-Dienste nach Alter

	Internet	T-Online	Compu Serve	MSN	AOL
	%	%	%	%	%
14-19 Jahre	3,1	1,8	10,1	2,7	8,7
20-29 Jahre	41,5	27,6	34,2	29,5	32,3
30-39 Jahre	28,1	29,9	27,1	23,1	27,5
40-49 Jahre	16,8	24,8	15,0	26,0	17,9
50-59 Jahre	9,5	11,6	12,7	14,3	11,6
60-69 Jahre	1,1	3,9	0,8	4,3	2,0
70 u.m.Jahre	0,0	0,2	0,0	0,0	0,0
Fälle	163	155	63	72	25

Quelle: TdWI 1996/97.

Tabelle A3: Nutzerschaft einzelner Online-Dienste nach Schulbildung

	Internet	T-Online	Compu Serve	MSN	AOL
	%	%	%	%	%
Volksschule ohneLehre	1,1	0,8	2,0	3,8	0,0
Volksschule mit Lehre	7,0	17,0	7,2	20,7	24,1
Weiterführende Schule ohne Abitur	26,7	37,3	31,9	43,6	22,8
Abitur/Studium	65,2	44,9	58,8	31,9	53,1
Fälle	163	155	63	72	25

Quelle: TdWI 1996/97.

Tabelle A4: Nutzerschaft einzelner Online-Dienste nach Einkommen

	Internet	T-Online	Compu Serve	MSN	AOL
	%	%	%	%	%
unter 1500 DM	1,6	1,3	0,2	1,1	2,4
1.500 bis u. 2.000 DM	5,8	1,0	4,4	4,0	0,0
2.000 bis u. 2.500 DM	2,8	1,2	1,6	1,4	0,9
2.500 bis u. 3.000 DM	6,2	8,2	3,9	13,6	19,1
3.000 bis u. 3.500 DM	9,6	8,4	10,7	12,3	2,0
3.500 bis u. 4.000 DM	7,3	7,6	2,4	7,4	7,3
4.000 bis u. 5.000 DM	12,8	21,4	10,4	24,7	3,9
5.000 bis u. 6.000 DM	11,9	16,6	26,3	13,1	21,5
Fälle	163	155	63	72	25

Quelle: TdWI 1996/97.

Tabelle A5: Nutzerschaft einzelner Online-Dienste nach Berufstätigkeit

	Internet	T-Online	Compu Serve	MSN	AOL
	%	%	%	%	%
Azubi./Schüler/Student	26,9	11,9	24,3	10,6	18,4
berufstätig	70,2	81,2	68,7	82,3	80,7
Rentner/Pensionär	0,7	1,5	0,4	4,6	0,9
nicht berufstätig	2,3	5,4	6,7	2,5	0,0
Fälle	163	155	63	72	25

Quelle: TdWI 1996/97.

Tabelle A6: Nutzung politischer Online-Information nach Geschlecht

	männlich	weiblich
	%	%
keine	77	80
häufige	23	20
Fälle	538	116

Quelle: MC Online-Monitor I/96.

Tabelle A7: Nutzung politischer Online-Information nach Bildung

	Volksschule ohne Abschluß	Volksschule mit Abschluß	Mittlere Reife,	Abitur, Fachabitur	Hochschule ohne Abschluß	Hochschule mit Abschluß
	%	%	%	%	%	%
keine	100	82	78	77	75	76
häufige	0	19	22	23	25	24
Fälle	4	65	179	126	28	232

Quelle: MC Online-Monitor I/96.

Tabelle A8: Nutzung politischer Online-Information nach Haushaltsgröße

	Einpersonen-Haushalte	Mehrpersonen-Haushalte
	%	%
keine	67	79
häufige	33	21
Fälle	115	539

Quelle: MC Online-Monitor I/96.

Tabelle A9: Nutzung politischer Online-Information nach Größe des Wohnortes

	unter 5.000	5.000 bis 20.000	20.000 bis 100.000	100.000 bis unter 500.000	500.000 und mehr
	%	%	%	%	%
keine	84	83	75	79	73
häufige	16	17	25	21	27
Fälle	88	94	133	87	252

Quelle: MC Online-Monitor I/96.

Tabelle A10: Nutzung politischer Online-Information nach Haushaltseinkommen

	unter DM 1.000	1.000 bis 2.000	2.000 bis 3.000	3.000 bis 4.000	4.000 bis 5.000	über 5.000
	%	%	%	%	%	%
keine	100	94	66	70	80	78
häufige		6	34	30	20	22
Fälle	4	16	44	97	98	191

Quelle: MC Online-Monitor I/96.

Tabelle A11: Nutzung politischer Online-Information nach Altersgruppen

	unter 26	26-35	36-45	46-55	über 55
	%	%	%	%	%
keine	76	78	72	91	74
häufige	24	22	28	9	26
Fälle	75	230	226	88	35

Quelle: MC Online-Monitor I/96.

Tabelle A12: Nutzung politischer Online-Information nach Berufsgruppen

	voll berufs-tätig	halbtags berufs-tätig	Schüler	Student	in Aus-bildung	zur Zeit arbeits-los	Hausfrau /Haus-mann	Rentner/ Pensionär
	%	%	%	%	%	%	%	%
keine	76	81	86	71	78	95	95	61
häufige	24	19	14	29	22	5	5	39
Fälle	474	21	28	56	9	21	20	18

Quelle: MC Online-Monitor I/96.

Tabelle A13: Ungestützte Nennung von häufig genutzten Angeboten aus den Bereichen Nachrichten und Bürgerservice/Politik

	n		n
Nachrichten allgemein	70	Nachrichten allgemein	48
		Wirtschaftsnachrichten	13
		Nachrichten aus dem Ausland	5
		Lokal-/Regionalnachrichten	4
Zeitschriften/Zeitungen	46	Zeitschriften/Zeitungen allgem.	16
		Spiegel	16
		Focus	7
		Die Zeit	3
		Stern	2
		FAZ	1
		taz	1
Presseagenturen	29	Presseagenturen allgemein	1
		dpa	27
		CNN	1
Angebote von Behörden	12	Behörden allgemein	3
		Städte/Regionen	4
		Stadtverwaltungen	4
		Bundestag	1
Angebote von Parteien	10	Parteien allgemein	9
		Angebote der SPD	1
Zwischensumme	167		167
Unpolitisch/ unkonkret	72	Wetternachrichten	30
		DWD Deutscher Wetterdienst	8
		Sportnachrichten	16
		Datenbanken/Statistiken	3
		Sonstige einzelne Anbieter	3
		Politik allgemein	12
Gesamt	239		239

Quelle: MC Online-Monitor I/96.

Anworten auf die Fragen:

„Sie haben gesagt, daß Sie die Kategorie Nachrichten, Wetter, Wirtschafts- und Sportnachrichten (die Kategorie Bürgerservice und Politik) häufig nutzen. Könnten Sie konkret sagen, welche Angebote Sie in dieser Kategorie häufig nutzen?"

Tabelle A14: Kompetenz ausgewählter Medien für aktuelle Nachrichten und Information, nach Einschätzung von Online-Nutzern in Prozent

"Welche WWW-Angebote sind Ihrer Meinung nach besonders kompetent in Bezug auf die folgenden Inhalte?"

Online-Tageszeitungen (z.B. Welt, Bild)	74,4
Online-Magazine (z.B. Spiegel, Stern)	43,1
Online-Angebote von TV-Sendern (z.B. ARD, Pro7)	20,6
Online-Wirtschaftszeitschriften (z.B. Handelsblatt)	12,4

Quelle: Fittkau/Maaß (1997).
Basis: Antworten von 16.299 deutschsprachigen Nutzern auf Online-Fragebogen.

Nutzung von Online-Zeitungen

Betrachtungen am Fallbeispiel SZ_{on}Net

Markus Spott, Martin Rieß & Reimar Zeh

Die Online-Zeitung

Die Online-Zeitung, in der Literatur auch elektronische oder digitale Zeitung genannt, kann – je nach Anbieter – verschiedene Formen annehmen (Holicki 1996:188). Wir verstehen hierunter ein Angebot in einem Online-Medium wie dem WWW oder einem proprietären Online-Dienst. Die elektronische Verfügbarkeit von Zeitungsinhalten begann Mitte der achtziger Jahre zunächst damit, daß Zeitungen und Zeitschriften ihre Inhalte bzw. Archive als Datenbankdienste zugänglich machten. Als weitere Angebote sind Audio-, Text- und Fax-Dienste hinzugekommen, über welche zusätzliche Informationen abgefragt und übermittelt werden können. Darüber hinaus gibt es mehrere Formen elektronischer Präsenz von Zeitungen. Eine davon ist, die tägliche Ausgabe auch zum Lesen am PC bereitzustellen, etwa in Zusammenarbeit mit einem kommerziellen Online-Dienst. Ein anderer Weg besteht in der Einrichtung lokaler *Mailbox*en zusätzlich zur Zeitung (Wilke 1996:12). Schließlich läßt sich den Lesern und Anzeigenkunden der Zugang zur Zeitung auch im *Internet*, genauer gesagt im *World Wide Web*, eröffnen. Diese Form der Online-Zeitung wird hier als Fallbeispiel der SZ_{on}Net vorgestellt. Diese Publikationsplattform bietet sowohl den Nutzern kommerzieller Online-Dienste als auch den Nutzern mit direktem Internet-Anschluß Zugang zum Online-Angebot.

Die Online-Zeitung im Vergleich mit der gedruckten Ausgabe

Der Begriff "Online-Zeitung" ist kritisch zu betrachten im Hinblick auf die Wesensmerkmale, welche eine Zeitung beschreiben: Publizität, Aktualität, Universalität und Periodizität. Was die Publizität und die Universalität betrifft, so kann nicht jeder der neuen Dienste uneingeschränkt als Zeitung bezeichnet werden. Etwas weiter gefaßt wird als Online-Zeitung das Internet-Angebot eines Zeitungsverlags verstanden.

Die Online-Zeitung muß dem Nutzer einen Mehrwert bieten. Eins-zu-Eins-Versionen der Printtitel veranlassen die wenigsten Leser, das Medium zu wechseln (Heijnk 1996:21; Riefler 1996b:546). Das bestätigen auch Erfahrungen verschiedener US-amerikanischer Zeitungsverlage (Riefler 1995:29). Neben den puren Informationen, die im Informationszeitalter überall zu bekommen sind, werden zunehmend bessere Problemlösungen verlangt. Die dabei vielgepriesene erforderliche Aktivität des Rezipienten wird dadurch relativiert, daß er nur aus denjenigen Informationen auswählen kann, die ihm auch angeboten werden (Früh 1991:31).

Einige wesentliche Kriterien charakterisieren die Online-Zeitung, durch die sie sich vom Printmedium abhebt und somit für den Nutzer interessant wird. Die Spezifika des neuen Mediums bestehen vor allem in Aktualität, Individualität sowie Interaktivität verbunden mit multimedialer Darstellbarkeit und prinzipiell unbeschränktem Umfang (Polatschek 1996:54).

Anders als die täglich erscheinende Printausgabe bietet die Online-Zeitung die Möglichkeit, neue Nachrichten ereignisaktuell, etwa in Form eines Nachrichtentickers, zu veröffentlichen (Boualit/Clausmeyer 1995:323). Das bedeutet, sie ist nicht an einen bestimmten Erscheinungszeitpunkt gebunden, der von Redaktionsschluß, Druckbeginn, Vertrieb oder ähnlichem abhängt, sondern kann laufend aktualisiert werden. Diese unterschiedlichen Aktualitätsstufen ermöglichen es dem Leser, zu jeder Tageszeit auf dem neuesten Informationsstand zu sein.

Informationen können flexibler präsentiert werden als in der sequentiellen Form der Printmedien. Nicht linearer Text bildet die Organisationsstruktur, sondern netzwerkartig oder hierarchisch miteinander verknüpfte Informationseinheiten im Hypertextformat

(Schweiger 1996a:43). Aus technischer Sicht ist das Online-Angebot im Gegensatz zur gedruckten Zeitung keinen prinzipiellen Platzbeschränkungen unterworfen (Riefler 1995:29). Der Leser ist dadurch in der Lage, weitere Details oder Verweise zu einem ihn interessierenden Thema durch Anklicken eines hervorgehobenen Texts, Symbols (*Button*) oder einer Abbildung zu erhalten.

Interaktivität gilt als das Schlüsselwort der neuen Medien. Ein Mindestmaß an Interaktivität wird allein schon für die Auswahl der Informationen benötigt, die der Leser auf den Bildschirm holt. Weitere Anwendungsgebiete interaktiver Kommunikation erstrecken sich auf Meinungsumfragen oder auf elektronische Diskussionsrunden (*Chat-Forum*) von Lesern untereinander bzw. zwischen Lesern und Redakteuren der Zeitung. Durch interaktive Dienste wie Spiele und Rätsel, Veranstaltungskalender mit Vorverkauf bzw. Reservierung für Theater oder Sportereignisse kann ein Online-Angebot auf diese Weise in den Alltag der Nutzer integriert werden und dadurch zur regelmäßigen sowie häufigen Nutzung führen (Grüne/Urlings 1996: 495).

Ein echter Mehrwert, der dem Nutzer auch ein gewisses Maß an Interaktivität abverlangt, ist die Möglichkeit des automatischen Suchens. Die Funktion der computerunterstützten Textrecherche eröffnet eine ganze Reihe neuer Möglichkeiten, sowohl im gezielten Zugriff auf Nachrichten oder Service-Informationen als auch im Bereich von Anzeigen - insbesondere Kleinanzeigen (Boualit/Clausmeyer 1995:324). Dies läßt sich ausbauen bishin zu statistischen Auswertungen.

Interne Suchfunktionen beziehen sich jedoch in erster Linie auf recherchierbare Zeitungsarchive. Diese Möglichkeit gibt Zeitungstexten eine zusätzliche Wertdimension, die über die reine Darbietung tagesaktueller Information hinausführt. In der Tat behalten viele Beiträge ihre Relevanz für den Leser noch lange nach ihrer ersten Veröffentlichung.

Neben dem bereits vorselektierten aber umfangreichen Informationspaket der Tageszeitung erlaubt das sogenannte "Publishing on demand" außerdem das Eingehen auf individuelle Nutzerwünsche. Der Leser kann sich hierbei eine nach seinem persönlichen Interessenprofil zusammengestellte Auswahl von Nachrichten per elektronischer Post zuschicken lassen. Die Online-Zeitung richtet sich zwar grundsätzlich an alle, kann sich aber durch bedürfnisbezogene Selektion auf jede bestimmte Zielgruppe einstellen. Die Chance der Online-Zeitung könnte darin zu sehen sein, daß im Medienverhalten insgesamt "habitualisierte und normierte Verhaltensmuster eher zurückgedrängt wurden, während sich individuelle, persönlichkeitsgeprägte in den Vordergrund schoben"(Saxer et al. 1989:7). In bezug auf die Merkmale Publizität sowie Universalität ist jedoch zweifelhaft, ob es sich hierbei noch um eine Zeitung per definitionem handelt.

Ein weiteres Schlüsselwort in der Welt der neuen Medien heißt Multimedia.[1] Zusätzlich zu Texten, Grafiken und Fotos ermöglichen Online-Medien die Einbeziehung von Sprache und Ton, Animationsgrafik und Bewegtbild (Boualit/Clausmeyer 1995:323). Der Nutzer kann kurze Ton- und Videosequenzen abrufen, z.B. aus Interviews, Reden, Sportereignissen oder Konzerten. Diese können Interviews, Ausschnitte bedeutender Reden, entscheidende Sportszenen oder Konzertausschnitte übertragen.

Nicholas Negroponte, einer der weltweit führenden Experten auf dem Gebiet der Kommunikationstechnologie, sieht es als Besonderheit von Multimedia an, daß eine Botschaft - ausgehend von den selben Daten - verschiedene Verkörperungen annehmen kann (Negroponte 1995). Erst der Nutzer entscheidet, in welcher Form er die Daten serviert haben möchte. Dies bedeutet einen Gewinn an Individualität beim Umgang mit dem Medium.

Nicht zuletzt setzt die Verbreitung von Online-Zeitungen im Datennetz praktisch keine geographischen Grenzen. Sie kann, einmal eingegeben, von jedem Ort der Welt schnell und aktuell abgerufen werden.

Für alle der hier vorgestellten Anwendungsmöglichkeiten, die dem Leser einer Online-Zeitung einen Zusatznutzen bringen, läßt sich durch flexible Preisgestaltung eine individuelle Abrechnung der nachgefragten Leistungen vornehmen. Dem Abonnement auf der einen Seite steht die nutzungsabhängige Rechnungsstellung, bezogen auf Anschlußdauer oder abgerufene Informationsmengen, gegenüber. Außerdem könnte es möglich sein, unterschiedliche Preise für

1 1995 erklärte die Jury der Gesellschaft für deutsche Sprache (GfdS) den Begriff "Multimedia" zum Wort des Jahres (vgl. Wilke, 1996: 3).

unterschiedliche Informationen zu erheben, sei es im Bereich Nachrichten, Service, Hintergrund oder Anzeigen. Die Preisgestaltung kann auch die Aktualität der Information berücksichtigen. Für den Leser bedeutet dies, daß er lediglich das bezahlt, was er auch liest.

Diesen Neuerungen und Vorzügen der Online-Zeitung stehen allerdings auch einige Nachteile gegenüber, welche die Stärke der Tageszeitung im Printformat ausmachen. Hierzu zählen vor allem der einfache und problemlose Umgang mit der Zeitung sowie die flexiblen Nutzungsmöglichkeiten an fast jedem Ort sowie der günstigere Preis im Vergleich zum Online-Abruf: Für den Preis einer SZ kann man maximal 25 Minuten online gehen.[2]

Untersuchungen ergaben außerdem, daß die Lesefreundlichkeit und das Verständlichkeit von *Hypertext*en geringer ist als von Papiertexten (Schweiger 1996b:343). Die anspruchsvolle Bedienung der Online-Zeitung spricht also für die gedruckte Zeitung. Für die Nutzung des neuen Mediums ist eine hohe Bedienungskompetenz erforderlich, die in der Regel, aufgrund mangelnder Erfahrung, mit zunehmendem Alter abnimmt.

Ein wichtiger Aspekt im Hinblick auf die individuell zusammenstellbare Online-Zeitung ist die Tatsache, daß die gedruckte Zeitung eine Fülle von Informationen bereitstellt, und zwar auch solche, die den Leser nicht interessieren oder von denen er nicht dachte, daß sie ihn interessieren würden. Dieser Überraschungseffekt ist für viele Leser ein Motiv, Zeitung zu lesen: Ihr Lesevergnügen besteht darin, etwas zu erfahren, was sie nicht erwartet haben. Interaktive Informationsangebote verlangen jedoch vom Nutzer mehr Selbständigkeit: aktive Informationssuche, Auswahlentscheidungen vorab, sowie das Akzeptieren der Tatsache, lediglich über einen winzigen Ausschnitt aus der Informationsfülle auf Kosten eines Gesamtüberblicks zu erhalten, denn in den elektronischen Angeboten bekommen die Nutzer nur, was sie sich mehr oder weniger komfortabel zusammenstellen (Holicki 1996:189; Mast 1996:101).

Als Nachteil gegenüber dem tradionellen Printmedium können auch die technischen Vorrausetzungen zur Nutzung einer Online-Zeitung angesehen werden. Diese fordert vom Nutzer eine hohe

---

2 Werktags zwischen 9.00 - 18.00 Uhr City-Tarif der Deutschen Telekom, ohne Provider-Gebühren.

Medienkompetenz. Dies umfaßt auf der technischen Seite als Mindestausstattung einen Rechner, Kommunikationssoftware, *Modem* und Telefon- oder *ISDN*-Anschluß. Den Zugang zum *Internet* erlangt man dabei über reine *Internet-Provider* oder kommerzielle Online-Dienste wie CompuServe, AOL oder T-Online. Repräsentative Studien ermittelten eine Haushaltsausstattung der deutschen Bevölkerung mit PC von 19%, davon 4 Prozentpunkte mit Modem bzw. Onlineanschluß (vgl. den beitrag von Hagen/Mayer in diesem Band).

Die Nutzer wählen sich mit unterschiedlicher Übertragungsgeschwindigkeit ein. Sie wird in *bps* (bits per second) gemessen. Die Übertragungsrate der *Modem*s spielt daher eine wichtige Rolle im Hinblick auf die Geschwindigkeit eines Seitenaufbaus. 77% der deutschen Onliner halten eine schnelle Übertragungsgeschwindigkeit für sehr wichtig (Zimmer 1996:25).

Jeweils etwa 30% der deutschen Onliner wählen sich mit bis zu 28.8 Kilo-bps oder bis zu 64 Kilo-bps (*ISDN*) in das *Internet* ein (Fittkau/Maaß 1997:16).

Zwischen den üblichen Datenübertragungsraten der herkömmlichen *Modem*s bestehen also erhebliche Unterschiede in der Geschwindigkeit des Seitenaufbaus. Je aufwendiger eine Seite gestaltet ist (viele Graphiken, bewegte Animationen), desto mehr bytes muß der User auf seinem Rechner laden und desto länger wird entsprechend die Wartezeit. Ein schneller Seitenaufbau hingegen motiviert den Nutzer eher, bei der *Website* zu verweilen.

Tabelle 1: Zusammenhang zwischen Übertragungsrate und Geschwindigkeit des Seitenaufbaus am Beispiel der SZonNet-Homepage

Übertragungsgeschwindigkeit	*Wartezeit*
14.400 bps	ca 34 sec.
19.200 bps	ca 27 sec.
28.800 bps	ca 17 sec.
36.600 bps	ca 13 sec.
64.000 bps (ISDN)	ca 8 sec

Das Fallbeispiel $SZ_{on}Net$

Wie wichtig die bislang angesprochenen Vor- und Nachteile von Online-Zeitungen für deren Nutzer sind, soll im folgenden am Beispiel der $SZ_{on}Net$ untersucht werden. Dabei stehen die folgenden Fragen im Vordergrund: Wie intensiv und auf welche Weise wird die Online-Zeitung genutzt - gerade auch im Vergleich zur Printausgabe? Welche Bedürfnisse stehen hinter der Nutzung und in welchem Ausmaß werden diese durch das Angebot der $SZ_{on}Net$ erfüllt.

Methodische Anlage der Studie

Die Erhebung wurde in Form einer schriftlichen Online-Befragung durchgeführt. Innerhalb des Erhebungszeitraums war der Fragebogen im *Internet* unter der Adresse http://szonnet.irt.de/prototyp/fragebog/fragebog.htm veröffentlicht, der von den $SZ_{on}Net$-Lesern online ausgefüllt und (als E-Mail) abgeschickt werden konnte.

Die Teilnahme erfolgte anonym. Die Befragung umfaßte 17 Sach- sowie sechs Personenfragen. Das Ausfüllen des Fragebogens beanspruchte – je nach Umfang der Antworten auf offene Zusatzfragen – zwischen fünf und zehn Minuten. Hierauf wurde der Befragte zu Beginn des Fragebogens hingewiesen. Der Fragebogen ließ sich nur in der vorbestimmten Weise durch Mausklick bzw. Eingabe per Tastatur ausfüllen und ermöglichte sofortige Korrekturen. Die Fragen waren vorwiegend standardisiert und direkt formuliert.

Das Themenspektrum der Online-Befragung orientiert sich an potentiellen Bedürfnissen bei der Auswahl und Nutzung einer Online-Zeitung am Beispiel der *Süddeutschen Zeitung*. Die Umfrage sollte gleichzeitig den $SZ_{on}Net$-Lesern eine Gelegenheit zur Meinungsäußerung und Bewertung des Angebots geben.

Die 23 Fragen decken folgende Themenbereiche ab: Bezug zur Printausgabe, Nutzungsverhalten, Motive der Nutzung von Online-Zeitungen, Beurteilung des Online-Angebots, Demographie.

Für die Erstellung des Fragenkataloges wurden weiterhin dem Süddeutschen Verlag zugegangene E-Mails herangezogen, die einen ersten Eindruck von den Anliegen der Leser vermittelten.

Zu den operationalisierten Dimensionen zählen Auswahlkriterien, Nutzungsmotive, Nutzungshäufigkeiten, Wünsche und Bedürfnisse der SZ_{on}Net-Leser bezüglich Online-Zeitungen generell sowie SZ_{on}-Net speziell.[3]

Auswahlgrundlage waren alle Personen, welche innerhalb des gut zweimonatigen Erhebungszeitraums (21.12.1996 bis 03.3.1997) online das Angebot der SZ_{on}Net besucht haben. Der Fragebogen war über ein *Link* auf der *Homepage* der SZ_{on}Net (http://www.sueddeutsche.de) direkt zu erreichen, was eine hohe Selbstselektion zur Folge hatte. Während des Erhebungszeitraums wurden auf der *Homepage* 166.877 *Page Views* registriert. Die Anzahl der *Page Views* auf der Befragungsseite konnte leider nicht ermittelt werden, so daß über eine erzielte Rücklaufquote keine Angaben gemacht werden können.

Auf Incentives wie z. B. die Verlosung von SZ-Abonnements wurde aufgrund möglicher Verzerrungen der Stichprobe verzichtet. Um einen angemessenen Rücklauf zu erhalten, wurde der Leser zur Teilnahme mit dem Hinweis aktiviert, seine Meinung stelle einen wichtigen Beitrag zur Verbesserung "seiner" Online-Zeitung dar.

Die Auswahlmethode führte innerhalb des Erhebungszeitraums zu einem Stichprobenumfang von 1.076 Teilnehmern bzw. auswertbaren Fragebögen. In die Zusammensetzung der Stichprobe wurde eingegriffen, um nicht verwertbare Fragebögen auszuschließen. Das betraf insbesondere weitgehend unvollständig ausgefüllte, doppelte oder in sich widersprüchliche Rückantworten. Insgesamt waren davon 28 Fälle betroffen, somit gingen 1048 Fragebögen in die Auswertung ein.

Die Stichprobe wurde zudem gemäß des Rücklaufs in zweiwöchige Zeiträume aufgeteilt, um Erfahrungswerte über eine sinnvolle Dauer zur Durchführung von Online-Befragungen zu erhalten. Für die einzelnen Zeitabschnitte wurden Daten und Veränderungen der soziodemographischen Struktur der Teilnehmer protokolliert.

Die Stichprobe wurde gemäß ihres Rücklaufs in fünf zweiwöchige Zeitabschnitte unterteilt. Hierbei muß jedoch darauf hingewiesen werden, daß die erste Periode in die Weihnachtsferien fiel. Daher steigt in den Folgeperioden der Studentenanteil deutlich, bei gleich-

3 Eine vollständige Version des Fragebogens befindet sich im Anhang dieses Beitrags.

zeitig kontinuierlichem Sinken des Durchschnittsalters der Testkandidaten.

Läßt man diese erste Periode unberücksichtigt, so unterscheiden sich Anteile von soziodemographischen Segmenten in allen folgenden Perioden um maximal 5 Prozentpunkte.

Insgesamt gesehen kristallisiert sich also bereits nach dem ersten zweiwöchigen Zeitraum (saisonaler Effekt ausgeklammert) die Struktur der Gesamtstichprobe heraus. Dies deutet darauf hin, daß bei Online-Befragungen auf hinreichend frequentierten *Web-Sites* bereits relativ kurze Befragungszeiträume ausreichen, um stabile Ergebnisse zu erreichen. Angesichts des insgesamt (noch) hohen Studentenanteils unter den Onlinern, ist bei Umfragen dieser Art jedoch darauf zu achten, den Befragungszeitraum nicht komplett in die vorlesungsfreie Zeit zu legen.

Diese Befragung erhebt keinen Anspruch auf Repräsentativität für die Nutzer von $SZ_{on}Net$ oder von Online-Zeitungen allgemein. Darauf kam es uns hier aber nicht an. Es geht vielmehr darum, verschiedene Interessen und Motivlagen aufzudecken, allenfalls, deren Bedeutsamkeit grob abzuschätzen. Zudem werden die Ergebnisse der Befragung im Zusammenhang mit Daten über das Nutzungsverhalten aller $SZ_{on}Net$-Nutzer interpretiert, wie sie sich aus Zugriffsstatistiken für den Februar 1997 ergeben.[4]

Möglichkeiten und Probleme von Online-Befragungen werden im folgenden Exkurs ausführlicher diskutiert, bevor im Abschnitt Soziodemographie der Befragten auf Ergebnisse eingegangen wird.

Exkurs: Befragungen im Internet

Bei Befragungen, die direkt *Internet* durchgeführt werden, kann danach unterschieden werden, ob der Untersuchungsgegenstand das Verhalten im *Internet* selbst sein soll oder ob das Medium *Internet* lediglich als Hilfsmittel zur Untersuchung nicht ans *Internet* gebundener Verhaltens- und Erlebnisweisen genutzt wird.

---

4 Zum Verfahren der Zugriffsstatistik und seinen Problemen vgl. die Ausführungen auf den Web-Seiten des BDZV (http://www.bdzv.de/verfahren.htm [03.09.1997].

Zur Zusammensetzung der Online-Nutzer und ihrer Verhaltensweisen gibt es inzwischen eine Reihe von Untersuchungen.[5] Es handelt sich dabei einerseits um telefonische oder persönlich/mündliche Interviews auf der Basis einer repräsentativen Stichprobe und andererseits um Online-Befragungen direkt im *Internet*. Die Methode der Online-Befragung, wie sie auch im vorliegenden Fall verwendet wird, unterscheidet sich jedoch in wesentlichen Punkten von den klassischen Erhebungsarten.

Vor der Beschreibung ihrer methodischen Anlage werden zunächst einige allgemeine Vor- und Nachteile erläutert, die bei Zuhilfenahme dieses neuen Mediums im Rahmen empirischer Sozialforschung entstehen.[6]

Das *Internet* bietet Zugang zu einer großen Anzahl über die ganze Welt verstreuter potentieller Versuchspersonen, deren Teilnahme an Online-Erhebungen auf freiwilliger Basis erfolgt. Zudem ist die Anonymität der Befragten – in Abhängigkeit vom verwendeten Verfahren – gewährleistet, was die Teilnahmebereitschaft positiv beeinflussen kann.

Durch das Fehlen direkter Interaktion zwischen Interviewer und interviewten Personen können keine Versuchsleitereffekte vorkommen.

Diese Erhebungsmethode ist außerdem sehr ökonomisch. Zum einen ist dabei der organisatorische Aufwand, abgesehen von der Programmierung des Fragebogens, im Vergleich zur klassischen Befragung geringer. Zum anderen entfallen Interviewzeiten und -kosten sowie die Übermittlungswege der Fragebögen (Haller 1996:45). Die Durchführung ist rund um die Uhr möglich; der Fragebogen kommt dabei zur Versuchsperson und nicht umgekehrt.

Die erhobenen Daten liegen bereits in computerlesbarer Form vor. Dadurch wird die Weitergabe erleichtert und die Gefahr von Eingabefehlern sinkt.

Bei Fragestellungen, die inhaltlich mit dem Medium *Internet* oder dem Thema computervermittelter Kommunikation zusammenhän-

5 vgl. dazu Zimmer (1996) und Gleich (1997).

6 zu den folgenden Abschnitten vgl. Psychologisches Institut der Universität Tübingen, online in Internet, URL: http://www.uni-tuebingen.de/uni/sii/Ulf/Lab/WWWExpMethode.html [20.08.1997] sowie auch URL: http://www. gwdg.de/~mromppe/is5.htm [20.08.1997].

gen, ist die Angemessenheit dieser Form der Untersuchung naheliegend.

Diesen Vorteilen steht jedoch eine Reihe von Nachteilen gegenüber. Das Hauptproblem hierbei dürfte vor allen in den Anforderungen an die Repräsentativität liegen.

Die Stichprobe kann nicht näher qualifiziert werden (Haller 1996), denn bereits die Beschreibung der Grundgesamtheit aller Online-Nutzer gestaltet sich äußerst schwierig. Das liegt zum einen an den unterschiedlichen Zugangsmöglichkeiten zum *Internet*: Die *Internet*-User sind nicht identisch mit den Besitzern von PCs mit Modem, deren Anzahl in klassischen Marktanalysen ausgewiesen wird. Zum anderen erschwert das exponentielle Wachstum des *Internet* und seiner Nutzer die Erhebung. Die Tatsache, daß aus diesen Gründen bereits die Grundgesamtheit schwer zu bestimmen ist, erschwert eine repräsentative Stichprobe. Somit hält die Befragung den üblichen Anforderungen an repräsentative Erhebungen nicht stand (Bauer 1996: 213).

Weil die Netiquette (Verhaltensregel im *Internet*) ein zufälliges Verschicken von Fragebögen per E-Mail verbietet, muß der Fragebogen von den Interviewpartnern zunächst gefunden werden. Dabei haben Heavy-User deutlich größere Chancen als andere. Zudem dürften Heavy-User in der Regel auch stärker motiviert sein, Auskünfte zum Thema Online zu geben. Die Werte, die Online-Untersuchungen bei der Messung der Nutzungszeiten ermitteln, dürften also ein wenig zu hoch sein. Das Gegenteil gilt für den Anteil der weiblichen Nutzer. Sie gehören zum großen Teil zu den Wenig-Nutzern, weshalb der Frauenanteil der Netizens, der "Netzbewohner", in Online-Befragungen unterschätzt wird (Werner 1996: 41).

Die Population, aus welcher die Stichprobe stammt, ist somit stark selektiv, d. h. nicht repräsentativ für die Gesamtbevölkerung. Das betrifft soziodemographische Merkmale wie Alter, Bildung, Berufstätigkeit, Einkommen oder Geschlecht. Besonders Frauen sind im *Internet* noch stark unterrepräsentiert. Aber auch durch unterschiedliche Netzzugänge der User sowie der Bezug zur referierenden *Website* entsteht eine weitere Selektion der Grundgesamtheit.

Die Bereitschaft, an einer bestimmten Untersuchung teilzunehmen, dürfte ebenfalls mit Motiven und Intensitäten der Online-Nutzung zusammenhängen. Dadurch entsteht ein Problem der Selbstselektion. Die Auswahl der Befragten ist somit auch nicht repräsentativ für die Nutzer des untersuchten Online-Angebots.

Bestimmte Bedingungen der Untersuchungsdurchführung, wie z.B. die Motivation oder Identität der Versuchsperson, können nur schwer oder gar nicht kontrolliert werden. So sind beispielsweise viele Versuchspersonen, etwa Studenten, mit nur einem Server verbunden und fallen unter die selbe Adresse. Sowohl Studenten, als auch Personen mit mehreren Zugängen, etwa geschäftlich und privat, können theoretisch den gleichen Fragebogen unter anderer Identität mehrfach beantworten.

Auch durch die technische Unterschiedlichkeit verschiedener Computer, Monitore, *Browser* oder Netzverbindungen, können Verzerrungen oder gar Abbrüche entstehen. Ein leistungsschwacher Computer, ein kleiner Monitor oder eine langsame Netzverbindung können die Motivation des Befragten leicht schmälern. Zusätzlich ist diese Art der Befragung vermutlich die einzige, in der eine Versuchsperson für ihre Teilnahme bezahlen muß. Während der Beantwortung läuft in den meisten Ländern – in den USA sind Ortsgespräche gebührenfrei – der Gebührenzähler der jeweiligen Telefongesellschaften mit. Ein zu langer Fragebogen kann daher leicht zu vorzeitigen Abbrüchen führen.

Bei den meisten Formen der Datenerhebung über das *Internet* besteht für die Versuchsperson keine Möglichkeit, Rückfragen zu stellen. Durch den fehlenden Versuchsleiter sind Abbrüche der Befragung wahrscheinlicher.

Das Untersuchungsinstrument oder die Fragestellung der Untersuchung könnten in Diskussionen, etwa in einer *Newsgroup*, thematisiert werden, wodurch allerdings nachfolgende Ergebnisse möglicherweise beeinflußt werden.

Nicht zuletzt muß der Befragungsleiter zunächst das für die Durchführung nötige technische Wissen erwerben.

Ein Versuch, das Problem der Repräsentativität durch eine möglichst breite Streuung in der Online-Gemeinde zu überwinden, ist die Ausstellung auf mehreren *Website*s wie von den Online-Marktforschern von W3B praktiziert (Bauer 1996:215). Dies war im vorliegenden Fall jedoch aus organisatorischen Gründen nicht möglich und auch nicht erwünscht.

Ergebnisse

Sozio-Demographie der Befragten

Die Bereitschaft bei einer Befragung dieser Art teilzunehmen, ist - wie oben dargelegt - unter den Online-Nutzern wahrscheinlich nicht gleich verteilt, zumal dem Befragten in der Regel Kosten entstehen (Werner 1997:242). Die Teilnahme setzt ein höheres Involvement voraus als herkömmliche Befragungstechniken. Wir werden nun die Soziodemographie der Befragten betrachten und sie mit der Gesamtheit der Online-Nutzer vergleichen, wie sie sich aus der TdWi-Studie 1996/97 ergibt.[7]

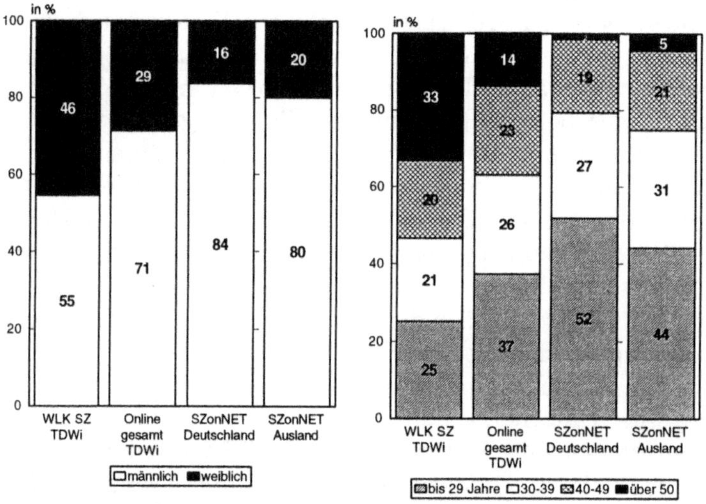

Abbildung 1: Geschlecht und Alter der SZ_{on}Net-Nutzer
Quelle: eigene Erhebung vom 21. Dezember 1996 bis 3. März 1997,
Basis: 1048 Befragte; TDWi 96/97: 10.231 Befragte.

Neue Medien, so auch SZ_{on}Net sind eine Domäne der Männer. Unter den deutschen Befragten fanden sich 16 % Frauen, während der Anteil unter den Gesamtnutzern bei knapp 30 % liegt. Im weitesten

7 Dabei beschränken wir uns auf die Befragten aus Deutschland, damit die Vergleichbarkeit gewährleistet bleibt. Ca. die Hälfte der Befragten gab an, nicht in Deutschland zu wohnen.

Leserkreis der SZ sind die Männer dagegen nur marginal stärker vertreten als Frauen. Die 18-29 Jährigen stellen deutlich über die Hälfte der Befragten, sie sind somit auch im Vergleich zu den Online-Nutzern aus der TDWi-Studie deutlich jünger. Deutliche Unterschiede finden sich auch in der Betrachtung von Bildung und Einkommen. Während die Leser aus dem WLK der SZ und die Online-Nutzer über ein ähnliches Bildungs- und Einkommensniveau verfügen, weichen die SZ_{on}Net-Nutzer deutlich ab. Gut 50 % der Befragten aus Deutschland verfügen über eine akademische Bildung, immerhin 40 % über ein Abitur oder einen vergleichbaren Abschluß. Dabei muß man beachten, daß 80 % der Abiturienten angeben zu studieren. Studenten sind in Deutschland schließlich die einzige Bevölkerungsgruppe, der ein kostenloser Internetzugang über die jeweilige Hochschule zur Verfügung steht. Erwartungsgemäß stark vertreten sind daher auch die höheren Einkommensklassen über 3.000 DM.

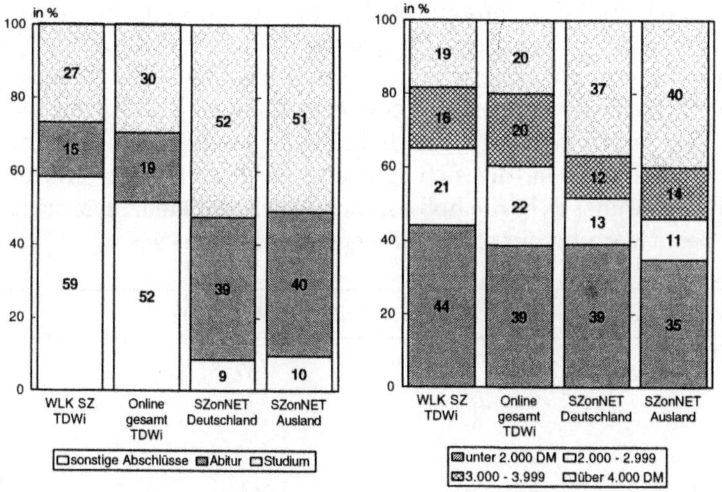

Abbildung 2: Bildung und Einkommen der SZ_{on}Net-Nutzer
Quelle: eigene Erhebung vom 21. Dezember 1996 bis 3. März 1997,
Basis: 1048 Befragte; TDWi 96/97: 10.231 Befragte.

Nun stellt sich zunächst die Frage, wie die gefunden Unterschiede zustande kommen. Entweder spiegelt unser Stichprobe die Nutzerschaft dieser Online-Zeitung adäquat wieder, oder die Unterschiede liegen in der Erhebungsmethode begründet. Ein wichtiger Störfaktor sind die Zugangskosten der Befragten. Personen, die beruflich mit dem Internet zu tun haben sowie Studenten müssen sich über etwaige Gebühren i.d.R. keine Gedanken machen, da diese sofern sie überhaupt anfallen, der Arbeitgeber respektive die Hochschule trägt. Folglich sind diese Populationen in unserer Untersuchung stark vertreten. Dabei spielt aber der Kostenfaktor nicht nur bei dem Ausfüllen eines Online-Fragebogens eine gewichtige Rolle, sondern auch beim "surfen" im allgemeinen. Allerdings ist es plausibel, daß sich die SZ_{on}Net-Nutzer von der Gesamtheit der Nutzer in ihrer Struktur unterscheiden. Insofern sind die Unterschiede nicht zwingend ein Resultat von Selbstselektion der Befragten.

Betrachtet man nun die Befragten innerhalb und außerhalb der Bundesrepublik, stellt man kaum Unterschiede in der soziodemographischen Zusammensetzung fest. Dies läßt darauf schließen, daß die Zugangskosten zum Internet doch eine untergeordnete Rolle spielen. Fast ein Viertel der Befragten haben aus den USA geantwortet, hier sind bekanntlich die Netzzugangskosten, nicht zuletzt aufgrund der „flat-tax" für Ortsgespräche, zu vernachlässigen. Unabhängig vom Wohnort haben wir es mit einer recht homogenen Nutzerschaft zu tun.Vermutlich handelt es sich hierbei zu einem großen Teil um Auslandsdeutschen, die sich fern ab von ihrer Heimat informieren wollen. Dafür spricht die hohe sprachliche Kompetenz, wie sie sich in der Beantwortung der offenen Fragen gezeigt hat.

Tabelle 2: Wohnort der Befragten (Angaben in Prozent)

Deutschland	52
USA	24
Europa	15
andere Staaten	10

Quelle: eigene Erhebung vom 21. Dezember 1996 bis 3. März 1997, Basis: 1048 Befragte.

Zusammenfassend: Die soziodemographischen Besonderheiten der Online-Nutzer allgemein finden wir noch viel stärker ausgeprägt bei den befragten SZ_{on}Net-Nutzern: geringer Frauenanteil, geringes Durchschnittsalter, hoher Anteil der oberen Einkommens- und Bildungsgruppen. Dies läßt sich teilweise damit erklären, daß Intensivnutzer unter den Befragten überrepräsentiert sein dürften. Der Anteil von Befragten mit Abitur bzw. Studium ist allerdings so hoch, daß diese Erklärung alleine nicht ausreicht (etwa doppelt so hoch wie bei den Lesern der SZ-Printausgabe). Offenbar stellen die im Vergleich zur Printausgabe hohen Anforderungen an die Nutzungskompetenz derzeit noch eine hohe Hürde für Online-Nutzer mit niedrigeren Bildungsabschlüssen dar.

Nutzungshäufigkeit und Nutzungsintensität

Die von den befragten SZ_{on}Net-Lesern durchschnittlich im Internet verbrachte Zeit umfaßt einen Zeitraum von ein bis zu 50 Stunden pro Woche. Die Zeit, die sie durchschnittlich pro Woche im *Internet* verbringen, beträgt etwa acht Stunden. 50% der User surfen durchschnittlich bis zu fünf Stunden, etwa 80% bis zu zehn Stunden pro Woche. Dies entspricht ziemlich genau dem allgemeinen Nutzungsverhalten, das Online-User in der W_3B-Studie angaben (Fittkau/ Maaß 1997:12).

Die in Online-Befragungen ermittelten Nutzungszeiten dürften allgemein etwas zu hoch sein. Denn Heavy User sind wohl nicht nur stärker motiviert zu antworten, sondern haben rein statistisch größere Chancen, auf einen Fragebogen zu stoßen (Werner 1996:41).

Laut W_3B-Studie verwenden 13 % der deutschsprachigen WWW-Nutzer fast täglich eine Online-Tageszeitung. Weitere 15 % bzw. 16 % nutzen sie etwa zwei bis dreimal bzw. etwa einmal pro Woche (Fittkau/Maaß 1997:17).

Im Vergleich hierzu wird SZ_{on}Net von den Befragten deutlich häufiger genutzt: Bei der Nutzung von Online-Zeitungen unterscheiden wir zwischen Vielnutzern und Wenignutzern. Als Vielnutzer seien hier jene definiert, die öfter als einmal pro Woche das Angebot besuchen, während es die Wenignutzer maximal einmal pro Woche aufrufen. Zu ersteren zählen knapp zwei Drittel der Befragten, die vor allem aus dem Ausland kommen. In Deutschland hingegen beträgt der Anteil der Vielnutzer lediglich 45 %. Von Männern wird das Angebot tendenziell fast täglich besucht, während Frauen eher zwei bis dreimal pro Woche SZ_{on}Net anwählen.

Die durchschnittlich angegebene Besuchsdauer reicht von einer bis 90 Minuten. Etwa zwei Drittel der Befragten verweilen länger als zehn Minuten bei SZ_{on}Net. Knapp die Hälfte der Befragten rufen pro Besuch bei SZ_{on}Net bis zu fünf Seiten auf; immerhin weitere 37 % rufen bereits bis zu zehn Seiten auf (vgl. Tabelle 3).

Tabelle 3: Nutzungverhalten der SZ_{on}Net-Leser

		%
Im Internet verbrachte Zeit der SZ_{on}Net-Leser in Stunden pro Woche		
	bis 4 Stunden	30
	4 bis unter 8 Stunden	32
	8 bis unter 11 Stunden	21
	11 bis unter 16 Stunden	8
	16 bis unter 21 Stunden	7
	21 Stunden und mehr	3
Nutzungshäufigkeit der SZ_{on}Net		
	fast täglich	31
	2-3 mal pro Woche	30
	einmal pro Woche	19
	seltener	20
Durchschnittliche Dauer eines Besuchs bei SZ_{on}Net in Minuten		
	bis 10 Minuten	37
	11 bis 20 Minuten	40
	21 bis 30 Minuten	15
	länger als 30 Minuten	8
Anzahl aufgerufener Seiten während eines Besuchs bei SZ_{on}Net		
	1 bis 5 Seiten	46
	6 bis 10 Seiten	37
	11 bis 20 Seiten	15
	mehr als 20 Seiten	2

Quelle: eigene Erhebung vom 21. Dezember 1996 bis 3. März 1997, Basis: 1044 Befragte.

Die durchschnittliche Dauer eines Besuchs bei SZ_{on}Net beträgt 18 Minuten. Dabei werden im Schnitt acht Seiten aufgerufen. Zum Vergleich: Die durchschnittliche Lesezeit der Deutschen beträgt für die Zeitungslektüre 30 Minuten (Kiefer 1996). Der Besuch bei SZ_{on}Net durch weibliche Leser dauert etwa zwei Minuten länger als bei männlichen Usern, obwohl sie dabei eine Seite weniger aufrufen. Frauen scheinen sich also beim Lesen einer Seite des Online-Angebots etwas mehr Zeit zu nehmen als Männer.

Am längsten verweilen Studenten bzw. die 20 bis 29jährigen bei SZ_{on}Net. Im internationalen Vergleich finden wir ähnliche Werte in den USA. In Amerika wird allerdings im Schnitt auch etwa drei Stunden länger pro Woche gesurft.

Erstaunlicherweise nimmt mit zunehmendem Alter auch die im Internet verbrachte Zeit zu, bei gleichzeitiger Abnahme von Besuchsdauer und Seitenanzahl.

Tabelle 4 zeigt, daß mit zunehmender Nutzungshäufigkeit sowohl die Dauer eines Besuchs als auch die Anzahl der aufgerufenen Seiten kontinuierlich ansteigt, was jedoch auch damit zusammenhängt, daß gleichzeitig mehr Zeit im Internet verbracht wird. Die Vielnutzer liegen im Hinblick auf Besuchsdauer, Anzahl aufgerufener Seiten und durchschnittlich im Internet verbrachter Zeit durchweg über dem jeweiligen Schnitt.

Tabelle 4: Nutzungsverhalten in Abhängigkeit der Nutzungshäufigkeit

	Durchschnittliche Dauer eines Besuchs bei SZ_{on}Net in Minuten	Durchschnittliche Anzahl aufgerufener Seiten	Durchschnittlich im Internet verbrachte Zeit in Stunden / Woche
Nutzung der SZ_{on}Net			
fast täglich	22,3	9,6	8,9
etwa 2 bis 3 mal pro Woche	18,3	8,5	8,0
etwa einmal pro Woche	15,8	7,2	6,1
seltener	12,9	5,5	6,4

Quelle: eigene Erhebung vom 21. Dezember 1996 bis 3. März 1997, Basis: 1044 Befragte.

Setzt man die durchschnittlich im Internet verbrachte Zeit pro Woche zu der jeweiligen Besuchsdauer bei SZ_{on}Net in Relation, läßt sich theoretisch der zeitliche Anteil ermitteln, den die Nutzung der SZ_{on}Net am *Internet*-Zeitbudget einzelner Nutzergruppen hält. Diese Überlegung führt zu einem Anteil von 20 bzw. 10 Prozent bei den Vielnutzern. Die Wenignutzer hingegen verwenden lediglich weniger als 5% ihrer im *Internet* verbrachten Zeit bei der Online-Zeitung.

Betrachten wir den Zusammenhang zwischen der im Internet verbrachten Zeit und der Besuchsdauer, erkennen wir, daß mit zunehmender Internet-Nutzungszeit tendenziell auch die Besuchsdauer sowie die aufgerufene Seitenanzahl ansteigt. Lediglich bei den extremen Internet-Usern fallen die beiden Werte wieder. Sie lassen sich jedoch beim Lesen einer Seite am längsten Zeit.

Die Befragten nutzen SZ_{on}Net insgesamt gesehen also sehr intensiv; obwohl ihre Nutzungsdauer von Netzen allgemein nicht überdurchschnittlich erscheint. Ein Drittel der Befragten nutzt SZ_{on}Net sogar ähnlich intensiv wie eine Tageszeitung: Jeden Tag und das für jeweils über 20 Minuten lang.

Nutzung von zu Hause und vom Arbeitsplatz

Abbildung 3 zeigt den Zugriffsverlauf auf SZ_{on}Net auf die verschiedenen Wochentage. Die Durchschnittswerte wurden dabei aus den Gesamtzugriffen der Tage im Zeitraum von September 1996 bis Februar 1997 gebildet.

Die Zahl der Zugriffe an den Arbeitstagen Montag bis Donnerstag ist nahezu konstant. Wie die Zahl der Online-User generell, sinkt auch die Nutzung von SZ_{on}Net mit dem Beginn des Wochenendes. Während wochentags etwa je 80% im *Internet* surfen, bedingt durch die fehlenden geschäftlichen Nutzer, fällt dieser Anteil auf knapp 60 % an Samstagen bzw. Sonntagen (Fittkau/Maaß 1997:31).

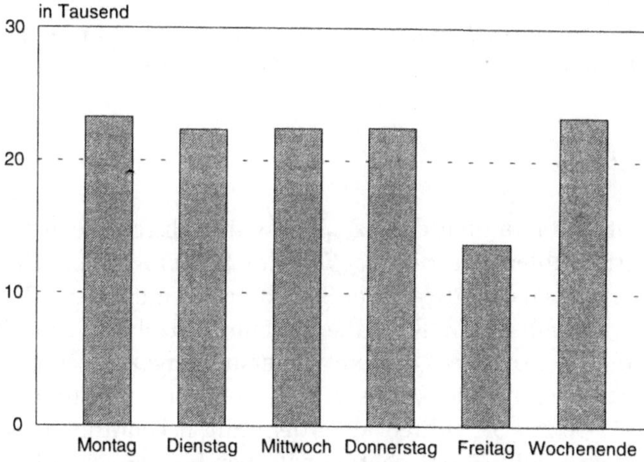

Abbildung 3: Durchschnittliche SZ_{on}Net-Zugriffe auf einzelne Wochentage
Quelle: Süddeutscher Verlag, eigene Auswertung und Darstellung, Untersuchungszeitraum September 1996 bis Februar 1997.

Darin äußert sich, daß die Verwendung von Online-Zeitungen in 62% der Fälle überwiegend am Arbeitsplatz erfolgt; 38 % wählen sich meist von zu Hause aus ein.[8] Dieses Verhältnis trifft auf Deutschland und die übrigen europäischen Länder zu, während sich außerhalb Europas die Nutzung von zuhause aus und vom Arbeitsplatz etwa die Waage halten. Dies hängt mit der vergleichsweise hohen PC-Ausstattung und Netzanbindung in den USA und Japan zusammen - wo die meisten Befragten aus dem Ausland leben.

Die Tatsache, daß manche Anwender bereits über mehr als einen Zugang zum Internet verfügen, belegen die Ergebnisse der W_3B-Studie: 76 % (darunter 48% sehr häufig) nutzen den privaten Internet-Zugang; 55 % (darunter 34% sehr häufig) wählen sich über den Arbeitgeber ein; 64 % (darunter 45 % sehr häufig) gelangen über die Schule bzw. Universität ins Internet (Fittkau/Maaß 1997:12f.).

Ein Vergleich zwischen den Nutzern am Arbeitsplatz und jenen, welche Online-Zeitungen überwiegend von zu Hause aus lesen, zeigt, daß die "geschäftliche" Nutzung nur wenig die "private" übersteigt. Nutzer am Arbeitsplatz verbringen zwar etwa eine Stunde weniger

8 Als Arbeitsplatz gilt hier auch der Studenten-Zugang in den Universitäten.

pro Woche im *Internet*, halten sich jedoch etwa eine Minute länger bei SZ_{on}Net auf, und lesen dabei ca. zwei Seiten mehr.

Themeninteresse

Die inhaltliche Nutzung der SZ_{on}Net wurde durch die Auswertung der Zugriffszahlen aus den *Logfiles* des Servers erfaßt. Diese *Page Views* bezeichnen die Anzahl der Sichtkontakte mit einer HTML-Seite und liefern damit ein Maß für die Nutzung einzelner Seiten (Werner 1997:236). Die Angaben der im Untersuchungszeitraum erfolgten *Page Views* lassen Rückschlüsse über inhaltliche Präferenzen der SZ_{on}Net-User zu. Sie führen außerdem zur Erkenntnis, daß seitens der Leser eine hohe Bereitschaft zur Recherche bzw. zum Lesen älterer Artikel vorhanden ist.

Die Rangfolgenstruktur der aufgerufenen Ressorts blieb im Zeitraum von April 1996 bis Februar 1997 weitgehend gleich. Die Ressorts Wirtschaft und Seite 4 (die Meinungsseite) einerseits sowie die Ressorts Feuilleton, Vermischtes und München andererseits wiesen stets ähnliche Zugriffszahlen auf und tauschten somit gelegentlich untereinander die Positionen. Während der Fußball-Bundesligasaison zählen die Seiten des Sportressorts zu den am häufigsten aufgerufenen. Diese Dominanz spiegelt sich vor allem montags durch die Wochenendberichterstattung wider.

Infratest stellte 1980 in einer Studie zu Zeitungsnutzung und Leseverhalten ein überdurchschnittliches Interesse an Sportberichterstattung bei Jüngeren fest. Hauptsächlich auf Kunst und Kultur, Wissenschaft und Technik, Wirtschaft sowie Politik bezog sich das Interessenpotential in höheren Bildungs- und Einkommensklassen (Infratest, 1980: 86f.).

Die Struktur der Themeninteressen der SZ-Abonnenten ähnelt derjenigen der SZ_{on}Net-Leser. Auffallend ist jedoch die vergleichsweise schlechte Position des Sportteils, der in der Online-Ausgabe stets Spitzenpositionen besetzt. Dies könnte mit dem hohen Anteil männlicher User zu begründen sein, die erfahrungsgemäß sportinteressierter sind. Erwartungsgemäß haben die Lokal- und Regionalteile in der Printausgabe, bedingt durch den hohen "Ausländeranteil" unter den Online-Nutzern, einen etwas höheren Stellenwert.

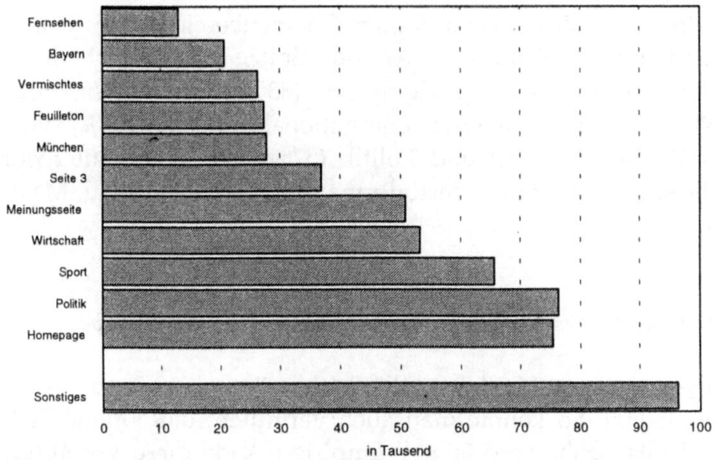

Abbildung 4: Zugriffszahlen im Februar 1997 – Top 10 nach Ressorts
Quelle: Süddeutscher Verlag, eigene Auswertung und Darstellung.

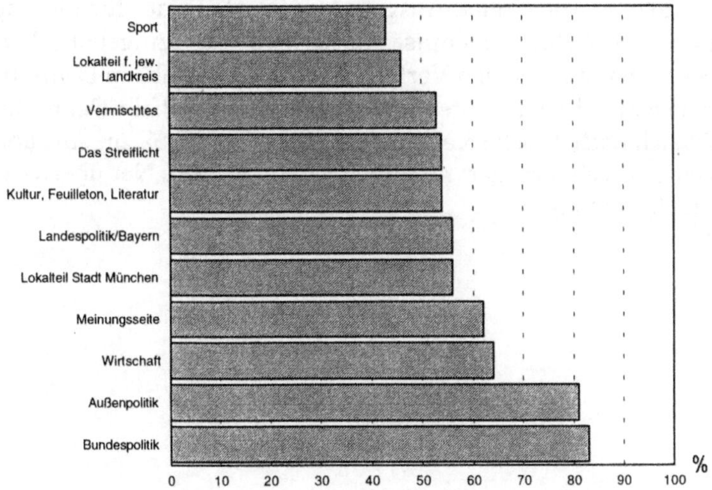

Abbildung 5: Themeninteressen der SZ-Abonnenten nach Ressorts
Quelle: Süddeutscher Verlag, Abonnentenbefragung Januar 1996, 654 Befragte.

Fittkau und Maaß befragten die deutschen Onliner in ihrer W_3B-Studie nach ihren bevorzugten Themenbereichen in Online-Zeitschriften und -Zeitungen. An der Spitze der Beliebtheit standen technische Themen wie Computer (83%) und das *Internet* selbst (76%). Dahinter rangierten internationale Themen (64%), vor allem aus Wirtschaft (58%) und Politik (57%). Eine eher untergeordnete Rolle spielten hier die Sportinformationen (22%) (Fittkau/Maaß 1997: 43).

Beziehungen zwischen Nutzung der Online- und Printausgabe

Bei jedem neuen Medium stellt sich die Frage, inwieweit es alte Medien ersetzt. So könnte man auch vermuten, daß Online-Zeitungen die Printausgabe verdrängen. Empirisch kann diese Vermutung bisher nicht bestätigt werden.[9] Auch wenn man die Nutzer von $SZ_{on}Net$ fragt, zu welchem Zweck das Online-Angebot genutzt wird, kommt man zu ähnlichen Ergebnissen. Doch immerhin: In Deutschland geben 26% an, die Online-Ausgabe der SZ als Ersatz für die Papierausgabe zu nutzen. Hauptsächlich wird das Angebot aber zu Zwecken genutzt, die den Verkauf der Papierausgabe in Deutschland nicht beeinträchtigen sollte. Für die Nutzer außerhalb Deutschlands ergibt sich nach Tabelle 5 ein anderes Bild. Da die SZ im Ausland oft schwer und zeitverzögert erhältlich ist,[10] wird $SZ_{on}Net$ überwiegend als Ersatz genutzt.

9 Onlinenutzer nutzen Printmedien im Allgemeinen intensiver, allerdings schauen sie weniger fern als die Gesamtbevölkerung. Errechnet aus TDWi 96/97.

10 In den USA beispielsweise ist die Süddeutsche Zeitung über verschiedene Versandwege erhältlich: als *second-class-mail* erreicht die Ausgabe den Leser mit fünf bis acht Tagen Verzug, als (doppelt so teuere) *priority mail* erreicht sie ihn nach zwei Tagen (Auskunft des Süddeutschen Verlags).

Tabelle 5: Hauptnutzungszweck des Online-Angebots (Angaben in Prozent)

	Deutschland	Ausland
Ergänzung zur Printausgabe	37	7
Ersatz für die Printausgabe	26	81
Überblick vor dem Zeitungskauf	6	4
zur Archivierung	20	6
Sonstiges	11	3

Quelle: eigene Erhebung vom 21. Dezember 1996 bis 3. März 1997, Basis: 1048 Befragte.

In Deutschland gibt es zwei offensichtliche Gründe, warum das Online-Angebot die Papierausgabe nicht ersetzt: Zunächst, wie oben dargelegt, sind dies die höheren Kosten; des weiteren ist die Papierausgabe viel umfangreicher, nur eine Auswahl der Artikel wird im Netz zur Verfügung gestellt. Der SZ-Leser findet hier keinen vollwertigen Ersatz für die tägliche Ausgabe. Das Online-Angebot ist nicht portabel, zudem ist es fraglich ob über den Bildschirm ähnliche Textmengen vom Leser verarbeitet werden können. Im Ausland hingegen stellen Online-Angebote oft die einzige Möglichkeit dar, sich tagesakuell über und vor allem aus Deutschland zu informieren. Hier überbrückt das Internet die räumliche Entfernung, doch dazu später mehr.

Bis dato sind unsere SZ$_{on}$Net-User auch eifrige Leser der Papier-SZ, nur 4% der Befragten aus Deutschland lesen sie nie, im Ausland liegt der Anteil erwartungsgemäß mit 32 % höher. Sogar Abonnenten der Zeitung finden sich recht häufig unter den Nutzern: 46 % der befragten SZonNet-Leser aus Deutschland haben die SZ abonniert (im Ausland immerhin 18 %). Man kann also vermuten, daß das Online-Angebot vornehmlich einer Orientierungsfunktion dient: Der Leser verschafft sich online einen Überblick. Findet er interessante Themen im Internet, schlägt er sie auch in der Papierausgabe nach und informiert sich eingehender; eventuell kauft er sich sogar die Ausgabe. Das Online-Angebot einer Tageszeitung übernimmt sozusagen die Funktion, die Programmzeitschriften für das Fernsehen erfüllen. Der Nutzer informiert sich während des Tages über die Inhalte, am

Abend wird er zum Leser der vorselektierten Themen (Internet als Metamedium).

Im übrigen decken sich diese Befunde mit der Einschätzung der Macher von Online-Zeitungen. Ihrer Ansicht nach gibt es drei Typen von Online-Lesern: Typ 1 stammt aus dem Verbreitungsgebiet der Printausgabe, wohnt dort aber nicht mehr. Typ 2 möchte sich über eine Region informieren, in der er nicht lebt. Zu Typ 3 gehören letztlich Internet-Surfer und Leser der Printausgabe, die sich am Computer einen ersten Überblick verschaffen wollen. [11]

Für Nutzer aus dem Ausland sieht das etwas anders aus, sie haben in der Regel keine Möglichkeit an eine tagesaktuelle Ausgabe einer deutschen Zeitung zu kommen, hier wird das Online-Medium zum Ersatz für die traditionelle Papierform. Erreicht das politische Geschehen in der Bundesrepublik in dem jeweiligen Land nicht genügend Nachrichtenwert, um Gegenstand der Auslandsberichterstattung zu werden, ist der interessierte Leser auf deutsche Quellen angewiesen. Hier bietet das Internet eine sehr ökonomische Möglichkeit, den Nachrichtenfluß umzuleiten. Betrachtet man Abbildung 6, wird die Bedeutung der tagesaktuellen Online-Medien für die Nutzer aus dem Ausland ebenso deutlich. Sie nutzen gerade deutsche Online-Tageszeitungen stärker als Inländer. Andererseits messen die deutschen Befragten internationalen Informationsangeboten eine geringe Bedeutung bei. Nun deutet dies darauf hin, daß es sich bei Befragten aus dem Ausland zum großen Teil um Auslandsdeutsche handelt, die wie bereits erwähnt, den Kontakt zum politischen Geschehen im Heimatland nicht verlieren wollen.

---

11 vgl. dazu das Forschungsprojekt *'Online - Die Zukunft der Zeitung?'*, das im Sommer 1997 am Lehrstuhl Journalistik II der Katholischen Universität Eichstätt unter der Leitung von Jan Tonnemacher und Christoph Neuberger unter Mitarbeit von Matthias Biebl und Andre Duck durchgeführt wird. Erste Ergebnisse sind unter der Adresse http://www.ku-eichstaett.de/SLF/JOUR/projekt/redaktio/ergebnis.htm abzurufen. [02.09.1997].

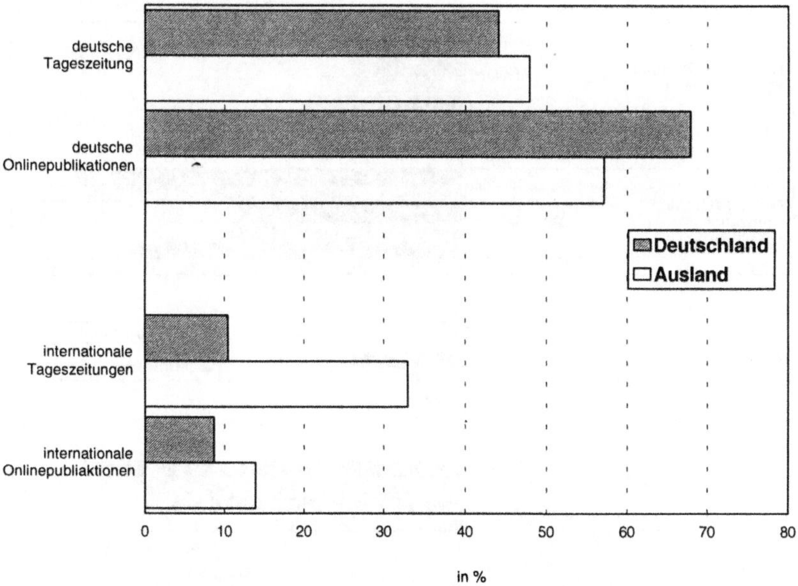

Abbildung 6: Nutzung anderer Online-Angebote durch SZ_{on}Net-Leser
Quelle: eigene Erhebung vom 21. Dezember 1996 bis 3. März 1997, Basis: 1048 Befragte.

Motive der Nutzung

In dem hier verwendeten Internetfragebogen wurden die Befragten aufgefordert, elf Motive bezüglich ihrer Wichtigkeit für Nutzung von Online-Zeitungen zu bewerten. Die Antworten wurden faktoranalytisch ausgewertet.[12] Dadurch ließen sich die elf Items auf vier Dimensionen reduzieren, die zusammen mehr als die Hälfte der Varianz erklären. Die Ergebnisse sind in Abbildung 7 dargestellt.

12 Hauptkomponentenanalyse, VariMax-Rotation, Eigenwertkriterium >= 1.

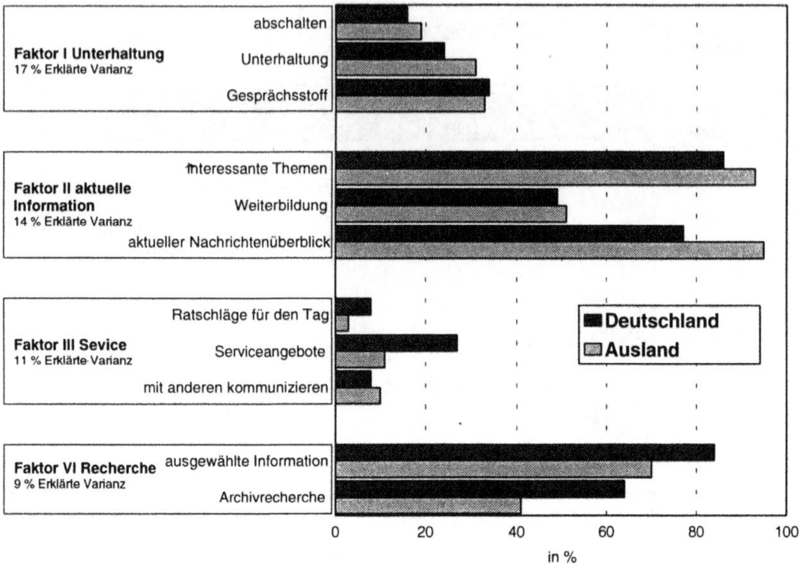

Abbildung 7: Nutzung anderer Online-Angebote durch die SZ_{on}Net-Leser
Quelle: eigene Erhebung vom 21. Dezember 1996 bis 3. März 1997, Basis: 1048 Befragte; Items nach Faktorladungen sortiert.

Faktor I bildet sich aus unterhaltungsorietierten Motiven, Information spielt hier keine Rolle, man sucht Zerstreuung. Faktor II bezieht sich hauptsächlich auf tagesaktuelle Information, der Leser möchte Neues erfahren und sich einen Überblick über das (politische) Geschehen verschaffen. Das Bedürfnis nach Serviceangeboten, wie z.B. Veranstaltungsankündigungen oder auch Jobbörsen findet sich in Faktor III wieder. Faktor IV betont den spezifischen Charakter von Online-Angeboten, die komfortable Möglichkeit Informationen gezielt zu recherchieren bzw. zu selektieren.

Man muß vermuten, vergegenwärtigt man sich die Ergebnisse aus Abbildung 3 und 4, daß gerade bei den Nutzern aus dem Ausland Informationsbedürfnisse stärker ausgeprägt sind. Der Vergleich der Nutzungsmotive von HTML-Zeitungen bestätigt unsere Hypothese. Die Befragten aus dem Ausland halten aktuelle Informationen für wichtiger als die deutschen Nutzer. Wie bereits erwähnt, fehlt hier die Möglichkeit, sich aus anderen Quellen in ausreichendem Maße über das Geschehen in Deutschland bzw. Bayern zu informieren. Die expatriierten Nutzer differenzieren der Wichtigkeit nach nicht zwischen Nachrichtenüberblick und Themenlektüre, dagegen halten die Leser aus dem Bundesgebiet die Lektüre von interessanten Themen für weitaus wichtiger als den Nachrichtenüberblick aus dem Netz (86 % vs. 77 %). Schließlich hat man in Deutschland vielfältige Möglichkeiten, einen Überblick über das Tagesgeschehen zu erhalten, man ist hier nicht auf neue Medien angewiesen.

Neben Aktualität ist auch die Interaktivität ein entscheidendes Merkmal von Online-Medien (Riefler 1997:54). Neben sogenannten Chat-Foren zeigt sich der interaktive Charakter des Mediums auch in der Möglichkeit, Informationen zu selektieren oder über Suchbegriffe zu recherchieren. Gerade die letztgenannte Form der Interaktivität ist für die Befragten dieser Studie wichtig. Dabei steht der Aspekt der Informationsselektion im Vordergrund, Archivrecherchen dagegen spielen nur bei etwa der Hälfte der Befragten eine Rolle. Interessanterweise begeistern sich gerade die Nutzer aus Deutschland stärker für die Möglichkeit Informationen zu selektieren bzw. zu recherchieren. Dieser Befund läßt sich auch im Lichte unserer Hypothese verstehen: Der User aus New-York, Tokyo oder London braucht zunächst den Nachrichtenüberblick und kann dann erst Informationen gezielt abrufen. Der Nutzer aus München oder Hamburg hat bereits eine konkrete Vorstellung über die aktuelle Lage in Deutschland, für ihn ist es deshalb wichtiger, Informationen direkt auswählen zu können.

Andere Nutzungsgründe werden in unserer Stichprobe als weniger wichtig betrachtet. Darunter fallen hauptsächlich unterhaltende Aspekte sowie Serviceangebote im weitesten Sinne.

Akzeptanz des Angebots

Nimmt man die Nutzungsdauer bzw. Intensität als Maß für die Akzeptanz von SZ_{on}Net, so zeigt sich im Ausland größere Beliebtheit als in Deutschland selbst. Während nur 45 % der Nutzer in Deutschland mindestens an zwei Tagen in der Woche auf die elektronische SZ zugreifen, tun dies 79 % Befragten mit Wohnsitz außerhalb der BRD. Sie nutzen SZ_{on}Net nicht nur regelmäßiger, sondern auch länger, wie erwähnt mangels Alternativen auf Papier.

16 % der Befragten aus Deutschland und nur 12 % derjenigen aus dem Ausland halten es für eher nicht gelungen. Dieses Urteil überrascht zunächst, werden die Online-Auftritte der Verlage von Teilen der Internetgemeinde doch eher belächelt (Riefler 1997: 49f.). Dabei richtet sich die Hauptkritik gegen das „recyclen" der Papierausgabe auf HTML, den Verlegern wird vorgeworfen das Potetial des Mediums nicht auszuschöpfen. Sicherlich kann das Ergebnis zum Teil der Erhebungsmethode zugerechnet werden, einfacher gesagt, es werden sich wenig enttäuschte Leser finden, die bereit sind Zeit, Online- und Telefongebühren in die Beantwortung eines Fragebogens zu investieren. Zum anderen honorieren die Befragten gerade die Tatsache, daß sich Online- und Papierausgabe so ähnlich sind. Das drückt sich auch in der besseren Bewertung durch die ausländischen Befragten aus.

Tabelle 6: Bewertung von SZ_{on}Net (Angaben in Prozent)

	Deutschland	Ausland
sehr gelungen	25	39
eher gelungen	59	49
eher nicht gelungen	13	10
nicht gelungen	3	2

Quelle: eigene Erhebung vom 21. Dezember 1996 bis 3. März 1997, Basis: 1048 Befragte.

Die bisherigen Ausführungen geben Anlaß zu der Vermutung, daß die Bewertung der vorliegenden Online-Zeitung nicht nur mit dem Wohnort der Befragten variiert, sondern auch durch Nutzungsgrund, Verwendungszweck und Vergleichsmöglichkeiten mitbestimmt sind. Zur Prüfung dieses Sachverhalts wurde eine Varianzanalyse der Bewertung durchgeführt. Dabei gingen die Nutzungsgründe und die Anzahl der genutzten Online-Zeitungen als Kovariaten ein, der Wohnort und der Verwendungszweck als Faktoren.[13]

Tabelle 7 faßt die Ergebnisse der Varianzanalyse zusammen, die linke Spalte gibt zunächst die bivariaten Zusammenhangsmaße wieder. Nur für das Unterhaltungsbedürfnis läßt sich kein statistisch si-

13 Die Nutzungsgründe gingen als Summenskalen in die Berechnung ein, für jede Dimension wurde eine Skala gebildet (vgl. Abbildung 7).

gnifikanter Zusammenhang feststellen. Die Nutzung anderer *Web*-Angebote, sowie die Nutzungsmotive Service und Recherche führen zu einer schlechteren Bewertung der SZ_{on}Net-Seiten. Wer über mehr Vergleichsmöglichkeiten verfügt, bewertet hier kritischer. Ebenso führen die Nutzungsgründe Service und Recherche zu einer schlechteren Note. Für die im Ausland Ansässigen haben die Serviceangebote der Süddeutschen keine Alltagsrelevanz, für die Deutschen wohl zu wenig. Wer online Artikel recherchieren will, hat es bei SZ_{on}Net schwer, da hier nur die tagesaktuellen Artikel zur Verfügung stehen, das Angebot sich für diesen Zweck also nicht eignet. Wer allerdings aktuelle Informationen sucht, honoriert diese WWW-Seiten durch eine bessere Bewertung, das Angebot kommt diesem Bedürfnis also gut nach.

Für die kategorialen Variablen Wohnort und Verwendungszweck läßt sich verständlicherweise aus dem Zusammenhangsmaß nicht die Richtung ablesen. Jedoch wissen wir bereits, daß Befragte aus Deutschland SZ_{on}Net schlechter bewerten. Befragte aus dem übrigen Europa und den USA vergeben die bessere Noten. Wer die Online-Zeitung als Ersatz für die Printausgabe verwendet, steht ihr positiver gegenüber, als die Nutzer, die sich nur einen Überblick über die aktuellen Nachrichten verschaffen wollen.

Tabelle 7: Multiple Klassifikationsanalyse der Bewertung von SZ_{on}Net

	Pearson's R eta*	beta
Kovariaten		
Nutzung anderer *Web*-Zeitungen	**-.09**	**.09**
Faktor Unterhaltung	.01	.02
Faktor Information	**.11**	**.12**
Faktor Service	**-.08**	**.07**
Faktor Recherche	**-.14**	**.11**
Faktoren		
Wohnort*	**.16**	**.11**
Verwendungszweck*	**.16**	**.11**
Modellgüte: R		**.26**
R^2		**.07**

Quelle: eigene Erhebung vom 21. Dezember 1996 bis 3. März 1997, Basis: 1048 Befragte. Signifikante Koeffizienten sind fett gesetzt.

Die gefunden Zusammenhänge verändern sich kaum, wenn man sie gleichzeitig in der Varianzanalyse berücksichtigt. Vier der sechs signifikanten Koeffizienten nehmen in der multivariaten Betrachtung etwas ab, einer nimmt sogar leicht zu. Daß die beta-Koeffizienten unter den eta-Werten der Variablen Wohnort und Verwendungszweck liegen, verwundert dabei aber kaum. Schließlich determiniert der Wohnort zum Großteil den Verwendungszweck (vgl. Tabelle 7).

Nun erklärt das vorliegende Modell nur 7% der Varianz in der Bewertung, was auf den ersten Blick nicht sehr viel zu sein scheint. Anderseits konnten wichtige Aspekte in diesem Modell nicht berücksichtigt werden. So dürften nicht nur ästhetische Gesichtspunkte eine gewichtige Rolle spielen, sondern auch politische Einstellungen. Jedoch gewährt uns diese Analyse interessante Einblicke in die Stärken und Schwächen von SZ_{on}Net.

Fazit

> „Da es äußert mühsam ist, sich an einem Computerbildschirm einen Überblick über interessante Themen zu verschaffen oder gar längere Texte zu lesen, sind Computernetze ein Medium der Spezialinformation." (Riefler 1997: 55)

Das zeigt auch die hier vorliegende Fallstudie. Offenbar gelingt es der *Süddeutschen Zeitung* mit ihrem *Web*-Auftritt, viele Leser zu erreichen, die die Printausgabe nicht erreicht. Dabei wirkt sich insbesondere ein wichtiges Charakteristikum des Internets - seine Globalität - positiv aus: Fast die Hälfte der Befragten hat aus dem Ausland geantwortet. Online-Zeitungen dieses Typs erfüllen eine wichtige Funktion, sie ermöglichen den Lesern oder besser Usern fern ab vom Erscheinungsland tagesaktuelle Informationen einzuholen. Hier haben wir es ohne Zweifel mit Nutzern von Spezialinformationen zu tun. Der verbesserte Informationsfluß via *Web* ermöglicht nicht nur in Japan oder Kanada, mit der Heimat in Verbindung zu bleiben, er schafft auch die Möglichkeit, sich über ein fernes Land besser zu informieren.

Ein für uns überraschendes Ergebnis liegt in sehr starken Bindung der SZ_{on}Net-Leser aus Deutschland an die Papierausgabe. Fast drei

Viertel von ihnen lesen die *Süddeutsche Zeitung* zumindest einmal pro Woche. Ein Drittel der Befragten nutzt SZ_{on}Net sogar ähnlich intensiv wie eine Tageszeitung: Jeden Tag und das jeweils über 20 Minuten lang.

Es ist erklärtes Ziel der Verlage, mit ihrem Online-Engagement neue Zielgruppen zu erreichen - speziell junge Leute, deren Anteil an der Leserschaft der Papierausgabe stetig sinkt (Riefler, 1997: 48). Zwar gelingt es der SZ_{on}Net, neue Nutzer an das Medium heranzuführen, doch ist der Erfolg im Ausland wesentlich beeindruckender als im Erscheinungsland: Während von den Befragten im Ausland 81% angaben, SZ_{on}Net als Ersatz für die Printausgabe zu nutzen, trifft dies auf 'nur' ein Viertel der deutschen Befragten zu.

Wir sehen also, daß Online-Zeitungen momentan ihre Stärken jenseits des Verbreitungsgebietes der Printausgabe entfalten. Solange das so bleibt, stellt das Internet keine ernsthafte Konkurrenz für die gedruckte Ausgabe dar. Ob die Verbreitung über den derzeitigen Stand wesentlich hinausgehen kann, hängt maßgeblich davon ab, ob Nutzer der Online-Ausgabe auch jenseits der Gruppe Hochgebildeter erschlossen werden können. Unter den Befragten Nutzern der SZ_{on}-Net waren nur 10 Prozent ohne Abitur.

Literatur

Bauer, Inez (1996): Prognosen zur Entwicklung der Online-Märkte – Nutzer-Studien im Vergleich, in: Bundesverband Deutscher Zeitungsverleger (Hrsg.): Zeitungen '96. Bonn: ZV-Zeitungs-Verlag Service, S. 204-225.

Berg, Klaus/Marie-Luise Kiefer (1992): Massenkommunikation IV. Eine Langzeitstudie zur Mediennutzung und Medienbewertung 1964-1990. Schriftenreihe Media Perspektiven, Bd. 12. Baden-Baden: Nomos-Verlagsgesellschaft.

Boualit, Robert/Wolfgang Clausmeyer (1995): Interaktive Zeitung und Zeitschrift. Kern eines neuen Kommunikationsverhaltens, in: Medienpsychologie 4, S. 320-336.

Fittkau, Susanne/Holger Maaß (1997): W3B-Ergebnisband. WWW-Benutzer-Analyse, Oktober/November 1996. Hamburg: W3B.

Früh, Werner (1991): Medienwirkungen: Das dynamisch-transaktionale Modell. Opladen: Westdeutscher Verlag.

Gleich, Uli (1997): Digitale Kommunikation: Nutzung, Chancen und Wirkung von Online-Medien - ARD-Forschungsdienst, in: Media Perspektiven, Heft 8, S. 456-462.

Grüne, Heinz/Stephan Urlings (1996): Motive der Onlinenutzung. Ergebnisse der psychologischen Studie „Die Seele im Netz", in: Media Perspektiven 9, S. 493-498.

Haller, Michael (1996): Lang und steinig, in: Sage & Schreibe Special 5, S. 45.

Heijnk, Stefan (1996): Strategie statt Euphorie, in: Sage & Schreibe 7, S. 20-21.

Holicki, Sabine (1996): Wie sicher ist das Fundament? Die Zukunft der Zeitung im multimedialen Zeitalter, in: Mast, Claudia (Hrsg.): Markt – Macht – Medien. Publizistik im Spannungsfeld zwischen gesellschaftlicher Verantwortung und ökonomischen Zielen. Schriftenreihe der Deutschen Gesellschaft für Publizistik und Kommunikationswissenschaft, Bd. 23. Konstanz: UVK Medien, S. 179-195.

Infratest Medienforschung (1980): Zeitungsnutzung und Leseverhalten – Daten zur gegenwärtigen Situation in der Bundesrepublik Deutschland. München: Infratest .

Kiefer, Marie-Luise (1996): Massenkommunikation V. Eine Langzeitstudie zur Mediennutzung und Medienbewertung 1964-1995. Baden-Baden: Nomos (Schriftenreihe Media-Perspektiven; 14).

Mast, Claudia (1996): Die gedruckte Zeitung – Ein Plädoyer für die Zukunft, in: Bundesverband Deutscher Zeitungsverleger (Hrsg.): Zeitungen ´96. Bonn: ZV-Zeitungs-Verlag Service, S. 98-105.

Negroponte, Nicholas (1995): Total digital. Die Welt zwischen 0 und 1 *oder* Die Zukunft der Kommunikation. München: C. Bertelsmann Verlag.

Polatschek, Klemens (1996): Tod der elektronischen Zeitung! In: DIE ZEIT Nr. 30, vom 19.07., S. 54.

Riefler, Katja (1995): Zeitungen Online. Neue Wege zu Lesern und Anzeigenkunden. Bonn: ZV Zeitungs-Verlag Service.

Riefler, Katja (1996): Tanz auf dem Vulkan. Sollen sich Zeitungen online engagieren? In: Bundesverband Deutscher Zeitungsverleger (Hrsg.): Zeitungen ´96. Bonn: ZV Zeitungs-Verlag Service, S. 158-179.

Riefler, Katja (1997): Zeitungen Online: Was sucht ein Traditionsmedium im Computernetzen, in: Klaus Beck und Gerhard Vowe (Hrsg.): Computernetze - ein Medium öffentlicher Kommunikation? Berlin: Spiess, S. 47-61.

Saxer, Ulrich/Wolfgang Langenbucher/Angela Fritz (1989): Kommunikationsverhalten und Medien. Lesen in der modernen Gesellschaft. Eine Studie der Bertelsmann Stiftung. Gütersloh: Bertelsmann.

Schweiger, Wolfgang (1996a): Papiernutzer schlagen Hypertextfreaks, in: Sage & Schreibe Heft 7, S. 43-45.

Schweiger, Wolfgang (1996b): Gebrauchstexte im Hypertext- und Papierformat. Ein Vergleich der Nutzerfreundlichkeit, in: Publizistik, Heft 3, 41. Jahrgang, S. 327-345.

Werner, Andreas (1996): Männlich, jung, gebildet sucht... Mediaplanung im Internet: Empirische Ergebnisse zur Demographie der Onliner, in: Media Spectrum 10, S. 41-43.

Werner, Andreas (1997): Medien- und Kommunikationsforschung in digitalen Online-Umwelten, in: Klaus Beck und Gerhard Vowe (Hrsg.): Computernetze - ein Medium öffentlicher Kommunikation? Berlin: Spiess, S. 227-243.

Wilke, Jürgen (1996): Multimedia. Strukturwandel durch neue Kommunikationstechnologien, in: Aus Politik und Zeitgeschichte, Beilage zur Wochenzeitung Das Parlament. B32, S. 3-15.

Zimmer, Jochen (1996): Profile und Potentiale der Onlinenutzung. Ergebnisse erster Onlinemarktstudien in Deutschland, in: Media Perspektiven 9, S. 487-492.

Anhang

SZ on NET

SZonNet-Umfrage

Lieber SZonNet-Leser,

normalerweise stellen wir Informationen für Sie zusammen. Jetzt brauchen wir Informationen von Ihnen. Denn wir möchten herausfinden, wer unsere Leser sind und was sie von uns erwarten. Auch Ihre Meinung über unser Produkt, die SZonNet, ist uns wichtig!

Füllen Sie deshalb bitte nachfolgenden Fragebogen möglichst komplett aus und senden Sie ihn an uns zurück. Sie werden dafür höchstens fünf Minuten benötigen. Damit helfen Sie uns, unser Angebot für Sie so attraktiv und benutzerfreundlich wie möglich zu gestalten.

Ihre Antworten werden selbstverständlich vertraulich und nur zum Zweck der Umfrage verwendet.

Vielen Dank für Ihre Mitarbeit!

1. Wie sind Sie zur SZonNet gekommen? *(Zutreffendes bitte anklicken, Mehrfachnennung möglich)*

☐ durch gezielte Suche (z.B. in Suchmaschinen)
☐ durch Verweise auf anderen Web-Sites
☐ durch Tips von Freunden, Bekannten
☐ durch Hinweise in Zeitung, Zeitschrift etc.
☐ zufällig, beim Surfen
☐ Sonstiges: [ ]

---

2. Wie beurteilen Sie die SZonNet im Vergleich zu Online-Angeboten anderer Zeitungen? ***(Zutreffendes bitte anklicken)***

O sehr gelungen
O eher gelungen
O eher nicht gelungen
O nicht gelungen
O weiß nicht

Geben Sie bitte eine kurze Begründung für Ihre Wahl an:

---

3. Haben Sie selbst oder jemand in Ihrem Haushalt die Süddeutsche Zeitung abonniert? ***(Zutreffendes bitte anklicken)***

O ja
O nein

---

4. Lesen Sie die gedruckte Ausgabe der Süddeutschen Zeitung? ***(Zutreffendes bitte anklicken)***

O ja, fast täglich
O ja, etwa 2-3 mal die Woche
O ja, etwa einmal wöchentlich
O ja, seltener
O nein, nie

---

5. Zu welchem Zweck verwenden Sie die SZonNet? ***(Zutreffendes bitte anklicken)***

O als Ergänzung zur Printausgabe
O anstelle der Printausgabe
O zum Überblick vor dem Zeitungskauf/-lesen
O zur Archivierung von Artikeln
O Sonstiges:

---

6. Wie häufig nutzen Sie die SZonNet? ***(Zutreffendes bitte anklicken)***

O fast täglich
O 2-3 mal die Woche
O einmal die Woche
O seltener

---

7. Wie lange dauert im allgemeinen Ihr Besuch auf den Seiten der SZonNet? ***(Klicken Sie bitte Zutreffendes an und tragen Sie bitte die ungefähre Dauer ein)***

O **meistens gleich lang** [ ] Dauer einer Sitzung in Minuten

O **ganz verschieden lang** [ ] Dauer der letzten Sitzung in Minuten

---

8. Wieviele Seiten der SZonNet rufen Sie gewöhnlich auf? ***(Falls die Anzahl Ihrer Seitenaufrufe stark schwanken sollte, dann geben Sie bitte die Anzahl der Seitenaufrufe Ihrer letzten Sitzung an)***

etwa [ ] Seitenaufrufe

---

9. Welche anderen Online-Zeitungen/-Zeitschriften nutzen Sie regelmäßig? ***(nennen Sie bitte die drei von Ihnen am häufigsten genutzten)***

---

10. Nach welchen Kriterien wählen Sie eine Online-Zeitung aus ? ***(Bitte klicken Sie links für jeden Punkt an, wie wichtig er Ihnen bei der Auswahl einer Online-Zeitung erscheint, und rechts, inwieweit er auf die SZonNet zutrifft)***

wichtig	unwichtig		zutreffend	unzutreffend
O	O	gute gestalterische Qualität (Seitenlayout, Grafiken etc.)	O	O
O	O	inhaltliche Attraktivität (Qualität des redaktionellen Angebots)	O	O
O	O	hoher Interaktivitätsgrad (individueller Einfluß auf Angebote)	O	O
O	O	hohe Aktualität der Inhalte	O	O
O	O	hohe Geschwindigkeit des Seitenaufbaus	O	O
O	O	komfortable und einfache Bedienerführung	O	O
O	O	gutes Image/Reputation des Verlages (Glaubwürdigkeit)	O	O

Was beeinflußt Ihre Wahl außerdem noch: [ ]

---

11. Wozu nutzen Sie eine Online-Zeitung? ***(Geben Sie bitte links an, wie wichtig Ihnen folgende Motive bei der Nutzung einer Online-Zeitung sind, und rechts, wie nützlich Ihnen hierfür SZonNet erscheint)***

wichtig	unwichtig		nützlich	nicht nützlich
O	O	interessante Themen lesen	O	O
O	O	ausgewählte Information abfragen	O	O
O	O	unterhalten werden	O	O
O	O	im Archiv recherchieren	O	O
O	O	einen aktuellen Nachrichtenüberblick erhalten	O	O
O	O	sich weiterbilden	O	O
O	O	mit anderen kommunizieren	O	O
O	O	Serviceangebote (Abo, Anzeigen, etc.) wahrnehmen	O	O
O	O	Ratschläge für den Tag erhalten	O	O
O	O	abschalten	O	O
O	O	Gesprächsstoff bekommen	O	O

Wozu nutzen Sie eine Online-Zeitung noch: [ ]

12. Welche zusätzlichen Angebote neben den tagesaktuellen Artikeln wünschen Sie sich in Ihrer Online-Zeitung? *(Klicken Sie bitte an, welche der folgenden Zusatzangebote Ihnen wichtig erscheinen)*

	wichtig	unwichtig
Diskussionsforum zu verschiedenen Themen	O	O
Kommunikation mit Redakteuren	O	O
Volltext-Recherche im Archiv	O	O
Dienstleistungen/Service des Verlags nutzen	O	O
Hinweise auf weitere Quellen erhalten	O	O
Multimediale Unterstützung (Bilder, Audio, Video)	O	O

Welche zusätzlichen Angebote würden Sie sich noch wünchen: [ ]

---

13. Können Sie sich vorstellen, die Lektüre einer Tageszeitung in Zukunft regelmäßig durch die einer Online-Zeitung zu ersetzen? *(Zutreffendes bitte anklicken)*

O ja
O nein
O weiß nicht

---

14. Wo verwenden Sie Online-Zeitungen überwiegend? *(Zutreffendes bitte anklicken)*

O am Arbeitsplatz
O zu Hause

---

15. Wieviel Zeit verbringen Sie durchschnittlich im Internet?

etwa [ ] Stunden pro Woche

---

16. Wären Sie bereit für die SZonNet Abo-Gebühren zu zahlen *(Zutreffendes bitte anklicken. Mehrfachnennungen möglich)*

☐ wenn die SZonNet früher erscheinen würde (19 Uhr am Vorabend)

☐ wenn die SZonNet alle redaktionellen Beiträge beinhaltet, die auch in der SZ stehen (Agenturmeldungen ausgenommen)

☐ wenn es ein komfortables Online-Archiv gibt

---

17. Wieviel wäre Ihnen ein elektronisches SZonNet-Abo unter den oben genannten Verbesserungen wert? *(Zutreffendes bitte anklicken)*

○ weniger als die Papierausgabe

○ soviel wie die Papierausgabe (ca. 2 DM)

○ mehr als die Papierausgabe

PERSÖNLICHE ANGABEN

Geschlecht:

○ männlich

○ weiblich

Alter: ☐ Jahre

Wohnort:

○ Deutschland

Erste Ziffer der PLZ: ☐

○ übriges Europa

○ USA

○ andere Staaten

Ausbildung:	keine Angabe	
Beruf:	keine Angabe	
Persönliches Einkommen (netto/Monat)	keine Angabe	

[Fragebogen abschicken] [Reset]

Das Netz als Quelle

Die Nutzung von Internet und Online-Diensten durch Publizistische Medien

Winfried Schulz & Daniela Leidner

Die Nutzung von Internet und Online-Diensten in Redaktionen von Zeitungen, Radio und Fernsehen eröffnet neue Möglichkeiten der Informationssuche und Recherche für die Redakteure. Dies kann eine Reihe von Vorteilen - vielleicht auch einige Nachteile - für die publizierten Inhalte speziell der tagesaktuellen Medien bringen.

Während in den USA bereits Trenddaten seit 1994 zur „Journalists' use of Cyberspace" (Ross/ Middleberg 1997) vorliegen, wird in neueren Veröffentlichungen zur Zukunft des Journalismus in Deutschland die Online-Recherche nicht explizit behandelt. So führt z.B. Weischenberg in seiner Analyse der redaktionellen Trends 2000 als relevante technologische Innovationsbereiche lediglich Datenbankrecherche, Einsatz künstlicher Intelligenz und Ganzzeitungsumbruch[1] auf (Weischenberg 1994:150, 153).

Mast, Popp & Theilmann (1997) betonen die Bedeutung der Online-Nutzung für Freie Journalisten. Immerhin setzen bereits 42% der "Freien" (n=103) Online-Dienste zur Erfüllung ihrer beruflichen Aufgaben ein; 31% wollen zukünftig beruflich Online-Dienste nutzen (Mast, Popp & Theilmann 1997:142). Hier wird einerseits die journalistische Aufgeschlossenheit und Akzeptanz von Freien gegenüber der technischen Innovation "Online-Nutzung" deutlich. Zum ande-

1 Einsatz von Systemen künstlicher Intelligenz meint hier "(...) Computer, die bislang nicht technisierbar erscheinende kognitive Fähigkeiten des Menschen übernehmen (...)", bspw. Sprachübersetzungssysteme (S. 152) und Ganzzeitungsumbruch bezieht sich auf die Erweiterung des bereits gängigen Ganzseitenumbruchs "auf eine komplett in der Redaktion abgewickelte oder zumindest dort kontrollierte Zeitungsproduktion" (S. 153, 154).

ren bedeutet die Online-Nutzung insbesondere für Freie Journalisten eine "räumliche und zeitliche Unabhängigkeit von Recherchequellen", was gegenüber bisherigen Recherchetechniken vor allem für diesen Journalistentypus Vorteile bietet (Mast, Popp & Theilmann 1997:142).

Im folgenden wird die Online-Nutzung durch angestellte Redakteure in Politik- bzw. Nachrichtenredaktionen untersucht. Sie wurde durch die benutzerfreundlichen Oberflächen der kommerziellen Online-Dienste und des *World Wide Web* (WWW) begünstigt (Zimmer 1995:476). An die politische Berichterstattung werden im allgemeinen besonders hohe Qualitätsanforderungen gestellt, da sie für die öffentliche Aufgabe der Massenmedien, für die Ausübung ihrer Informationsfunktion und Kontroll- und Kritikfunktion sowie im Hinblick auf die politische Meinungs- und Willensbildung der Bevölkerung eine zentrale Bedeutung hat.

Sehr viele publizistische Medien sind inzwischen selbst als Anbieter von Online-Versionen ihrer Produkte im Netz und haben oft dafür eigene Online-Redaktionen eingerichtet. Es gilt daher die Frage zu beantworten, welche politischen Redaktionen Online-Inhalte, -Angebote und -Dienste als eine Quelle für die redaktionelle Arbeit nutzen. Im Anschluß daran ist zu klären, wie diese neue Recherchemethode in bestehende Arbeitsroutinen integriert wird. Besonderes Augenmerk richtet dieser Beitrag darauf, wie die Journalisten die von ihnen genutzten Online-Angebote, Anbieter und Dienste einschätzen.

Methodisches Vorgehen

Die politische Online-Nutzung durch publizistische Medien wurde mit einer zweistufig angelegten Redaktionsbefragungen ermittelt. An eine postalische Kurzbefragung von insgesamt 155 Redaktionen (Politik oder Aktuelles) schlossen sich 29 Intensivinterview mit Online-Experten in einzelnen Redaktionen an.[2]

---

2 Das zweistufige Vorgehen wurde durch einen dritten Schritt ergänzt. Zur genaueren Vorgehensweise siehe Anhang.

1. Der erste Teil der Untersuchung, die postalische Kurzbefragung bei allen wichtigen publizistischen Medien[3] im Sommer 1996, diente zunächst dazu festzustellen, *wie weit Online-Nutzung bei der redaktionellen Recherche verbreitet ist*. Gleichzeitig konnte auf diesem Weg ein Ansprechpartner für die nachfolgenden telefonischen Intensivinterviews ermittelt werden.

2. Das Intensivinterview mit 29 Redakteuren ausgewählter publizistischer Medien verschiedensten Typs zielte in erster Linie darauf ab, die *Akzeptanz und Beurteilung politischer Online-Angebote zu erfragen*. Die Interviews wurden telefonisch im Herbst 1996 geführt.

Die Fragen in diesem Interview sind vielfach Faktfragen, die sich auf die Situation in der jeweiligen Redaktion beziehen. Untersuchungseinheiten der Befragung sind daher primär Redaktionen (es handelt sich also nicht im üblichen Sinn um eine Journalistenumfrage). Allerdings verlangt das Interview an einigen Stellen doch ganz subjektive Urteile und Bewertungen, die naturgemäß nur die Sichtweise der befragten Personen wiedergeben. Die Untersuchung über die Online-Nutzung in den politischen Redaktionen ist als "qualitative" Studie angelegt. Da mit der Studie völliges Neuland betreten wurde, war es notwendig, die Befragung möglichst offen zu gestalten und möglichst vielfältige Antworten und Sichtweisen einzufangen.

Wegen der vorwiegend explorativen Natur der Erhebung und der ohnehin geringen Zahl der Befragten sind weder die in die Intensivbefragung einbezogenen Redaktionen noch die Interviewpartner in den Redaktionen nach strengen Zufallskriterien ausgewählt worden. Die mitgeteilten Ergebnisse zu diesem Untersuchungsteil nehmen daher nicht für sich in Anspruch, im stichprobenstatistischen Sinne "repräsentativ" zu sein.

Dennoch haben die Ergebnisse einiges Gewicht. Es handelt sich schließlich bei den einbezogenen Medien vielfach um publizistisch bedeutende und stark verbreitete Organe, und die Interviewten sind meist leitende Redakteure oder die in der jeweiligen Redaktion für

3 Ausgangstichprobe: 155 Medien, davon 22 Agenturredaktionen, 21 Fernsehnachrichtenredaktionen, 39 Radionachrichtenredaktionen, 11 Publikumszeitschriften- und Wochenzeitungsredaktionen und 62 Tageszeitungsredaktionen. Siehe Anhang.

die Online-Nutzung offiziell Zuständigen oder Spezialisten für die Recherche von Online-Angeboten für die politische Berichterstattung.

Daher machen quantifizierende Darstellungen an einigen Stellen durchaus Sinn. Sie geben einen Eindruck von den Antwortverteilungen bei den Fragen, die im Interview standardisiert erhoben wurden.

Verbreitung der Online-Nutzung bei publizistischen Medien

Die Kurzbefragung richtete sich an die Ressorts Politik oder Aktuelles/Nachrichten der einzelnen Medien. Im Fragebogen wurde um Auskunft darüber gebeten, ob und seit wann von der Redaktion "für die Recherche oder als Quelle von Beiträgen" Internet, T-Online, CompuServe oder ein anderer Online-Dienst genutzt werden. Von den insgesamt einbezogenen 155 Medien, haben 144 die erbetenen Angaben gemacht (Rücklaufquote: 93%).

Tabelle 1: Online-Nutzung durch publizistische Medien
(absolute Werte, Herbst 1996)
Meine Redaktion nutzt für die Recherche oder als Quelle von Beiträgen folgende Dienste häufiger/selten/nie:
Internet (WWW) - T-Online- CompuServe - andere Online-Dienste.

	TV*	HF	WZ	TZ	AG	Ges.	%
Nutzung von Internet und/oder Online-Diensten	13	17	7	21	11	69	48
Nichtnutzer	8	18	3	38	8	75	52
Angaben gemacht	21	35	10	59	19	144	100
Keine Angaben	0	4	1	3	3	11	
In die Erhebung insgesamt einbezogene Medien	21	39	11	62	22	155	

* TV: Fernsehnachrichten; HF: Hörfunknachrichten; WZ: Politische Wochenzeitungen und Magazine; TZ: Tageszeitungen; AG: Agenturen und Dienste;
Quelle: Eigene Erhebung (Sommer 1996).

Knapp die Hälfte der politischen bzw. aktuellen Redaktionen, die Angaben gemacht haben, nutzt Online-Medien zur Recherche oder als Quelle von Beiträgen. Die Nutzung in den Redaktionen ist prozentual höher als unter Freien Journalisten (Mast, Popp & Theilmann 1997: 142). Es zeigen sich Unterschiede bei den einzelnen Mediengattungen. Beim Fernsehen und bei den politischen Wochenzeitungen bzw. Illustrierten ist die Online-Recherche bereits sehr verbreitet. Politische Redakteure in Tageszeitungen setzen die Möglichkeiten der Online-Recherche noch nicht in dem Maße ein. wie das bei den anderen Medien der Fall ist. Das Ergebnis für die Tageszeitungen wird auch durch aktuellere Daten bestätigt.[4] Tabelle 2 macht die Unterschiede zwischen den Mediengattungen deutlich:

Tabelle 2: Anteil der Online-Mediennutzung in den einzelnen Mediengattungen
Meine Redaktion nutzt für die Recherche oder als Quelle von Beiträgen folgende Dienste häufiger/selten/nie:
Internet (WWW) - T-Online- CompuServe - andere Online-Dienste.

Mediengattung	Anteil der nutzenden Redaktionen in %
TV*	62
HF	44
WZ	70
TZ	36
AG	58
Insgesamt	48

* TV: Fernsehnachrichten; HF: Hörfunknachrichten; WZ: Politische Wochenzeitungen und Magazine; TZ: Tageszeitungen; AG: Agenturen und Dienste;
Basis: 144 Redaktionen.

Im Hinblick auf die Tageszeitungen ist zu vermuten, daß der Durchschnittswert von den mittleren und kleineren Blättern nach unten gedrückt wird, deren Redaktionen technisch und personell im Vergleich zu den anderen Medien relativ schlecht ausgestattet sind. Bei einem Blick auf Tabelle 3 zeigt sich, daß diese Vermutung nur zum Teil bestätigt wird.

4 Petersen & Stadthoewer (1997: 10) ermitteln für die Online-Nutzung im Bereich Politik/Aktuelles bei Tagezeitungen einen Anteil von 34%.

Die kleinen Blätter mit einer verkauften Auflage unter 100 000 nutzen - wie angenommen - die Netze am seltensten. Erstaunlich ist jedoch die große Verbreitung der Online-Recherche bei den Blättern mit einer Auflage zwischen 100 000 und 200 000. Bei den auflagenstärksten Zeitungen ist die Online-Recherche erwartungsgemäß ebenfalls schon sehr häufig eingeführt. Überraschend ist die relativ geringe Nutzung bei Zeitungen mit einer Auflagenhöhe zwischen 300 000 und 400 000.

Tabelle 3: Online-Nutzung bei Tageszeitungen mit unterschiedlicher Auflagenhöhe
Meine Redaktion nutzt für die Recherche oder als Quelle von Beiträgen folgende Dienste häufiger/selten/nie:
Internet (WWW) - T-Online- CompuServe - andere Online-Dienste.

	Online - Nutzung in %	Anzahl TZ je Auflagenhöhe
Verkaufte Auflage:		
< 100 000	20	10
100 000 - 200 000	44	16
200 000 - 300 000	38	16
300 000 - 400 000	20	10
> 400 000	40	10

Basis: 62 Tageszeitungsredaktionen.

Aus den Daten geht hervor, daß viele Redaktionen in allen Mediengattungen erst in den Jahren 1995 und 1996 den Netzzugang geschaffen haben. Von den 64 Redaktionen, die Angaben zum Zeitpunkt des Netzzugangs gemacht haben, nannten 61 Redaktionen die Jahre 1995 und 1996. Da Internet- und Online-Dienste für die meisten Redaktionen eine völlig neue Recherchemöglichkeit bieten, ist zu vermuten, daß sie bisher erst von einigen "Avantgardisten" und noch nicht von der ganzen politischen Redaktion genutzt werden. Die Ergebnisse in Tabelle 1 sagen daher, genau genommen, nur etwas darüber aus, in wievielen Redaktionen die Online-Recherche überhaupt (von mindestens einem Redakteur) eingesetzt wird. Sie sind nicht als Aussage über die Verbreitung unter politischen Journalisten zu interpretieren.

Nutzung einzelner Online-Dienste durch publizistische Medien

Die mit Abstand größte Verbreitung bei den publizistischen Medien hat die Internet-Nutzung, entweder direkt oder über einen kommerziellen Dienst wie T-Online oder CompuServe. Fast die Hälfte der befragten politischen Redaktionen suchte im Herbst 1996 zumindest gelegentlich im Internet nach Informationen (vgl. Tabelle 4). Von den kommerziellen Dienste-Anbietern hat CompuServe in den Redaktionen die stärkste Verbreitung. T-Online steht dem nur wenig nach. Andere Dienste werden zum Erhebungszeitpunkt demgegenüber nur selten genutzt. Die Dominanz des Internet gegenüber kommerziellen Online-Diensten belegt auch die Untersuchung von Petersen und Stadthoewer (1997:17).

Tabelle 4: Nutzung einzelner Online-Dienste durch publizistische Medien (Herbst 96, Mehrfachnennungen möglich; absolute Werte)
Meine Redaktion nutzt für die Recherche oder als Quelle von Beiträgen folgende Dienste häufiger/selten/nie:
Internet (WWW) - T-Online- CompuServe - andere Online-Dienste.

	Nutzung gesamt	davon häufig	davon gelegentlich
Internet	69	28	41
CompuServe	30	7	18
T-Online	26	8	18
AOL	15	3	12
MSN	3	-	3
Mindestens einen davon:	70		

Basis: 144 Redaktionen.
Quelle: Eigene Erhebung, Herbst 1996.

Im Mittel nimmt jede nutzende Redaktion zwei Dienste in Anspruch, was darauf zurückzuführen ist, daß die kommerziellen Dienste (AOL, CompuServe etc.) auch den Internet Zugang bereitstellen und somit als Provider fungieren oder wie MSN ins Internet integriert sind. Die Zahl der genutzten Quellen (Internet bzw. Dienste) variiert zwischen den einzelnen Mediengattungen nur gering. Die meisten Dienste nutzen TV- Nachrichtenredaktionen (Mittelwert 2,2), die wenigsten Radio- Nachrichtenredaktionen (Mittelwert 1,7).

Intensität der Online-Nutzung in den Redaktionen

Bei der Vorerhebung wurde ein Ansprechpartner ermittelt, der ausführlich über die Nutzung von Internet und Online- Diensten durch die politische Redaktion Auskunft geben sollte und dabei auch über den Umfang der Nutzung, über bevorzugte Anbieter, Akzeptanz und Einschätzung dieser neuartigen Informationsquelle befragt wurde. Von den insgesamt 29 Ansprechpartnern arbeiten drei bei Nachrichtenagenturen, 15 in den Nachrichtenredaktionen von Fernseh- oder Radiosendern, vier bei Wochenzeitungen bzw. Magazinen und sieben bei Tageszeitungen. Tabelle 5 gibt einen Überblick über die in die Intensivbefragung einbezogenen Medien.

Die befragten Auskunftspersonen sind zumeist Redakteure, die sich als die "offiziell" oder "inoffiziell" Zuständigen für die Online-Nutzung der Redaktion bezeichnen. Sie sind daher in der Lage, ein kompetentes Urteil über die Situation in ihrer Redaktion abzugeben, was Akzeptanz und Nutzung von Online-Angeboten für die politische Berichterstattung anbelangt. Tabelle A1 im Anhang gibt einen genauen Überblick über Position bzw. Funktion der Befragten.

Tabelle 5: In die Intensivbefragung einbezogene Medien

Mediengattung:	Medien:	Anzahl
Agenturen	AFP, DFA, medien-informations-dienst;	3
Fernsehen	Pro7, SAT1, VOX, RTL, RTL2, MDR, SWF, WDR;	8
Hörfunk	Bayerischer Rundfunk, Radio Bremen, Ostdeutscher Rundfunk Brandenburg, Süddeutscher Rundfunk, Antenne Bayern, Radio FFH, NORA	7
Politische Wochen-zeitungen/ Magazine	Die Woche, Der Spiegel, stern, Wirtschaftswoche;	4
Tageszeitungen	Augsburger Allgemeine, Der neue Tag, Express, Frankfurter Allgemeine Zeitung, Lübecker Nachrichten, Passauer Neue Presse, Westfälische Nachrichten.	7

Die Antworten auf die Frage nach dem Anteil der Online-Nutzer in den Redaktionen zeigen, daß in der Mehrzahl der Redaktionen nicht nur die befragten Ansprechpartner, sondern auch deren Kollegen netzkompetent sind (Tabelle 6).

Tabelle 6: Online-Nutzung innerhalb der Redaktionen (Anzahl Nennungen)

Frage: „Wieviele der festangestellten Redakteure nutzen zumindest gelegentlich das Internet oder Online-Dienste?"

Nutzung durch:	
alle/Mehrheit	6
ca. die Hälfte	9
Einige (< 50%)	5
Keiner/Minderheit	6
weiß nicht	3
insgesamt	29

Basis: 29 Online-Experten aus unterschiedlichen Redaktionen.

Obwohl in den meisten Redaktionen die journalistische Online-Recherche erst seit relativ kurzer Zeit möglich ist, scheint sie innerredaktionell bereits gut akzeptiert zu sein. Bei Fernseh- und Hörfunkredaktionen ist die Online-Recherche demnach intern am weitesten verbreitet, wobei zum Zeitpunkt der Befragung erstaunlicherweise weder bei *ARD-Aktuell* noch bei *heute* online recherchiert wurde. Lediglich einzelne Politmagazine der ARD und *heute-nacht* bedienten sich nach Auskunft der Gesprächspartner der Online-Medien.

Durch geplante neue Redaktionssysteme und PC-Neuanschaffungen wird die Verbreitung der Online-Recherche in den Redaktionen weiter zunehmen. Ein Redakteur sagte beispielsweise, daß *größere und schnellere Rechner* angeschafft werden sollen, *so daß von jedem Arbeitsplatz aus gesurft werden kann* (Politische Wochenzeitung).

Die meisten der in den Intensivinterviews Befragten suchen selbst täglich oder mehrmals wöchentlich in den Netzen nach journalistisch verwertbaren Informationen. Die Einschätzung der Häufigkeit der Online-Nutzung fiel allerdings einigen Intensivnutzern schwer: *Die Kiste läuft den ganzen Tag*, sagte ein Redakteur eines privaten Fernsehsenders, und die Online- Recherche ist dabei derart in andere Tätigkeiten am PC bzw. Terminal integriert, daß sie mitunter gar nicht mehr als eine eigenständige Tätigkeit empfunden wird.

Innerhalb der einzelnen Medien machen die Ressorts Politik bzw. Nachrichten/Aktuelles am häufigsten von Online-Medien Gebrauch. Die Befragten nannten darüber hinaus das Wirtschaftsressort als häufigen Nutzer von Internet oder Online-Diensten. Auch die Ressorts, die sich mit Themen wie Computer, Medien, Wissenschaft und Technik befassen, wurden wiederholt als "user" genannt.

Die Nutzung von Online-Diensten bzw. Internet zur Recherche geht bei den meisten Medien einher mit der Erstellung eines eigenen Online-Angebots. Drei Viertel der in der Intensivbefragung berücksichtigten Medien gestalten ein Online-Angebot.

Zwecke und Inhalte der Nutzung

Auf die offene Frage nach dem Zweck der Nutzung von Internet und Online-Diensten wurden hauptsächlich genannt: ungezielte und gezielte Informationssuche, Überblicks- und Hintergrundrecherche,

Kommunikationszwecke (E-mail, Newsgroups). Für viele Nutzer ist die ungezielte Information und Anregung wichtig. Sie *surfen* im Internet, um Themen zu finden oder *um Trends und Entwicklungen in den unterschiedlichen Bereichen zu erfassen* (so der zuständige Redakteur für Aktuelles bei einem privaten Fernsehsender). Die Nutzung von Online-Medien dient auch dem gezielten Einholen von Expertenmeinungen und -urteilen. Von einzelnen Redakteuren wurde die Beobachtung der Konkurrenz erwähnt. Eine Boulevardzeitung ist beispielsweise am Angebot der Bild-Zeitung interessiert.

Um die relative Bedeutung der verschiedenen Nutzungszwecke noch etwas genauer zu erfahren, schloß sich an die offene Frage eine Nachfrage mit Vorgaben an, bei der die Auskunftspersonen auch um Angaben über ihre Kollegen in der Redaktion gebeten wurden. Tabelle 7 zeigt die als "häufig" angegebenen journalistischen Zielsetzungen bei der Online-Nutzung.

Tabelle 7: Häufige Zwecke der Online-Nutzung durch die Befragten und deren Einschätzung ihrer Kollegen (Anzahl Nennungen)
Frage: Ich nenne Ihnen jetzt verschiedene berufliche Zwecke, zu denen man Online-Dienste und das Internet nutzen kann. Was davon tun Sie persönlich oder Ihre Kollegen im Bereich Aktuelles/Politik häufig?

Zweck bzw. Zielsetzung der Online-Nutzung:	*Befragter*	*Kollegen*
Gezielte Information/ Recherche für Beiträge	21	17
Allgemeine Information	19	12
Texte/Daten verschicken	17	9
Foren/Newsgroups	7	1
PC & Software Information	9	6

Basis: 29 Online-Experten aus unterschiedlichen Redaktionen.

Häufigster Zweck der Netzrecherche ist die Informationssuche. Die Journalisten gehen online, um "sich allgemein zu informieren" oder um ganz gezielt Informationen abzurufen, die sie für Beiträge bzw. Sendungen benötigen. Darüber hinaus wird vor allem die Möglichkeit der Kommunikation via Email genutzt.

Den Typus der gesuchten Information charakterisieren die Befragten folgendermaßen: In den Netzen werden *eher Fakten als Meinungen* gesucht. An erster Stelle stehen Texte (Dokumente, Pressemitteilungen, Veranstaltungshinweise, Literaturhinweise) und Statistiken, einige Presse- und Fernsehredakteure nennen auch Bilder. Ein Befragter betont: *Man kann auf Originaldokumente zugreifen* (Nachrichtenmagazin). Auch Adressen sowie *Daten zu Leuten und Ereignissen* (Privater Fernsehsender) werden erwähnt.

Nicht selten werden Online-Informationen wie Texte oder Bilder heruntergeladen, um sie redaktionell weiterzuverarbeiten. Knapp zwei Drittel der Befragten sagen, daß sie dies zumindest gelegentlich tun.

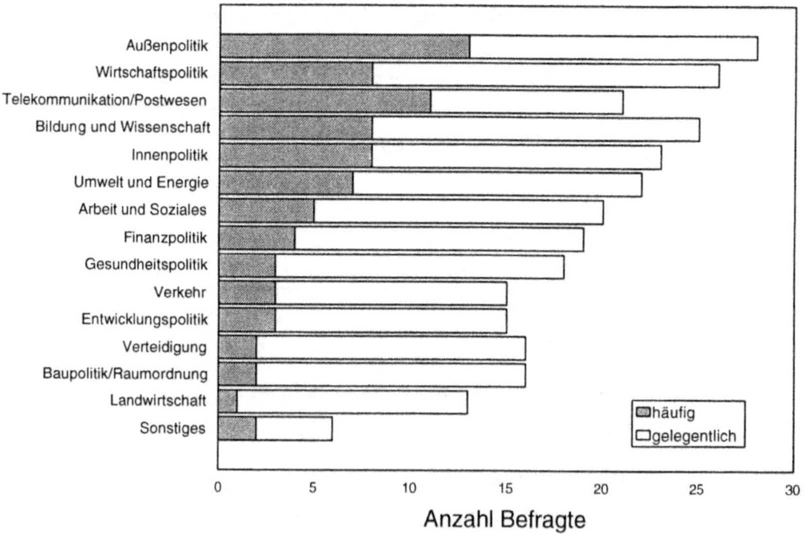

Abbildung 1: Rangordnung der Themenbereiche, zu denen sich die Befragten online informieren

Frage: Zu welchen politischen Themenbereichen informieren Sie sich persönlich häufig oder gelegentlich durch Online-Recherche?

Basis: 29 Online-Experten aus unterschiedlichen Redaktionen (Mehrfachnennung).

Ebenfalls ermittelt wurden die politischen Themenbereiche, zu denen online Informationen gesucht werden. Am häufigsten suchen die befragten Redakteure etwas zum Thema Außenpolitik im Internet oder bei Online-Diensten. Dies ist angesichts der Internationalität des Internet plausibel. Vergleichsweise häufig recherchierte weitere Themenbereiche sind Wirtschaft, Innenpolitik, Telekommunikation, Wissenschaft/Forschung sowie Umwelt und Energie. Die gesamte Themenrangordnung zeigt Abbildung 1.

Genutzte Anbieter und Quellen

Im Intensivinterview wurde genauer nachgefragt, welche der Dienste für die politische Berichterstattung genutzt werden. Die Resultate entsprechen denen der Vorerhebung, die sich auf die Redaktion insgesamt bezog. Das Internet ist die mit Abstand am häufigsten genutzte Quelle für politische Online-Recherchen. Deutlich seltener wurde CompuServe genannt, gefolgt von T-Online. Die anderen Dienste AOL und MSN sind zum Erhebungszeitpunkt im Herbst 1996 dagegen unbedeutend. Einige Medien, so die Frankfurter Allgemeine Zeitung und Der Spiegel, nutzen sowohl das Internet wie auch vier kommerzielle Dienste für politische Recherchen.

Die Online-Spezialisten wurden um ihr Urteil über spezifische Vor- und Nachteile der einzelnen Dienste gebeten. Ihrer Einschätzung zufolge ist die intensive Internetnutzung auf die außerordentliche Themenvielfalt, die Internationalität und die beim Surfen zu entwickelbaren kreativen Suchstrategien zurückzuführen. Im direkten Vergleich mit kommerziellen Diensten betonen die Befragten die Vorteile des kostengünstigeren Zugriffs. Der Kostenfaktor ist zugleich neben der geringeren thematischen Breite einer der meistgenannten Nachteile von Diensten wie CompuServe und T-Online. Positiv vermerkt wird jedoch das vielfach besser strukturierte und spezialisiertere Angebot der Dienste, der schnellere Zugriff und die einfachere Benutzerführung. Die Auskunftsperson bei einer öffentlich-rechtlichen Rundfunkanstalt sagte:

> Der große Vorteil des Internet, nämlich die Informationsbreite, ist auch dessen großer Nachteil. Der Nachteil wird jedoch ausgeglichen durch Suchmaschinen, wie Dino, Hotbot, Yahoo, Alta Vista, Exite.

Der spezifische Vorteil des meistgenutzten kommerziellen Dienstes CompuServe ist die gute Darstellung und die Angebotsvielfalt im Bereich wirtschaftlicher Themen.

Die von den Befragten häufig für die politische Berichterstattung online genutzten Quellen, Anbieterarten und Angebote wurden zunächst anhand von Vorgaben abgefragt Die meisten Befragten nennen die Online-Angebote anderer Medien als häufig genutzte Quellen. Mit Abstand folgen Agenturen und Dienste, Archive und Datenbanken sowie Ämter und Behörden (vgl. Tabelle 8).

Tabelle 8: Häufig genutzte Quellen (Anzahl Nennungen)
Frage: Ich nenne Ihnen jetzt verschiedene Arten von Anbietern. Welche davon nutzen Sie persönlich für die politische Berichterstattung häufig?

Andere Medien	22
Agenturen und Dienste	13
Archive und Datenbanken	12
Ämter und Behörden	11
Parteien	9
Verbände/Interessengruppen	9
Hochschulen/Forschungseinrichtungen	8
Einzelne Firmen	6

Basis: 29 Online-Experten aus unterschiedlichen Redaktionen.

Aufschlußreicher - weil konkreter - sind die Antworten auf eine offene Nachfrage nach bestimmten für die politische Recherche genutzten Angeboten. Hier nannten die Befragten vor allem andere Medien. Eine wichtige Rolle bei den anderen Medien spielt Der Spiegel, der vielfach erwähnt wurde. Spiegel-Online ist u.a. nützlich weil es *umfangreiche und vollständige Querverbindungen zu Web-Angeboten* enthält (so ein Tageszeitungs-Redakteur). Eine ähnliche Rolle nimmt Focus-Online ein. Außerdem wurden die Medien stern, Bild, Welt, Süddeutsche Zeitung, Frankfurter Allgemeine Zeitung, Berliner Zeitung und Tageszeitung (taz) genannt.

Mehrfach aufgeführt wurden kommerzielle Datenbanken wie JURIS und vor allem GENIOS. Medienarchive, wie jene der Süddeutschen Zeitung, der Frankfurter Allgemeinen Zeitung und die des Spiegel werden ebenfalls stark frequentiert.

Journalisten sind ganz allgemein intensive Nutzer anderer Medien. Sie beobachten genau die Konkurrenz und neigen dazu, sich über Mediengrenzen hinweg an den gleichen Themen und Ideen zu orientieren (Shoemaker & Reese 1991:102). Diesem Bestreben kommen offenbar Internet und Online-Dienste mit ihren neuen Möglichkeiten der Medienbeobachtung entgegen. Zwar vergrößert sich damit einerseits die Quellenvielfalt für die Recherche, eröffnen sich weitere Möglichkeiten des Abgleichens und Verifizierens von Nachrichten. Auf der anderen Seite kann dies aber auch die Tendenz zum Themenkonformismus verstärken.

Anforderungen an Online-Angebote politischer Organisationen

Zu den neuen Möglichkeiten der Online-Recherche gehört der direkte Zugang zu Angeboten von Ämtern, Behörden und politischen Parteien. Viele Regierungen, Ministerien und politischen Organisationen haben die Chance erkannt, auf diesem Wege interessierten Bürgern, aber auch professionell nach Information Suchenden - wie Journalisten - spezifische Online-Angebote zu machen. Eine Netzrecherche im Herbst 1996 erbrachte, daß zu diesem Zeitpunkt neben der Bundesregierung die Staatskanzleien von 13 Bundesländern und darüber hinaus 27 Bundes- und Länderministerien mit Angeboten auf einer eigenen Home Page im Internet präsent waren. Das Informationsangebot reichte von Selbstdarstellungen der Regierungen bzw. Ministerien, Verwaltungen und Parlamente über Pressemitteilungen und Politikerrreden bis hin zu teils sehr speziellen Informationen zu verschiedenen gesellschaftlichen Bereichen wie Wirtschaft, Bildung, Wissenschaft, Kultur und Tourismus (Weiß 1997:54)

Wie die Redaktionsbefragung zeigt, machen die politischen Redaktionen von diesen Angeboten auch Gebrauch. Gut ein Drittel der Befragten gaben Ämter und Behörden als "häufig" genutzte Online-Quelle an, etwas seltener nannten sie Parteien, Verbände und Interessengruppen (vgl. Tabelle 8). Praktisch jede der in die Befragung einbezogenen Redaktionen greift wenigstens gelegentlich auf die Online-Angebote dieser Organisationen zu. Bei den auf eine offene Nachfrage genau benannten Behörden handelt es sich um Statistische Bundes- oder Landesämter, das Angebot des Bundestags und der Bundesregierung bzw. des Presse- und Informationsamtes der Bundesregierung. Die Internationalität des Internets kommt mit der Nennung US-amerikanischer Behörden zum Ausdruck. Als einzige Interessengruppe wurde Greenpeace namentlich erwähnt.

Die Befragten äußerten teils sehr konkrete Erwartungen und Vorstellungen darüber, wie Online-Angebote von Regierungen, Ministerien und Parteien beschaffen sein sollten, damit sie für die journalistische Arbeit nützlich sind.

Die wichtigste, von den meisten artikulierte Anforderung ist hohe Aktualität - bis hin zu täglichen, ja sogar stündlichen Updates. Fast gleichgewichtig wurde die Forderung nach hoher Informationsqualität, nach präziser, verläßlicher, fundierter und unparteiischer Information erhoben. Einige Beispiele aus den Interviews:

- Hohe Aktualität; Pressemitteilungen müßten sofort verfügbar sein und nicht erst am nächsten Tag;

- Die Angebote müssen schnell verfügbar sein. Die Qualität der politischen Online-Angebote müssen jenen der politischen Print-Angebote entsprechen. Sie sollten seriös sein;

- Gute Qualität, hohe Aktualität, keine Verschleierungen. Wir adaptieren keine Verlautbarungen;

- Umfassende Angebote, nicht nur kurze Luftblasen, verläßliche Informationen.

Vielfach sind die Wünsche von den Anforderungen des jeweiligen Mediums geprägt und zum Teil sehr speziell:

- Pressemitteilungen in Realzeit, so wie sie an Medien gefaxt werden (Presseagentur);

- wer für bestimmte Veröffentlichungen der Ansprechpartner ist, um bei Bedarf nach mehr Information gleich den richtigen Ansprechpartner zu haben (Presseagentur);

- Zugriff auf Originale sollte möglich sein (Nachrichtenmagazin);

- Zugang zu internen Archiven (Tageszeitung);
- Aktualität, sollte stündlich aktualisiert werden, Möglichkeit der direkten Reaktion (öffentlich-rechtlicher Hörfunk);
- präzisere Information, Audiophiles (O-Töne) (öffentlich-rechtlicher Hörfunk);
- schnelle Versorgung mit Zitaten und Terminen, viele Hintergrundinfos (Privater Fernsehsender);
- wenn Zahlen aufbereitet werden, sind sie in der Regel zu trocken, man erkennt nicht die Geschichte, die hinter den Zahlen steht (Privater Fernsehsender).

Einige Befragte äußerten auch Anforderungen an die Aufbereitung der Information, die formale Gestaltung und Benutzerführung:

- einfacher Einstieg, leichtes Zurechtfinden, Übersichtlichkeit (öffentlich-rechtlicher Hörfunk);
- gute Strukturierung, Suchmaschinen, eine Seite, wo alle aktuellen Themen genannt werden (öffentlich-rechtlicher Hörfunk);
- Links z.B. zu anderen Behörden und Dienststellen, kein totes Ende (öffentlich-rechtlicher Fernsehsender).

Auch aus den Antworten auf eine Frage, die ganz allgemein darauf abstellte, welche Informationen und Angebote in den Netzen vermißt werden, läßt sich etwas über die journalistischen Anforderungen an (politische) Online-Angebote ableiten. Am häufigsten äußerten die Befragten den Wunsch nach Archiven und Datenbanken verschiedenster Art oder eine Erweiterung ihrer Nutzungsmöglichkeiten:

- O-Ton-Archive wären für das Radio besonders wichtig (Privater Hörfunksender);
- schön wäre ein Adressenverzeichnis von Fachleuten zu bestimmten Themen (Tageszeitung);
- deutsche journalistische Zentraldatenbanken, wie es sie bereits in den USA gibt (öffentlich-rechtlicher Hörfunk);
- der Traum wäre eine Web-Adressenseite, über die man alle Archive oder mehrere Archive kriegen kann (Tageszeitung).

Einige Befragte sprechen das Problem der Präzision und Glaubwürdigkeit von Quellen bzw. Quellenangaben auf unterschiedliche Weise an. Der Redakteur eines privaten Fernsehsenders vermißte *eine Bewertung der einzelnen Quellen*, da er häufig an der Glaubwürdigkeit der Informationen zweifelt: *Es handelt sich bei den Informationen aus dem Internet oftmals nicht um harte Fakten zum Weitergeben.* „Credibility is key" so der ähnliche Befund US-amerikanischer Forscher zum Thema journalistische Anforderungen an Online-Angebote. Journalisten neigen dazu, sich von Angeboten abzuwenden, deren informative Leistung unvollständig und unzuverlässig ist (Ross/Middleberg 1997).

Nutzen und Nachteil von Online-Angeboten für den Journalismus

Auf die allgemein formulierte Frage, welches die Vorteile von Online-Informationen für die journalistische Arbeit sind, nannten fast alle Befragten vor allem zwei Merkmale, nämlich Verfügbarkeit - in zeitlicher und räumlicher Hinsicht - und Schnelligkeit bzw. Aktualität. Hier nur einige wenige Beispiele von Äußerungen:

- rund um die Uhr verfügbar (Verschiedene Mediengattungen);
- permanente Verfügbarkeit, zeit- und raumunabhängig (Privater Fernsehsender);
- Vorteile ergeben sich vor allem für freie Journalisten, die nicht auf ein Archiv zurückgreifen können und so schnell Informationen auch von zu Hause aus oder jedem Ort der Welt aus bekommen können. (Privater Hörfunksender);
- sehr schnelle Arbeitsmöglichkeit, weltweiter Zugriff auf Zeitungen und Archive (Privater Fernsehsender);
- aktuell, flexibel benutzbar (öffentlich-rechtlicher Hörfunksender);
- Geschwindigkeit, zeitliche Flexibilität des Zugriffs, zeitgleiche Verfügbarkeit von horizontalen und vertikalen Informationssträngen (öffentlich-rechtlicher Fernsehsender).

Das in einigen dieser Äußerungen schon enthaltene Argument der Informationsfülle ist ein weiterer Vorteil, der von vielen Befragten mit unterschiedlicher Akzentsetzung genannt wird:

- riesiges Angebot (Tageszeitung);
- breites Spektrum, Zugriff auf Veröffentlichungen, die (sonst) nur mit Mühe zu beschaffen sind (Wirtschaftsmagazin);
- verbesserte Beschaffung von Hintergrundinformationen (Privater Fernsehsender).

Einige der Befragten weisen auch auf den besonderen Vorteil der systematisierten Recherche mit Hilfe von Stichworten und Verknüpfungen (*Links*) hin. Genannt wurde ferner die Möglichkeit, neue oder ungewöhnliche Quellen für spezielle Themenbereiche erschließen sowie Texte und Dateien herunterladen bzw. ausdrucken zu können.

Auf die Frage, ob die Online-Recherche auch Nachteile für die journalistische Arbeit hat, fiel den Befragten weit weniger ein. Viele sahen überhaupt keine Nachteile (13 von 29). Sofern kritische Punkte angesprochen wurden, betrafen sie zum einen den oftmals hohen Zeitbedarf für die Netzrecherche und zum anderen die Schwierigkeit, Quellen auf ihre Zuverlässigkeit überprüfen zu können:

- Ja, sehr zeitaufwendig (großer Nachteil), Wust an Daten, durch den man sich durcharbeiten muß (Privater Hörfunksender);
- Die Nachteile bestehen vor allem in der Zugriffsdauer und liegen in der Struktur des Internet begründet (Boulevardzeitung);
- Zuverlässigkeit kann leiden (Nachrichtenagentur).

Vereinzelt wird kritisch angemerkt, daß die Recherche oberflächlicher wird und Kontakte mit Informanten vernachlässigt werden könnten.

Auch auf die direkte Frage, ob nach Einschätzung der Auskunftspersonen herkömmliche Recherchemethoden durch die Online-Nutzung an Bedeutung verloren haben, wußte ein großer Teil der Redakteure keine Bereiche zu nennen, deren Bedeutung geschmälert worden wäre. Vielmehr wird nochmals deutlich, daß Online-Dienste wie auch das Internet flankierend genutzt werden. Die Online-Recherche ergänzt herkömmliche Recherchemethoden.

Vereinzelt wurde darauf hingewiesen, daß das Telefon teilweise seinen Stellenwert verliert, doch einschränkend wird auch bemerkt, daß es *weiterhin das wichtigste Mittel zur Informationsbeschaffung* bleiben wird. *Da die Information ständig "online" zur Verfügung steht, ver-*

zichtet man eher darauf diese zu archivieren, stellte ein Redakteur fest. Agenturmeldungen und die traditionelle Zeitungsarchivnutzung haben nach der Meinung einzelner Befragter bereits an Bedeutung verloren.

Alles in allem haben die befragten Redakteure eine positive Einstellung zur Online-Recherche und eine optimistische Sicht, was die künftige Entwicklung dieser Methode betrifft. Typisch sind dafür folgende Äußerungen:

- Online-Recherche wird immer mehr fester Bestandteil der täglichen Arbeit werden und eine zunehmend wichtigere Rolle spielen (Privater Fernsehsender)
- Wird eventuell die Rolle einer Nachrichtenagentur übernehmen, d.h. man holt sich Informationen nicht nur bei einer Nachrichtenagentur, sondern auch bei Online-Diensten (öffentlich-rechtlicher Hörfunksender)
- Längerfristig wird jeder politische Redakteur online recherchieren können, er wird Basisinformationen zunächst an seinem Bildschirm abfragen können, bevor er mit der Telefonrecherche beginnt (Nachrichtenagentur)

Zusammenfassung

Die journalistische Recherche via Online-Medien in den Bereichen Politik bzw. Aktuelles/Nachrichten ist vielfach in die alltägliche Informationssuche der Journalisten integriert. Insbesondere bei den Fernseh-Redaktionen (62%) und den Redaktionen politischer Wochenzeitungen/Illustrierten (70%) ist die Nutzung von Online-Medien zum Erhebungszeitpunkt im Herbst 1996 bereits sehr verbreitet.

Vor allem im Internet (WWW) finden die Redakteure journalistisch verwertbare Informationen. 48% der 144 befragten Redaktionen nutzen das Internet. Dort begeistert die Journalisten das breite Angebot, die Themenvielfalt und die Internationalität, wohingegen die kommerziellen Online-Dienste insbesondere durch spezialisierte Angebote z.B. im Bereich wirtschaftlicher Themen überzeugen.

Als häufig genutzte Quelle nennt die große Mehrheit der in Intensivinterviews befragten Journalisten die Online-Angebote anderer Medien. Journalisten sind ganz allgemein starke Nutzer anderer Medien. Sie beobachten genau die Konkurrenz und neigen dazu, sich unabhängig vom Format ihres jeweiligen Mediums an den gleichen Themen und Ideen zu orientieren. Hierbei kommt den Journalisten der schnelle Zugriff über Online-Dienste und Internet auf Angebote anderer Medien entgegen.

Bei der Bewertung der neuen Recherchetechnik sehen die befragten Redakteure kaum Nachteile. Auch herkömmliche Recherchetechniken werden ihrer Ansicht nach fast nicht an Bedeutung verlieren. Vielmehr erfolgt die Nutzung von Online-Medien flankierend und ergänzt andere Recherchemethoden, wie z.B. die Telefonrecherche.

Daher sind viele der Befragten im Hinblick auf die Zukunft der Online-Recherche optimistisch. Ihrer Ansicht nach wird die journalistische Nutzung der Online-Medien weiter zunehmen und fester Bestandteil der redaktionellen Arbeit werden.

Literatur

Mast, Claudia, Manuela Popp & Rüdiger Theilmann (1997): Journalisten auf der Datenautobahn. Qualifikationsprofile im Multimedia-Zeitalter. Konstanz: UVK Medien (Medien und Märkte, Band 7).

Petersen, Jens & Frank Stadthoewer (1997) Redaktionelle Nutzung von Online-Medien bei Tageszeitungen. Arbeitspapier der Agentur Newsaktuell. Hamburg.

Ross, Steven S. & Don Middleberg (1997) The Media in Cyberspace III. A National Survey. Auf: http://www.mediasource.com/study/..., vom 23.05.1997.

Shoemaker, Pamela. J. & Stephen D. Reese (1991): Mediating the Messages. Theories of Influences on Mass Media Content. White Plains, N.Y.: Longman.

Weischenberg, Siegfried, Klaus-Dieter Altmeppen & Martin Löffelholz (1994): Die Zukunft des Journalismus: technologische, ökonomische und redaktionelle Trends. Opladen: Westdeutscher Verlag.

Weiß, Rainer (1996) Informationsangebote von Regierungsstellen auf Bundes- und Landesebene im Internet. Unveröffentlichte Diplomarbeit. Nünberg.

Zimmer, Jochen (1995): Die Expansion des Online-Marktes in Deutschland. Online-Dienste für ein Massenpublikum? In: Media Perspektiven 10, S: 476-488.

Anhang

Methodisches Vorgehen bei der Redaktionsbefragung

Die Akzeptanz und Nutzung von Online-Diensten durch publizistischen Medien wurde in zwei Erhebungsschritten untersucht. An eine postalische Vorerhebung bei 155 Medien mit politischer Berichterstattung schlossen sich 32 telefonische Intensivinterviews an.

1. Die postalische Vorerhebung

Mit einem Anschreiben an den Chefredakteur, das das Vorhaben kurz erläuterte, und einem Kurzfragebogen wurde ermittelt, ob und - wenn ja - welche Online-Dienste von der Redaktion "für die Recherche oder als Quelle von Beiträgen" genutzt werden. Die Unterlagen wurden in der letzten Juniwoche 1996 versandt. Als der Rücklauf Mitte Juli stagnierte, wurden alle Redaktionen, von denen bis dahin keine Antwort vorlag, telefonisch - teils mehrfach - kontaktiert. Vielfach wurden Anschreiben und Erhebungsbogen noch einmal verschickt, da sie in den Redaktionen nicht mehr vorlagen. In einigen Fällen wurde der Erhebungsbogen gleich beim telefonischen Kontakt vom Interviewer ausgefüllt. Diese Nachfaßaktionen wurden am 15. August 1996 eingestellt, als sich herausstellte, daß die bis dahin erzielte Rücklaufquote von 79,4 Prozent nicht mehr mit vertretbarem Aufwand zu steigern war. Im Vergleich zu ähnlichen Untersuchungen mit einer postalischen Befragung kann die Rücklaufquote als sehr gut eingestuft werden.

Die Ausgangsstichprobe umfaßt insgesamt 155 Medien mit politischer Berichterstattung, von denen für 123 ein ausgefüllter Erhebungsbogen vorliegt. Die meisten Medientypen wurden vollständig erfaßt, von allen Tageszeitungen die Hälfte (genauer Publizistische Einheiten, die Hälfte der verkauften Auflage repräsentieren; dabei richtete sich die Auswahlchance nach der Auflagenhöhe, so daß auf jeden Fall alle Zeitungen mit starker Verbreitung einbezogen waren).

Die Ausgangsstichprobe besteht aus folgenden Medien:

22 Agenturredaktionen

(alle bedeutenderen deutschsprachigen Nachrichtenagenturen mit politischen Inhalten sowie Rundfunknachrichtenagenturen mit politischen Inhalten)

AFP
AP
ddp/ADN
dpa
Reuters

Dimitag - Standortpresse
epd
KNA
VWD

Interactive Media
BLR bayerische Lokalradio Programme GmbH & Co. KG
bonn tendenz berlin tendenz Auffermann OHG
DFA Deutsche Fernsehnachrichten Agentur GmbH
HFN Medien GmbH
medien-informations-dienst Rolandseck GmbH
NSR Nachrichten und Sport Radioservice GmbH
Radiodienst Ruhrgebiet
Radio 7, Hörfunk GmbH & Co. KG
Reporter Presseagentur GmbH
RTL Baden-Württemberg GmbH & Co. KG
Rufa-Rundfunknachrichtenagentur GmbH
teuto Tele Fernsehproduktions- und Werbeges. mbH

21 Fernsehnachrichtenredaktionen

(Alle überregional verbreiteten deutschen Sender mit Voll- oder Informationsprogramm einschließlich der Landesrundfunkanstalten)

ARD Tagesschau/ Tagesthemen (Hamburg)
ZDF
Bayerischer Rundfunk
Hessischer Rundfunk
Mitteldeutscher Rundfunk
Norddeutscher Rundfunk
Ostdeutscher Rundfunk Brandenburg
Radio Bremen
Saarländischer Rundfunk
Sender Freies Berlin
Süddeutscher Rundfunk
Südwestfunk
Westdeutscher Rundfunk
Deutsche Welle
n-TV
Pro7
RTL
RTL2
SAT1
VOX
arte

39 Radionachrichtenredaktionen

(alle national und landesweit [ohne Stadtstaaten] verbreiteten deutschen Sender, außer p.o.s.-Sendern)

Südwestfunk
Hessischer Rundfunk
Mitteldeutscher Rundfunk
Bayerischer Rundfunk
Norddeutscher Rundfunk
Ostdeutscher Rundfunk Brandenburg Antenne Brandenburg
Ostdeutscher Rundfunk Brandenburg Radio Brandenburg

Radio Bremen
Saarländischer Rundfunk
Sender Freies Berlin
Süddeutscher Rundfunk
Westdeutscher Rundfunk
Deutschlandfunk Köln
DeutschlandRadio Berlin
ANTENNE BAYERN
Antenne. Das Radio
Antenne MV
Antenne Sachsen
Antenne Thüringen
BB Radio
Berliner Rundfunk
delta radio
Energy für Sachsen
Landeswelle Thüringen
NORA
r.s.2
Radio FFH
radio ffn
Radio NRW
Radio PSR
Radio RPR
Radio SAW
Radio Schleswig-Holstein
Radioropa Infowelle Sachsen
Sächsisches Lokalradio Programm
Ostseewelle
Radio Brocken
Deutsche Welle
Radio Salü

11 Publikumszeitschriften- und Wochenzeitungsredaktionen

(politische und Wirtschaftsmagazine, Illustrierte mit umfangreicher Politikberichterstattung sowie alle national verbreiteten, ivw-gelisteten deutschen Wochenzeitungen mit einer Auflage von mehr als 50.000)

Bunte
Capital
Focus
Spiegel
Stern
Wirtschaftswoche

Bayernkurier
Die Woche
Die Zeit
Rheinischer Merkur
Wochenpost

62 Tageszeitungsredaktionen

(Von allen publizistischen Einheiten wurden nach einem gewichteten Zufallsverfahren 62 Einheiten ausgewählt, die insgesamt die Hälfte der täglich verkauften Auflage repräsentieren. Durch die nach Auflagenhöhe gewichtete Auswahlchance entsteht der Effekt, daß die auflagenstarken Zeitungen vollständig oder ganz überwiegend in die Stichprobe kommen.)

Bild
Express
Berliner Kurier
Abendzeitung
B.Z.

Hamburger Morgenpost
Westdeutsche Allgemeine Zeitung
Freie Presse Chemnitz

Mitteldeutsche Zeitung
Sächsische Zeitung
Hannoversche Allgemeine Zeitung
Südwest Presse
Süddeutsche Zeitung
Rheinische Post
Frankfurter Allgemeine
Leipziger Volkszeitung
Augsburger Allgemeine
Volksstimme
Nürnberger Nachrichten
Thüringer Allgemeine
Ruhr-Nachrichten
Kölner Stadt-Anzeiger
Stuttgarter Nachrichten
HNA.Hess./Niedersächs. Allgemeine
Münchner Merkur
Die Rheinpfalz
Märkische Allgemeine
Rhein-Zeitung
WZ Westdeutsche Zeitung
Nordwest Zeitung
Westfälische Nachr./ZENO Ztg.
Die Welt
Braunschweiger Zeitung
Neue OZ.Osnabrücker Zeitung
Schwäbische Zeitung
Saarbrücker Zeitung
Frankfurter Rundschau
Schl.-Holst.-Presse/Flensburger Tagblatt
Weser Kurier
Ostthüringer Zeitung
Badische Zeitung
Allg.Ztg./Rhein-Main-Presse
Märkische Oderzeitung
Passauer Neue Presse
Kölnische Rundschau
Stuttgarter Zeitung

Westfalen-Blatt
Südkurier
Straubinger Tagblatt
Mittelbayerische Zeitung
Lübecker Nachrichten
Rhein-Neckar-Zeitung
Heilbronner Stimme
Main-Echo
Der neue Tag
Donau Kurier
Deister- und Weserz./ Dewezet-Gruppe
Siegener Zeitung
Fuldaer Zeitung
Pforzheimer Zeitung
Cellesche Zeitung
HZ.Heimatztgsges. mbH/ Die Kitzinger

2. Die Intensivinterviews

Die Intensivinterviews wurden telefonisch von vier geschulten Interviewerinnen anhand eines teilstrukturierten Fragebogens geführt. Er enthält überwiegend offene Fragen zur politischen Online-Nutzung. Einige Fragen wurden feldverschlüsselt, um den Interviewerinnen die Befragung zu erleichtern und um einige Auskünfte standardisiert zu erheben. Die Interviews wurden im Zeitraum vom 16. August bis zum 17. September geführt.

Die Ausgangsstichprobe für diese Telefoninterviews umfaßte 56 Medien. Wegen der - auf Grund beschränkter Ressourcen - relativ kleinen Stichprobe und wegen des vorwiegend explorativen, qualitativen Charakters des Interviews, war bei der Medienauswahl Repräsentanz im stichprobenstatistischen Sinne von zweitrangiger Bedeutung. Wichtig war jedoch sicherzustellen, daß die Ergebnisse die Breite der im Forschungsfeld vorfindbaren Verhaltensweisen und Urteile widerspiegeln. Es wurde daher eine gezielte Medienauswahl auf der Grundlage der Vorerhebung vorgenommen. Dabei wurden folgende Kriterien berücksichtigt:

- Die verschiedenen Mediengattungen sollten in etwa proportional zur entsprechenden Verbreitung der Online-Nutzung vertreten sein (bei Fernsehen, Hörfunk und Zeitschriften wurde jeweils ein Auswahlsatz von knapp zwei Dritteln realisiert, bei Agenturen und Tageszeitungen von knapp 60 Prozent, bezogen jeweils auf die Online-Nutzer laut Vorerhebung).

- Den publizistisch bedeutenderen Medien wurde ein Vorrang gegeben. Publizistische Bedeutung wurde anhand der Verbreitung und der Stellung im Mediensystem beurteilt.

- Bei den Tageszeitungen wurden neben dem Zeitungstyp und der Verbreitung sowohl die Auflagenhöhe als auch der Erscheinungsort berücksichtigt. In die Auswahl kamen alle überregional verbreiteten und sogenannten Qualitätszeitungen, kleine und große Zeitungen, von den regionalen Tageszeitungen zwei mit Erscheinungsort im Osten Deutschlands, zwei im Norden und drei aus dem Süden sowie zwei Kaufzeitungen.

Von der Ausgangsstichprobe konnte nur mit 32 Medien ein Interview realisiert werden, wobei drei der Interviews (Probeinterviews) bei der Auswertung nicht berücksichtigt wurden. Im Verlauf der Interviews stellte sich heraus, daß Sonderformen der Nutzung existieren oder in der Redaktion Politik/Aktuelles keine Online-Medien im Sinne unserer Untersuchung wie AOL, MSN oder das Internet genutzt werden. Die Ausfallgründe für die nicht erreichten Medien waren im einzelnen:

- Von der Redaktion werden keine Online-Dienste für die Recherche genutzt, nur private Nutzung durch einzelne Redakteure.

- Von der Redaktion werden Online-Dienste genutzt, aber nicht im Bereich Politik/Aktuelles (häufigster Ausfallgrund).

- Hartnäckige Verweigerung des Interviews.

Die Zielpersonen für das telefonische Intensivinterview wurden zunächst auf Grund der Angaben in der Vorerhebung bestimmt. Sie waren von der angeschriebenen Chefredaktion benannt worden als die Zuständigen, für den Fall, daß noch Rückfragen notwendig sind. Da nicht genauer spezifiziert war, welcher Art diese Rückfragen sein könnten, definierten die Chefredaktionen die dafür geforderte Kompetenz auf Grund von Vermutungen selbst. Häufig wurden "Spezialisten" für den Online-Bereich benannt, sowohl für die Online-Recherche als z.B. auch für das Online-Angebot des jeweiligen Mediums.

Bei den Telefoninterviews mußte daher zunächst jeweils geklärt werden, ob der benannte Ansprechpartner in der Lage war, Auskunft über "die Online-Nutzung im Bereich der politischen Berichterstattung" zu geben. Wenn das nicht der Fall war, wurde um die Benennung eines anderen, entsprechend kompetenten Ansprechpartners gebeten und mit diesem das Interview geführt.

Die folgende Tabelle gibt eine Übersicht über Position bzw. Funktion der bei den telefonischen Intensivinterviews Befragten.

Tabelle A1: Position bzw. Funktion der Befragten

Position	*Anzahl*	*Offiziell zuständig*	*Inoffiziell zuständig*	*Nur Nutzer*
Chefredaktion, CvD o ä.	4	1	2	1
Fachredakteur Medien	4	4	0	0
Redakteur Politik/Aktuelles	12	9	2	1
Sonstiges (Archiv; Dokumentation, Planung)	9	5	3	1

Quelle: Eigene Erhebung, Herbst 1996 (Befragte aus 29 Redaktionen).

Die Übersicht macht deutlich, daß die meisten befragten Auskunftspersonen auf Grund ihrer Position oder ihres Arbeitsbereichs durchaus in der Lage sind, ein kompetentes Urteil über die Situation in ihrer Redaktion abzugeben, was Akzeptanz und Nutzung von Online-Angeboten für die politische Berichterstattung anbetrifft.

Bei den Intensivinterviews stellte sich heraus, daß die Chefredakteure vielfach Ansprechpartner aus der für das Online-Angebot zuständigen Redaktion benannt hatten, die das Internet oder Online-

Dienste als Quelle nutzten. Es konnte daher nicht ausgeschlossen werden, daß auch Redaktionen, die nicht mündlich befragt wurden in der Vorerhebung eine unkorrekte Auskunft gegeben hatten - trotz des expliziten Hinweises im Fragebogen. Dies machte einen dritten Erhebungsschritt notwendig, um die Validität unserer Daten sicherzustellen.

3. Wiederholung der Vorerhebung

Die postalische Vorerhebung wurde wiederholt, da Zweifel bestanden, ob wir den Ressorttyp Politik bzw. Nachrichten/Aktuelles erreicht hatten. Eine geschulte Interviewerin telefonierte die Redaktionen, bei denen Zweifel über die Richtigkeit der Angaben aufgetreten waren, an. Die Wiederholung der Vorerhebung wurde zur Jahreswende 1996/1997 durchgeführt. Die genauen Auswahlkriterien waren:

- Bei der postalischen Vorerhebung war ein Ansprechpartner genannt worden, der nicht in den Redaktionen Politik bzw. Aktuelles/ Nachrichten tätig ist.

- Die jeweiligen Medien waren nicht in der Stichprobe der telefonischen Tiefeninterviews vertreten, denn bei diesen Medien war die Online-Nutzung in den betreffenden Redaktionen bereits erfragt worden.

Schließlich haben 144 der 155 Medien der Stichprobe die erbetenen Angaben gemacht.

Autorenverzeichnis

Berens, Harald, Diplom-Sozialwirt, Jahrgang 1966. Studium von 1989 bis 1995 in Nürnberg. Seit 1996 wissenschaftlicher Mitarbeiter am Lehrstuhl für Kommunikations- und Politikwissenschaft der Friedrich-Alexander-Universität Erlangen-Nürnberg. Forschungsschwerpunkte: politische Kommunikation, Entstehung von Öffentlichkeit. Kontakt: Harald.Berens@wiso.uni-erlangen.de.

Hagen, Lutz M., Dr. rer. pol., Jahrgang 1962. Studium der Betriebswirtschaftslehre in Nürnberg. Promotion 1994 über Informationsqualität von Nachrichten. Seither wissenschaftlicher Assistent am Lehrstuhl für Kommunikations- und Politikwissenschaft der Friedrich-Alexander-Universität Erlangen-Nürnberg. Forschungsschwerpunkte: politische Kommunikation, Nachrichtenproduktion, Medienökonomie, Inhaltsanalyse. Kontakt: Lutz.Hagen@wiso.uni-erlangen.de.

Leidner, Daniela, Dipl.-Sozialwirtin, Jahrgang. 1970. Bis 1995 Studium der Sozialwissenschaft an der Universität Erlangen-Nürnberg. 1994 Diplomarbeit zum Thema „Fernsehwerbung im Alltag von Kindern im Vorschulalter". Seit 1996 wissenschaftliche Mitarbeiterin am Lehrstuhl für Kommunikations- und Politikwissenschaft der Friedrich-Alexander-Universität Erlangen-Nürnberg.
Kontakt: Daniela.Leidner@wiso.uni-erlangen.de.

Mayer, Markus, Dipl.-Sozialwirt, Jahrgang 1960 leitet das Ressort Marktforschung bei TARGET GROUP GmbH, Gesellschaft für Markt-, Sozial- und Mediaforschung in Nürnberg. Nach dem Studium der Sozialwissenwissenschaften mit Schwerpunkt Kommunikationswissenschaft arbeitete er zunächst am Lehrstuhl für Politik- und Kommunikationswissenschaft in Nürnberg, bevor er 1992 zur TARGET GROUP GmbH wechselte. Seine Schwerpunkte liegen bei multivariaten Verfahren empirischer Markt- und Kommunkationsanalysen. Der MC Online-Monitor ist von ihm federführend bei der TARGET GROUP betreut worden.

Rieß, Martin, M.A., Jahrgang 1963. Studium der Germanistik und Kommunikationswissenschaft/Publizistik. Seit 1991 wissenschaftlicher Mitarbeiter am Lehrstuhl für Kommmunikations- und Politikwissenschaft der Friedrich-Alexander-Universität Erlangen-Nürnberg. Forschungsschwerpunkte: Hörfunk, Lokalkommunikation, Inhaltsanalyse. Kontakt: Martin.Riess@wiso.uni-erlangen.de.

Scherer, Helmut, Dr. rer. pol., M.A., Professor für Kommunikationswissenschaft an der Universität Augsburg, Jahrgang 1955. Studium der Publizistik, Philosophie und Germanistik an der Johannes-Gutenberg Universität Mainz. Promotion 1989 über die Theorie der Schweigespirale. Habilitation 1995. Von 1985 bis 1996 wissenschaftlicher Mitarbeiter/Assistent am Lehrstuhl für Kommunikations- und Politikwissenschaft der Friedrich-Alexander-Universität Erlangen-Nürnberg. Forschungsschwerpunkte: Politische Kommunikation, Hörfunk, Lokalkommunikation, öffentliche Meinung, Wahlkommunikation. Kontakt: Helmut.Scherer@Phil.Uni-Augsburg.de.

Schulz, Winfried, Dr. rer. pol., Jahrgang 1938. Inhaber des Lehrstuhls für Kommunikations- und Politikwissenschaft der Universität Erlangen-Nürnberg. Forschungsschwerpunkte: Politische Kommunikation, Wahl- und Informationskampagnen, Public Relations, Nutzung und Wirkung der Massenmedien, Medienanalysen, Fernsehprogrammqualität. Kontakt: Winfried.Schulz@wiso.uni-erlangen.de.

Spott, Markus, Jahrgang 1970, Verlagskaufmann, Student der Betriebswirtschaftslehre. Seine Diplomarbeit „Gesuchte und erhaltene Gratifikationen bei der Nutzung einer Online-Zeitung am Beispiel der SZonNet" schrieb er am Lehrstuhl für Kommunikations- und Politikwissenschaft der Friedrich-Alexander-Universität Erlangen-Nürnberg bei Prof. Dr. Winfried Schulz.

Zeh, Reimar, Dipl.- Sozw., Jahrgang 1970. Studium der Sozialwissenschaften an der Friedrich-Alexander Universität in Erlangen-Nürnberg. Seit 1997 wissenschaftlicher Mitarbeiter am Lehrstuhl für Kommunikations- und Politikwissenschaft der Friedrich-Alexander-Universität Erlangen-Nürnberg. Forschungsschwerpunkte: Hörfunk,

Rezeptionsforschung, Verfahren der Inhaltsanalyse, Neue Medien. Kontakt: Reimar.Zeh@wiso.uni-erlangen.de.

Zipfel, Theodor, Diplom-Volkswirt, Jahrgang 1958. Studium der Volkswirtschaftslehre an der Friedrich-Alexander-Universität Erlangen-Nürnberg. Studienschwerpunkte: Wirtschaftspolitik, Umweltpolitik Politikwissenschaft. Seit 1993 wissenschaftlicher Mitarbeiter am Lehrstuhl für Kommunikations- und Politikwissenschaft der Universität Erlangen-Nürnberg. Forschungsschwerpunkte. Politisches System der BRD, Politische Kommunikation, Demokratietheorie. Kontakt: Theodor.Zipfel@wiso.uni-erlangen.de.

Medien und Kommunikation

Hans J. Kleinsteuber (Hrsg.)

Der „Information Superhighway"

Amerikanische Visionen und Erfahrungen

1996. 280 S. Kart.

ISBN 3-531-12895-7

Gemeinsam ist den in diesem Band zusammengefaßten Texten, daß der derzeitige Stand und die zukünftigen Entwicklungslinien rund um die digitalen Vernetzungen in den USA (und Kanada) analysiert werden. Es geht um die enge Wechselwirkung technischer und gesellschaftlicher Leitvorstellungen, dargestellt vor dem teilweise spezifisch amerikanischen Hintergrund dieser sehr dynamischen Prozesse.

Peter Ludes /Andreas Werner (Hrsg.)

Multimedia - Kommunikation

Theorien, Trends und Praxis

1997. 244 S. mit 21 Abb. und 21 Tab. Kart.

ISBN 3-531-12949-X

In diesem Band werden verschiedene Facetten der „Multimedia"-Kommunikation aus medien- und kommunikationswissenschaftlicher Perspektive aufgearbeitet. Theoretische Beiträge aus der Sicht unterschiedlicher Forschungstraditionen der Medien- und Kommunikationswissenschaft werden ergänzt durch Beiträge von Praktikern zum Electronic Publishing, zur Qualifizierung in Medienberufen und zum interaktiven Fernsehen. Darüber hinaus werden aktuelle empirische Untersuchungen über Medienstandorte, über Kinder und Computer und über Online-Zeitungen präsentiert.

Herbert Kubicek /Ulrich Schmid / Heiderose Wagner

Bürgerinformation durch „neue" Medien?

Analysen und Fallstudien zur Etablierung elektronischer Informationssysteme im Alltag

1997. 279 S. mit 28 Abb. Kart.

ISBN 3-531-12991-0

Die „Multimedia"-Debatte steckt voller Visionen des sozialen und kulturellen Fortschritts. Was berechtigt zu den gegenwärtigen Erwartungen bei „Multimedia"? Und welche Voraussetzungen müssen erfüllt sein, damit sich der Computer – wie vielfach behauptet – tatsächlich zu einem neuen „Massen- oder Leitmedium" entwickelt? Die Verfügbarkeit neuer Medientechniken, so die in diesem Band entwickelte These, ist zwar eine notwendige, aber keine hinreichende Bedingung.

WESTDEUTSCHER VERLAG

Abraham-Lincoln-Str. 46 · 65189 Wiesbaden

Fax (06 11) 78 78 - 400

GPSR Compliance

The European Union's (EU) General Product Safety Regulation (GPSR) is a set of rules that requires consumer products to be safe and our obligations to ensure this.

If you have any concerns about our products, you can contact us on ProductSafety@springernature.com

In case Publisher is established outside the EU, the EU authorized representative is:

Springer Nature Customer Service Center GmbH
Europaplatz 3
69115 Heidelberg, Germany

Batch number: 10809466

Printed by Printforce, the Netherlands